양극화와 갈등

그리고

행복

이철환 지음

다 락 방

국립중앙도서관 출판예정도서목록(CIP)

양극화와 갈등 그리고 행복 / 글쓴이: 이철환. ― 서울 : 다
락방, 2017
    p. ;   cm

ISBN 978-89-7858-069-4 03330 : ₩15000

한국 경제[韓國經濟]

320.911-KDC6
330.9519-DDC23   CIP2017007293

양극화와 갈등, 행복경제로 치유하자

우리 경제는 지난 수세기 동안 모두가 치열한 삶을 살아온 결과 많은 발전을 이루었다. 그러나 전체적으로 행복지수가 높아 좋아졌다는 것은 결코 아니다. 삶의 모습은 오히려 훨씬 더 팍팍해지고 있다. 더 많은 걱정거리가 생겨나고 정신적으로는 불안과 조바심에 시달리면서 여유를 잃어가고 있다.

아직도 우리 사회 곳곳에는 최소한의 기본생활조차 영위하지 못하는 사람들의 수가 적지 않다. 최저임금을 받지 못하는 근로자가 260만명 이상에 달한다. 생활고와 외로움을 이기지 못해 자살하는 노인이 늘어나 노인자살률은 세계 최고이다. 집 같지 않은 집, 쪽방촌에 살고 있는 가구가 서울에만도 4천여 가구나 된다. 이는 경제발전의 혜택이 모든 사람들에게 고르게 주어지지 못하고 있다는 것을 보여주고 있다.

개발연대 시절, 우리 경제사회는 가능성이 있는 분야에 한정된 투자와 지원을 집중하는 불균형 성장전략을 취해 왔다. 이는 부족한 부존자원의 효율을 극대화하는 한편 단기간에 경제발전을 이루겠다는 의도에서 비롯된 것이었다. 덕분에 세계가 부러워할 정도의 경제발전을 이룬 것은 사실이다. 그러나 후유증도 동시에 생겨났다. 그 부작용과 후유증은 시간이 지날수록 확대되어만 갔다. 대표적인 것이 바로 경제사회의 양극화 현상이다. 지역간, 소득 계층 간, 대기업과 중소기업 간, 제조업과 서비스산업간 격차가 심화되어 갔다.

더욱이 1980년대 민주화가 진전되면서 그동안 수면 아래 눌려 있던 사회적 갈등들이 봇물처럼 터져 나왔다. 노사분규로 대표되는 이 현상들은 소위 자기 몫을 키우려는 욕구가 경쟁적으로 나타난 것이다. 이로 인한 우리 경제사회의 손실은 매우 컸다. 직접적인 생산과 수출 차질은 물론이고 우리 상품과 나라의 이미지까지 크게 추락하는 결과를 초래하였다. 이후 사회적 갈등은 한층 더 다양한 분야에서 다양한 방식으로 표출되어 왔다. 특히 가지지 못한 자가 가진 자에 대해 갖는 위화감과 반감이 심화되고 있다.

우리가 겪고 있는 사회적 갈등은 결국 우리 사회의 통합과 소통을 가로막고 지속가능한 성장을 저해한다. 갈등은 사전에 이를 예방하거나 최소화시켜야 한다. 자칫하면 전체 사회시스템의 붕괴마저 부를 수 있기 때문이다. 인간으로서 최소한의 기본적 생계를 보장하고 아울러 중산층 육성을 위한 복지증진이 필요한 이유 또한 마찬가지다.

물론 사회갈등 현상은 비단 우리만의 문제는 아니다. 세계경제를 이끌어 나가고 있는 미국에서도 이러한 현상은 나타나고 있다. 태생적 문제인 인종간 갈등으로 인한 소요사태가 끊이지 않고 있다. 또 2008년 글로벌 금융위기 때는 경제발전 과정에서 소외된 계층들이 금융권의 탐욕과 이기심에 불만을 품고 '월스트리트를 점령하라Occupy Wall Street'고 외치며 양극화 현상을 완화하는 정책을 요구하고 나섰다.

영국의 브렉시트Brexit 과정에서는 첨예한 세대갈등이 빚어졌다. 젊은 연령층에서는 브렉시트가 보다 많은 기회와 일자리를 잃게 할 가능성이 크다는 이유로 잔류 쪽에 더 많이 투표했다. 이에 반해 기득권을 가진 노년층에서는 브렉시트가 당장의 국가 부담을 줄일 수 있다는 생각에서 탈퇴에 많은 표를 던졌다.

우리 경제사회가 발전을 지속하고 또 행복경제로 이행해 나가기 위해서는 이처럼 사회에 많은 부작용을 가져오는 갈등을 줄이기 위한 노력을 강화해 나가야 한다. 이 책에서는 사회갈등의 측면 그리고 경제적인 측면의 갈등을 주로 다루었다. 아울러 우리 경제사회가 소통과 배려, 협력을 바탕으로 보다 성숙되어 개개인 모두가 더불어 잘 살아가는 방안을 생각해 보았다.

'송무백열松茂栢悅'과 '혜분난비惠焚蘭悲'란 고사성어가 생각난다. '송무백열松茂栢悅'이란 소나무가 무성하니 잣나무가 기뻐한다는 말이다. 이웃들이 서로 칭찬하고 격려하고 존중하며 선의의 경쟁을 펼쳐 함께 발전하는 모습을 뜻한다. '혜분난비惠焚蘭悲'는 혜초가 불에 타니 난초가 슬퍼한다는 뜻으로 벗의 불행을 슬퍼한다는 말이다. 이웃의 아픔을 자신의 것인 양 애통해하며 아픔을 나누며 사는 모습을 의미한다.

이처럼 우리들도 반목과 질시, 갈등을 치유하고, 나눔과 배려 그리고 상생과 협력이란 새로운 시대정신을 함양해 나가야 할 것이다. 그렇게 할 때 '행복한 대한민국'이 만들어질 것이라고 믿는다. 이 책이 그러한 사회를 앞당기는 데 일조하기를 바라는 마음 간절하다.

2017년 3월

새로운 봄을 맞이하며

| 목 차 |

2. 경제운영 프레임의 혁신

3. 사회 시스템의 선진화

4. 새로운 시대정신의 구현

에필로그 – 소통과 화합, 협력의 새 시대를 열어가자

한국 경제사회의
갈등 구조

제1부

1. 갈등이란 무엇인가?

한국사회의 갈등 구조

우리는 하고자 하는 일이 까다롭게 뒤얽혀 풀기 어렵거나 서로 마음이 맞지 않을 때 "갈등이 생겼다"라고 말한다. 갈등이라는 단어의 어원을 보면, 갈葛은 칡 '갈'자이며 등藤은 등나무 '등'자이다. 두 식물은 스스로 줄기를 세워 자라지 못하고 다른 식물이나 물체에 빌붙어 자라는 덩굴식물이다. 칡은 다른 식물을 왼쪽 방향으로 꼬면서 감싸 올라가고, 등나무는 오른쪽 방향으로 감싸면서 올라가는 특성을 가지고 있다. 이 때문에 하나의 식물이나 물체에 칡과 등나무가 한꺼번에 붙게 되면 서로가 다른 방향으로 올라가게 되므로 뒤엉키게 되어 결국에는 둘 다 더 이상 자라지 못하고 고사枯死하게 된다. 갈등이란 말은 바로 여기서 나온 것이다.

칡과 등나무가 서로 얽히고 엉키는 것처럼 개인과 개인, 개인과 집단, 또는 집단과 집단끼리 목표나 이해관계가 서로 달라 적대시하거나 불화를 일으키는 상태를 '갈등'이라고 한다. 주위에서 자주 듣게 되는 고부간 갈등, 노사갈등, 인종갈등, 종교갈등, 세대간 갈등 등이 그것이다.

대화나 협의, 양보나 타협, 협력이나 협동이 아니라 처음부터 요구, 주장, 행동, 파행의 자세를 취하는 데서 갈등은 비롯된다. 이에 따라 종종 물리적인 폭력과 투쟁, 강제진압의 유형으로 발전한다. 갈등해결의 과정에 있어서도 준법정신의 부재와 격한 감정의 대립 속에서 합법적인 주장이 무력해지는 경우가 많이 생기고 있다. 이러한 현상은 갈등해결 방식이 합리성과 보편적 규범에 따른 순리적 차원이 아니라 정서적 차원에 머무르는 경향과 무관하지 않다. 더욱이 법치와 공권력이 제대로 힘을 발휘하지 못할 경우 갈등은 커다란 사회 혼란을 야기하고 체제의 안정성을 해치게 된다.

양쪽이 모두 양보하지 않고 대립하는 갈등 상황은 이러지도 저러지도 못하는 진퇴양난의 딜레마를 만들어낸다. 이런 상황에서는 어느 한 쪽을 만족시키려다 보면 다른 한 쪽에 불만이 생기게 마련이다. 시소의 왼쪽을 올리면 반대편인 오른쪽이 내려가고 반대로 시소의 오른쪽을 올리면 시소 왼쪽이 내려가 버린다. 이처럼 어느 한 쪽의 요구를 충족시킬 수는 있지만, 양쪽 모두를 충족시키기는 것은 불가능하다. 따라서 개인이나 조직이나 사회구성원 모두가 양보하고 상호 협조하지 않으면 어느 쪽도 원하는 것을 얻을 수 없게 되는 것이다.

우리나라에서 '갈등' 문제가 사회적 문제로 표면화된 것은 그리 오래된 일이 아니다. 개발연대 시절에는 경제발전이 가장 우선되는 가치였다. 그래서 인간의 존엄성이라든가 자유, 평등 같은 민주주의 이념은 상대적으로 등한시되어 왔다. 그 결과 자유에 대한 욕구가 억압당했고 사회적 평등에 대한 기대도 무시되었다. 한마디로 군사정권의 권위주의적 문화 아래에서 갈등이 표출되지 못한 채 내재화되어 누적되어 온 것이다.

그러다 1987년 '6월 민주항쟁'의 결과로 나온 '6 · 29 선언'에 의해 자유의 분출구가 형성되었다. 이후 기존 사회체제에 대한 불만이 한꺼번에 표출되기 시작하였다. 그동안 억눌려 왔던 각계각층의 사회적 욕구가 봇물처럼 터져 나오게 된 것이다. 당시 가장 두드러지게 표출된 갈등 형태는 노사갈등이었다. 그때까지만 해도 '갈등'은 거의 노사갈등에 한정되어 나타났다. 그러나 시간이 지나면서 갈등의 양태가 점차 다양화되고 범위도 사회 각 계층으로 확산되어 나갔으며 강도 또한 심화되어 갔다.

특히 의약분업 사태는 이해집단간 매우 복잡한 사회적 갈등구조를 드러낸 대표적 사건으로 꼽힌다. 의약분업사태란, 의사와 약사의 기능과 역할이 분리되자 각자 여기에서 발생하는 경제적 이해관계가 달라져 집단행동을 벌이게 되었고, 이로 인해 의료대란과 의료공백 사태가 발생했던 1999년 말부터 2000년 말까지 일련의 과정을 말한다. 이 의약분업 사태는 이해관계 당사자들 사이에 다층적인 갈등구조를 보여주었다. 의약분업의 주요 당사자인 의사와 약사간의 갈등뿐만 아니라 정부와 시민단체, 그리고 환자들과의 갈등관계 등이 얽힌 사태였다. 그 이유는 의약분업이 단순히 의사와 약사간의 기능적 분업뿐만 아니라 경제적 이익을 분배하는 체제의 변화를 가져왔기 때문이었다.

이후 사회적 갈등의 양태는 부안 방폐장 사태, 동남권 신공항 유치 문제에서부터 최근의 사드 배치 문제에 이르기까지 지역간 갈등과 님비현상이라는 다양한 모습으로 나타나게 된다. 여기에 정치권이 정치적 목적에 따라 지역을 편 가르기 하고 적대감을 부추기면서 지역갈등 문제가 우리 사회 전반으로 조장 · 확산되어 나갔다. 또한 최근 들어서는 일자리 부족에서 비롯된 남녀갈등과 세대갈등 문제, 경제적 불평등에서 파생된 빈부격차 문제와 소위 '갑'과 '을'의 갈등 문제 등 갈등의 종류와 형태 그리고 양상이 더욱 복잡다기화되고 있다.

세계 어느 나라나 사회적 갈등이 있게 마련이지만, 우리나라는 유별나게 사회경제적 갈등이 더 심각한 것으로 나타난다. 여기에는 여러 가지 원인이 있겠지만 근본적으로는 굴곡이 심한 한국 현대사 과정이 큰 영향을 미친 것으로 보인다. 지나간 60년만 살펴보더라도 6·25전쟁, 압축된 경제성장, 민주화 투쟁, IT의 급격한 물결 등 사회의 기본적 구도가 심하게 요동쳤다.

우리나라 갈등의 역사는 상대적으로 짧지만 진전 속도와 사회에 미치는 파장의 정도는 오히려 다른 선진국에 비해 심하다는 것이 일반적 견해이다. 현대경제연구원에 의하면 우리나라의 사회갈등지수(2013년 기준)는 0.66으로 OECD 국가 중 7위를 기록했다. 이는 미국(0.49), 일본(0.40), 독일(0.36) 등 주요 선진국은 물론 OECD 평균인 0.51보다도 크게 높은 수치다. 선진국일수록 사회갈등지수가 낮은 것으로 나타나고 있다. 2009년 0.62였던 우리나라의 사회갈등지수는 2013년 0.66으로 높아졌다. OECD 평균이 이 기간 0.53에서 0.51로 낮아진 것과 대조적이다. 사회갈등지수가 이처럼 높다는 것은 그만큼 한국 사회에 온갖 갈등이 중첩되면서 상호 불신감이 팽배해졌다는 것을 의미한다.

모든 사회적 갈등에는 비용이 발생한다. 경제적 손실은 물론 국민통합 저해, 사회불안 등 비용을 수반하게 되는 것이다. 삼성경제연구소에 따르면 갈등으로 인한 우리의 경제적 손실을 돈으로 환산할 경우 연간 최대 246조원에 이른다고 한다. 또 현대경제연구원은 우리나라의 사회적 갈등 수준이 OECD 평균 수준으로 개선된다면 경제성장률은 0.2%포인트 올라가고, G7 평균(0.50) 수준으로 낮아지면 경제성장률이 0.3%포인트 올라갈 것으로 전망했다. 더욱이 서구 선진국들이 이익갈등에서 가치관 갈등으로 서서히 전환하고 있는 데 비해, 우리는 이익갈등과 가치관 갈등이 동시에 복합적으로 분출하고 있다.

이렇듯 갈등관리가 제대로 이루어지지 않을 경우, 지속적인 경제사회 발전이 불가능할 뿐만 아니라 체제의 안정마저도 위태로워지는 상황이 올 수 있다. 따라서 사회갈등을 어떻게 효과적으로 관리해 나갈 것인가 하는 문제는 세계 모든 나라에서 국가적 차원의 매우 중요한 과제가 되고 있다.

갈등관리의 가장 핵심적인 요소는 사회구성원간의 상호 원활한 의사소통과 협력이라 할 것이다. 우리나라가 사회적 갈등을 지혜롭게 해결하면서 앞으로 나아가려면, 상생과 협력, 공정에 기반한 경제사회의 제도적 틀을 마련해야 한다. 아울러 사회구성원들의 의식 속에 나눔과 포용, 배려와 양보의 정신이 자리 잡는다면 갈등으로 인한 손실을 줄이면서 선진사회 진입을 앞당길 수 있을 것이다.

갈등의 본질과 기능

　자율과 경쟁을 근간으로 하는 자본주의 체제는 경제의 발전, 물질적 풍요로움, 기술혁신 등의 긍정적 측면을 가져왔다. 그러나 사회구성원 간의 불신, 빈부격차와 지역격차 심화 그리고 범죄 등 사회병리 현상의 다량 발생 같은 후유증도 낳았다. 특히 효율성의 극대화를 추구하는 신자유주의는 양극화 현상을 한층 더 심화시켰다. 오늘날 심화되는 이 양극화 현상에 대한 국민의 불만과 분노는 사회갈등의 모습으로 분출되고 있다. 그 정도가 자칫 체제의 존속마저 위협할 정도로 심화되어 가고 있다. 이는 미국의 '월가를 점령하라Occupy Wall Street'는 구호에서 잘 나타나고 있다.

　그런데 우리나라는 다른 자본주의 국가들에 비해 사회갈등의 정도가 더 심각한 편이다. 이는 기본적으로 우리나라의 양극화 현상이 더 심각하기 때문일 것이다. 더욱이 우리는 경제사회 변화의 속도가 매우 빠르며 역동적이라 그 과정에서 여러 가지 후유증이 나타날 소지가 큰 편이다. 게다가 가진 계층이 부를 축적하는 과정에 대해서도 공감하지 않거나 정당성이 결여되어 있다고 비판하는 경향이 강하다.

이처럼 갈등은 서로 공존하기 어려운 목표나 가치관의 충돌에서 비롯된다. 그리고 갈등은 피할 수 없는 삶의 일부이다. 따라서 무조건 갈등을 피하려 할 것이 아니라 갈등의 원인을 정확히 파악하고, 어떻게 갈등을 완화하며 줄여나갈 것인가에 대한 실마리를 찾는 것이 중요하다.

갈등은 분노를 잉태하고 분노는 폭력을 유발한다. 따라서 갈등은 고조되어 더 확대되기 전에 예방하는 것이 매우 긴요하다. 사전예방을 위한 노력 부족으로 갈등이 지나치게 커지게 되면 나중에는 이를 감당하기 어렵게 되고 만다.

한편, 갈등은 반드시 부정적 측면만 있는 것은 아니다. 비 온 뒤에 땅이 더 굳어지듯 갈등이 오히려 바람직한 결과를 초래하기도 한다. 우선, 갈등의 원인이 되는 사안에 대해 제도화된 공적 공간에서 토론을 통해 해결책을 모색하는 단초가 될 수 있다. 이러한 과정을 통해 사회의 다원화, 민주화에 기여하기도 한다. 다른 나라와의 대외적 갈등의 경우 내부의 결속력을 다질 수 있는 기회가 되기도 한다. 따라서 갈등의 순기능은 최대한 살리면서 갈등의 역기능을 줄여나가는 지혜가 필요하다.

갈등의 순기능과 역기능에 대해 좀 더 자세히 알아보자. 먼저 순기능 측면에서의 갈등은 숨어있던 문제가 노출되어 문제 해결을 촉진하는 촉매제 역할을 한다. 또 집단구성원들의 동기를 자극하고 에너지와 활력의 원천이 된다. 다시 말해 조직변화의 필수조건 중 하나가 된다. 그리고 관심과 호기심 그리고 창의성을 자극하는 역할도 한다.

미국의 애리조나 주에는 억만장자들이 은퇴 후에 모여서 사는 '선 밸리'Sun Valley라는 도시가 있다. 그곳에는 편의시설이 완벽하게 갖춰져 있고, 최신 의료시설에 최고의 실력을 지닌 의사들이 배치되어 있다. 모든 것이 풍족하게 갖춰진 곳이니 그곳에 사는 사람들은 당연히 다른 곳에 사는 사람들보다 더 행복하고 더 건강하게 살 것 같은데, 오히려 보통 사람들보다 치매 발병률이 더 높았다.

왜 이런 결과가 나왔을까? 연구 결과 지상낙원으로 알려진 거기서는 우리 삶에서 흔하게 볼 수 있는 세 가지 요소가 없었다.

첫째 '스트레스'가 없었고, 둘째 '걱정'이 없었으며, 셋째 '변화'가 없었다. 그런데 놀랍게도 이 세 가지가 바로 치매 발병률을 높이는 결정적 요인으로 작용한다는 것이다. 여러 가지 문제가 있고, 그 문제와 싸우느라 스트레스를 받으며, 스트레스를 이겨내고자 노력하는 것이 병을 이겨낼 수 있는 힘을 길러주는데, 그런 것들이 없다 보니 '면역력'이 약해져서 더 쉽게 치매 등에 걸리게 된 것이다.

그러다 보니 최근에는 이 '선 밸리'에 살던 사람들이 다시 자신이 원래 살던 마을로 돌아간다고 한다. 스트레스 없는 세상에서 새장 속의 새처럼 편하고 나약하게 살기보다는 여러 가지 현실적 어려움도 겪으면서 고민하고 갈등하며 사는 것이 건강에 더 좋다는 것을 깨달았기 때문이다.

고 이병철 삼성 회장의 '미꾸라지와 메기' 사업 이야기도 이런 사실을 잘 뒷받침해 주고 있다. 그가 젊은 시절 자신의 고향인 경남 의령에서 농사를 지을 때의 이야기이다. 그는 논을 둘로 나누어 한쪽 논에는 벼를 심고 다른 한쪽 논에는 미꾸라지를 길러 팔았는데, 미꾸라지가 벼보다 이익이 두 배나 많았다. 다음해에는 시험 삼아 한쪽 논 200평에는 1천

마리의 미꾸라지만 넣어 길렀고, 다른 쪽 논 200평에는 미꾸라지 1천 마리와 미꾸라지를 잡아먹는 천적 메기 20마리를 같이 넣었다. 그런데 가을에 수확을 하고 보니 의미심장한 결과가 나왔다. 미꾸라지만 넣었던 논에서는 2천 마리의 미꾸라지가 생산되었다. 반면에 메기와 미꾸라지를 같이 넣어 길렀던 다른 논에서는 메기들이 열심히 미꾸라지를 잡아먹었는데도 미꾸라지가 4천 마리로 늘어났고 메기 또한 200마리로 늘어났다.

왜 이런 결과가 나타났을까? 이는 우주 생명계生命界의 자연현상에서 비롯된 결과이다. 즉 어려운 일, 위험스러운 일이 닥치면 긴장하여 더 활발하게 움직이게 되고, 또 생존본능이 강화되어 번식욕구가 더 강해진다는 사실에서 비롯된 것이다. 바로 갈등의 순기능을 보여주는 사례이다.

은퇴 후 갑자기 늙어가는 속도가 빨리 진행된다는 사실도 이를 뒷받침해 준다. 은퇴하고 나면 직장에 다닐 때 받던 스트레스에 대한 걱정을 하지 않아도 되고, 그래서 편안한 삶을 꾸려나갈 수 있을 것으로 기대한다. 그러나 막상 은퇴하고 나면 그렇지 않다는 사실을 깨닫게 된다. 긴장감이 사라지면서 자기관리가 허술해지고 시간관념이 모호해지면서 나태해진다. 이러한 사례들을 통해서 우리는 살아가는 동안 부딪치게 되는 갈등과 경쟁, 고난과 시련, 역경 같은 일들이 어떤 면에서는 오히려 삶의 동력이 될 수도 있다는 사실을 알게 된다.

그러면 역기능은 무엇일까? 우선 조직과 구성원들에게 스트레스를 유발하는 주요인으로 작용한다는 점이다. 그리고 조직의 협력을 저해하고 다툼의 원인이 된다. 나아가 조직의 목표 달성을 방해하고 결국은 조직의 멸망을 부르기도 한다. 아울러 감정적인 행동을 유발하여 대인관계를 손상시키고 개인과 조직의 건강을 해치게 된다.

이러한 역기능은 양극화 현상이 촉발하는 사회적 갈등이라는 예를 통해서 살펴보면 더욱 명확해진다.

첫째, 사회적 갈등이 심화되면서 우리 사회에 돈이면 모든 것이 가능하다는 물질만능의 풍조를 확산시키고 있다. 아울러 시민의식을 황폐화시키고, 나눔과 배려에 대한 사회적 분위기 조성을 어렵게 하고 있다. 나아가 이러한 극심한 경쟁의 스트레스를 극복하지 못하여 OECD국가 중 자살률이 최고로 높은 국가라는 부끄럽고 참혹한 결과마저 초래하고 있다.

둘째, 사회의 불안정을 초래하여 국민통합을 이루기 어렵게 하고 있다. 가진 자와 가지지 못한 자의 위화감과 갈등은 사회불안을 증폭시키게 된다. 삶의 수준이 불평등해질수록 사람들은 서로를 신뢰하지 않게 된다. 즉 소득 불균형이 경쟁 심화로 연결되고, 경쟁 심화는 주위 사람을 싸워 이겨야 하는 적으로 여기게 되며, 서로를 믿고 돕기보다는 불신하고 이기기 위해 싸우게 된다는 것이다. 이는 국민들간의 갈등을 부추겨 국민통합과 일체감 조성을 방해하는 결과를 초래하게 된다.

셋째, 지속가능한 경제사회의 발전을 불가능하게 한다. 중소기업과 대기업간의 발전격차 심화, 즉 경제의 이중구조는 중소기업의 하청구조 고착화를 통해 산업 전반의 경쟁력 약화를 초래하여 우리 경제사회 중장기 발전의 걸림돌로 작용하게 된다. 그리고 기업주와 근로자 간, 그리고 근로자 상호 간의 갈등은 생산성 악화를 초래한다. 내수산업과 수출산업의 불균형도 바로 잡아야 한다. 이는 내수산업의 발전이 뒷받침되지 않을 경우 경제구조를 지나치게 해외의존적으로 만들 뿐만 아니라, 중장기적으로 수출산업 또한 경쟁력 약화를 가져오게 된다.

넷째, 국토 발전의 불균형과 지역감정의 골을 심화시키게 된다.

인구, 소득 수준, 세수 등의 면에서 지역간의 격차가 확대되면서 불균형이 심화된다. 이 경우 지역 상호간의 감정 대립이 심화되고, 이는 국가 통합에 걸림돌로 작용하게 된다.

갈등의 종류

갈등의 종류는 다양하다. 갈등의 주체에 따라 개인 간의 갈등, 기업 등 조직에서의 갈등, 사회갈등 등으로 구분된다. 또 갈등 원인에 따라 이해 갈등, 사실관계 갈등, 가치관 갈등, 구조적 갈등 등으로 구분되고 있다. 이해 갈등이란 한정된 자원이나 권력을 둘러싼 갈등을 뜻하며, 사실관계 갈등이란 사건·자료·언행을 다르게 해석함에 따라 비롯되는 갈등을 말한다. 그리고 가치관 갈등이란 신념이나 신앙 혹은 문화의 차이에서 비롯되는 갈등을 말한다. 구조적 갈등이란 사회구조나 잘못된 제도와 관행으로 인해 비롯되는 갈등을 뜻한다. 한편 갈등의 형태에 따라서는 이념적 갈등, 인종과 종교적 갈등, 지역간 갈등, 계층별 갈등, 세대간 갈등, 남녀간 갈등 등으로 나누어지고 있다.

인류 역사상 가장 오래된 갈등은 인종간 그리고 종교적 갈등이다. 그리고 이 갈등은 지금도 진행 중이다. 인종간 갈등의 정점은 홀로코스트 Holocost이다. 히틀러는 아리아인 즉 독일인이 가장 우수한 인종이며, 반면 유대인은 가장 경멸할 대상이기에 인종청소가 필요하다고 주장했다. 그리고 이를 실행에 옮기면서 역사의 비극을 낳게 된 것이다. 비인간적이고 비윤리적인 이 '인종청소'라는 비극은 유고슬라비아의 분리 과정 그리고 코소보 사태에서도 연이어 나타난다. 민족 갈등은 지금도 진행 중이다. 대표적인 예로, 영국의 스코틀랜드인, 스페인 바스크족, 터키의 크루드족, 중국 신장지역의 위구르족 등이 분리 독립 움직임을 보이는 사실을 들 수 있다.

종교적 갈등은 더 심각하다. 기독교와 이슬람교의 반목과 갈등은 전쟁으로 나타나고 있다. 이들의 반목이 정점을 이룬 것이 바로 '십자군 전쟁'이었는데, 이후 오늘에 이르기까지 격렬한 갈등이 이어지고 있다. 그 갈등의 연장선상에서 세계는 오늘날 IS테러의 공포에 직면하고 있는 것이다. 종교적 갈등은 다른 종교와의 사이에서 뿐만 아니라 같은 종교 내부에서도 나타난다. 기독교와 이슬람교의 경우를 보더라도 내부에서 또다시 파벌이 나누어져, 기독교는 신교와 구교로, 이슬람교는 수니파와 시아파로 나뉘어 갈등이 계속되고 있다.

이념갈등은 보수와 진보, 또는 우익과 좌익 간의 갈등으로 나타나고 있다. 역사적으로 좌익과 우익으로 나뉘게 된 배경은 프랑스 혁명으로 거슬러 올라간다. 프랑스혁명 이후 구성된 국민공회는 루이 16세와 왕비 앙트와네트에 대한 처리 문제를 두고 의견이 갈렸다. 당시 우측에 자리 잡은 지롱드당은 최소한 이들에 대해 사형만은 면해 줘야 한다는 입장을 고수하였다. 이에 반해 좌측에 앉은 자코뱅파는 혁명의 완성을 위해서는 이들을 처형해야 한다고 주장했다. 이후 좌파와 우파라는 용어가 생겨났고 이는 다시 진보와 보수로 이어지게 되었다.

그런데 이념갈등은 구체적인 실체가 없다. 다만 이는 오늘날 정치적 구호로써 활용되거나 혹은 세대간 갈등 등의 형태로 나타나고 있다. 우익은 경쟁과 사유재산을 본질로 하는 기존 시장경제 질서와 자본주의 체제를 수호하는 것이 최선이라 주장한다. 반면 좌익은 개혁을 통해 기존질서를 확 바꾸어야만 당면한 어려움에서 벗어나고 또 미래세대의 발전도 기할 수 있다고 주장한다. 양측 주장이 다 설득력이 있고 맞는 말이다. 말 그대로 '우익右翼' 즉 오른쪽 날개와 '좌익左翼' 즉 왼쪽 날개가 건강하게 균형과 조화를 이룰 때 비로소 잘 날아갈 수가 있다. 다시 말해 좌냐 우냐의 선택의 문제가 아니라, 자본주의 체제를 바탕으로 하면서 지속적인 개혁을 추진해 나가는 것이 더 중요하다. 이것이 국민 모두를 살리는 상생의 길인 것이다.

지역갈등은 기본적으로 민족간 갈등과 맥락을 같이하고 있다. 그러나 같은 민족 내부에서도 지역별 발전격차에 따라 갈등이 일어나고 있다. 미국 북부와 남부, 독일의 동부와 서부, 이탈리아의 북부와 남부 등 많은 지역에서 지역간 갈등이 존재한다. 우리나라도 예외가 아니다. 수도권에 인구와 경제력이 집중됨에 따른 수도권과 지방간 발전격차 문제는 갈수록 심화되고 있다. 또 영남과 호남의 해묵은 갈등은 아직까지도 진행 중에 있다. 우리나라 정당은 여전히 영남과 호남의 동서 분할 구도를 벗어나지 못하고 있다. 지역간 갈등과 국론 분열을 조장하는 이 지방색은 우리 시대 가장 큰 병폐 중의 하나이다.

더욱이 이제는 위험시설, 혐오시설 등이 자신들의 지역에 들어서는 안 된다는 '님비NIMBY 현상'과 함께, 수익성 있는 사업은 내 지역에 들어와야 한다는 지역이기주의적 행태인 '핌피PIMFY 현상'까지 가세되면서 지역갈등은 더욱 복잡한 양상을 띠고 있다.

계층간 갈등은 통상 양극화에서 연유한다. 그리고 이는 우리 시대의 가장 심각한 경제사회 문제로 대두되고 있다. 양극화로 고통을 받고 있는 계층에서는 이 문제를 '1대 99의 사회', '분배정의가 왜곡된 사회', '희망이 없는 사회' 등으로 치부하고 있다. 이러한 잘못된 현상을 제대로 시정하지 못하면 우리 경제사회의 퇴보는 물론이고, 체제의 안정성마저 위협할 가능성이 없지 않다. 더욱 답답한 것은 이러한 우려에도 불구하고 양극화 현상과 이에 따른 사회적 갈등이 좀처럼 해소될 기미를 보이지 않고 있다는 점이다. 그래서 관련 제도와 정책의 개선뿐만 아니라 의식개혁과 시대정신을 투영하는 리더십이 절실히 요청되고 있다.

대기업 즉 재벌에 의한 경제력 집중 현상도 계층간 소득격차 심화 문제와 비슷한 결과를 낳고 있다. 대기업의 우월적 지위 남용으로 중소기업이 정상적인 기업활동을 하는 데 어려움을 겪고 있다. 이제는 대기업과 중소기업간의 발전격차뿐만 아니라 재벌 내에서의 상위 재벌과 중하위 재벌간 격차도 심화되고 있다. 이러한 현상들로 인해 경제사회적 폐해가 막대하며 국가경제발전을 저해하고 있다.

기업은 소비자들의 신뢰와 사랑 속에서 성장한다. 그런데 우리나라 기업 특히 재벌들은 국민들로부터 존경을 받지 못하고 있다. 국민들은 재벌을 비롯한 대기업들이 기업 본연의 업무에 충실하면서 국가경제발전에 기여하기보다는 탈세와 비자금 조성, 부동산 투기, 권력과의 결탁 등을 통해 돈벌이에만 탐닉하고 있다는 생각이 강하다. 특히 우리나라

재벌들은 경제성장 과정에서 많은 특혜를 받으면서 오늘에 이르렀음에
도 기업의 사회적 책임을 방기하고 있다고 생각한다.

우리나라의 노동시장은 대기업과 중소기업, 남녀간, 정규직과 비정규
직 사이에 임금을 비롯한 여러 근로 조건상의 격차가 크다. 이러한 노동
시장의 이중구조로 인해 노사갈등이 갈수록 심화되고 있다. 이에 따라
노동시장의 진입과 퇴출이 경직화되어 결국 일자리 창출이 저해되고 있
으며, 저출산 문제를 심화시키는 요인으로도 작용하고 있다. 더욱이 이
제는 노사갈등에 더해 노노갈등 현상마저 나타나고 있다. 소위 말하는
귀조노조와 비정규직 근로자의 문제이다.

이러한 전통적인 갈등 이외에 시대 변화에 따라 새로운 형태의 갈등
현상도 나타나고 있다. 세대간 갈등과 남녀갈등이 이에 해당한다. 그런
데 이들 갈등의 본질은 일자리 부족의 문제에서 비롯되고 있다. 즉 저성
장과 고용없는 성장 추세가 지속됨에 따라 갈수록 일자리 부족 현상이
심화되고 있다. 이로 인해 남녀간 그리고 계층간의 반목현상이 나타나
게 된 것이다.

남녀갈등의 발생 원인을 보자. 오랫 동안 우리 사회에서 여자는 취업
전선에 뛰어들지 않고 학교 졸업과 동시에 전업주부로서 살아가는 것이
하나의 관행처럼 되어 있었다. 그러기에 일자리는 당연히 남자들만의
몫이었다. 그런데 언제부터인가 여성들이 고용시장에 발을 들여놓기 시
작하자 남자들은 긴장하게 되었다. 점차 좋은 일자리의 상당부분을 여
성들이 차지하게 되자 이제 남자들에게 여성들은 질투와 반목의 대상이

되어버렸다. 어쩌면 이 남녀갈등은 지구상 인구의 절반이 나뉘어 서로 반목과 질시를 하는 것이어서 가장 규모가 큰 갈등이라고 할 수 있다.

세대간 갈등 또한 결국은 한정된 일자리 다툼에서 벌어지는 측면이 크다. 기성세대의 수명이 길어지게 되자 정년연장이 이루어지게 되었고, 반면 젊은 층의 신규 취업 기회는 상대적으로 줄어들게 되었다. 여기에 저출산·고령화가 진전되면서 젊은 층이 짊어지게 될 노인부양 부담이 더 커지고 있다. 연금 문제만 보더라도 고령화로 퇴직자의 연금 수령 기간이 길어지면서 연금 고갈 우려까지 제기되고 있는 실정이다. 저출산·고령화에 따르는 모든 문제들은 어쩔 수 없이 미래세대인 젊은 층이 지고 가야 할 짐이 되고 있다. 여기에 가치관의 변화, 대가족사회에서 핵가족으로의 변화 등에 따라 기성세대와 젊은 층과의 괴리 현상이 커지면서 갈등 또한 증폭되고 있다.

갈등의 관리와 치유

전통적으로 갈등이란 부정적인 것이므로 반드시 피해야 한다고 보았다. 그러나 사회가 발전하고 복잡해지면서 갈등이란 피할 수 없는 것이므로, 갈등의 순기능을 최대한 활용할 수 있는 적정수준에서 관리하고 유지해 나가는 것이 중요하다고 보게 되었다. 이처럼 갈등의 불가피성을 인정하면서 역기능을 억제하고 순기능을 발휘할 수 있도록 관리하는 제반 노력과 과정을 갈등관리라고 한다.

다시 말해 갈등관리conflict management란 조직이나 사회, 국가의 갈등을 효과적으로 조율하고 소모적인 분쟁상황이 발생하지 않도록 통제하고 관리하는 접근방식을 말하며 제도적 장치마련을 중시한다. 보다 넓게는 갈등의 예방과 해결 과정도 포괄한다. 갈등예방conflict prevention은 갈등을 유발할 수 있는 원인을 찾아 미리 대처하는 접근방법으로, 갈등으로 발전할 만한 직간접적, 구조적 요소들을 사전에 제거하고 변화시켜 나가는 것이다. 갈등해결conflict resolution은 갈등 이면에 깔려 있는 원인과 상황을 파악해서 갈등을 해결하는 것을 뜻하며, 갈등 당사자들을 갈등해결의 대상으로 등장시켜 쌍방의 의사소통을 통해 합의점을 찾아간다.

갈등관리는 국가관리 차원에서 특히 중요하다. 갈등관리가 어떻게 이루어지는가에 따라 체제안정과 국가의 존립이 좌우되기도 한다. 정책이란 원래 양면성이 있기에 모든 이해관계자를 만족시키기란 사실상 불가능하다. 아무리 잘 만들어진 정책이라고 하더라도 이로 인해 개인적으로는 손실을 입게 되는 경우가 발생하게 된다.

따라서 정책의 입안과 추진 과정에서의 갈등관리가 중요하다. 이는 정책을 결정함에 있어 사전에 그 정책이 가져올 사회적·경제적 영향을 면밀히 분석하는 것은 물론, 정책을 추진해 나가는 과정에서 발생할 수 있는 갈등도 합리적으로 조정해 나가는 것을 의미한다.

바람직한 갈등관리를 위해 필요한 절차는 다음과 같다.

첫 단계는 갈등의 규명 단계이다. 이 단계에서는 갈등을 인식하고 정의를 내린다. 갈등해결에 있어 먼저 갈등의 실체가 무엇인지를 정확하게 파악하고, 또 상황에 대한 인식과 함께 정의를 내리는 일은 매우 중요하다. 이때 갈등에 관련된 당사자들은 자신의 문제와 욕구를 분명하게 진술함으로써 상대편에게 정확히 알릴 수 있도록 해야 한다.

둘째 단계는 갈등의 원인 분석을 하는 단계이다. 이 단계에서는 갈등의 발생과정을 구조화하고, 문제 해결의 급소를 파악해야 한다. 갈등은 관련 당사자, 갈등의 상황과 시기 등이 복합적으로 얽혀 발생한다. 따라서 정확한 갈등의 원인을 분석하기 위해서는 이런 모든 요인들을 고려해야 한다. 그리고 관련자들과 충분한 시간을 가지고 대화 등을 통해 원인을 조사·분석해야 한다.

셋째 단계는 해결안을 마련하는 단계이다. 이 단계는 여러 개의 해결

대안 중 최선의 것을 결정한 후 실행 계획을 수립하는 단계이다. 그 과정은 우선 해결을 위한 대안들을 분석한 뒤, 이들의 효과성에 대한 평가를 거쳐 최종 해결안을 도출한다. 이를 위해서는 합리적인 평가기준과 기대성과의 분석기법을 마련할 필요가 있다.

넷째 단계는 실행 및 조정 단계이다. 이 단계에서는 실행에 필요한 자원을 확보하고 조직화한다. 그리고 실행 과정을 지켜본다. 효율적인 시행이 될 수 있도록 하기 위해서는 구체적인 추진 타이밍과 조직, 인간의 속성 등을 감안해야 한다.

마지막으로 사후관리 단계이다. 이 단계에서는 갈등해결의 과정을 되돌아보면서 해결 과정 중에 배워야 할 점을 정리한다. 그리고 추후 유사한 갈등이 재발하지 않도록 사후조치를 취한다. 그동안 갈등해결을 위해 거쳤던 과정들을 되돌아보면, 차후에 유사한 갈등이 발생했을 때 효과적으로 관리할 수 있을 것이다. 나아가 갈등이 발생하지 않도록 미리 예방하는 것까지도 가능할 것이다.

한편, 갈등해결의 방법에는 크게 협상과 분쟁조정, 두 가지가 있다. 우선, 협상이란 서로 갈등이 있는 둘 이상의 사람 또는 집단이 갈등을 해결하기 위해 상호작용하는 과정이다. 협상의 원칙에는 다음과 같은 것들이 있다. 협상 당사자가 처한 주관적 입장보다는 사실적인 이해관계가 무엇인지에 초점을 둔다. 상호이익을 얻을 수 있는 대안을 개발한다. 객관적인 기준을 쓰도록 한다. 그리고 무엇보다 협상 상대방을 배려하고 존중하는 태도를 견지하는 것이 중요하다.

다음으로 분쟁조정이란 분쟁 당사자들이 자발적으로 분쟁의 쟁점을 상호 수용 가능한 형태에 이르도록 제3자가 교섭에 개입하는 것을 뜻한다. 합리적인 분쟁조정을 위해서도 다음과 같은 원칙들을 준수해야 한다. 당사자들의 욕구를 만족시키는 방법으로 갈등을 해결한다. 그리고 조정자는 갈등을 해결하도록 촉진하는 사람이지 심판관이 아니라는 점, 조정은 다양한 욕구와 이해관계 문제를 평화적으로 해결하는 방식이라는 점 등을 명심해야 한다.

고도로 분화된 현대사회에서는 갈등관리가 매우 어려운 과제이다. 갈등 문제는 몇몇 사람의 문제가 아니고 구성원 모두의 문제이기 때문이다. 따라서 구성원 모두가 갈등 문제를 조절하고 관리하기 위한 노력에 나서야 한다. 이를 위해 우리는 사회구성원 모두의 인권이 존중되는 공정한 사회를 만들어 나가는 데 힘을 모아야 할 것이다. 사회통합을 위한 리더십, 기업의 경영윤리, 갈등에 관한 사회경제적 조건과 제도적 뒷받침, 그리고 전 구성원의 사회발전에 관한 인식 전환 등이 합쳐질 때 갈등의 문제가 원만하게 해결될 수 있다.

특히 상대방의 입장을 역지사지易地思之의 자세에서 이해하려는 마음가짐이 무엇보다 중요하다. 타인에 대한 신뢰와 배려의 정신에 바탕하여 진정으로 인간사회에 유용한 것이 무엇인가를 찾아가는 지혜가 필요하다.

2. 지역갈등과 님비현상

지역간 격차와 균형발전

우리나라 지역갈등의 문제는 크게 두 가지로 나눌 수 있다. 하나는 지역정서적인 갈등이고 다른 하나는 지역간의 발전과 경제력 격차에서 대두되는 갈등이다.

개발연대 시절, 불균형 성장전략으로 인해 영남지역과 호남지역간의 발전격차가 나타나게 되었다. 이후 상대적으로 발전의 혜택을 입은 영남권과 개발이 낙후된 호남권, 양 지역간에는 미묘한 갈등이 잉태되기 시작했다. 우리 현대사에서 지역갈등의 시발점이라 할 수 있다. 그런데 정치권은 이러한 현상을 해소하려는 노력보다 오히려 이를 조장하고 활용하려고 했다. 이에 따라 양 지역간의 반목은 더욱 심화되어 갔다. 이후 지역정서적인 갈등은 영·호남간의 갈등에 그치지 않고 다른 지역으로 확산되어 갔다. 급기야 '호남 푸대접'을 넘어 '충청권 무대접론'까지 등장하게 된다. 이러한 정서적 지역갈등은 정치권이 원인 제공자인 만큼, 문제 해결에 있어서도 그들이 앞장서야 할 것이다.

다른 하나의 지역갈등 문제인 지역간 경제력 격차 문제는 또다시 수도권 집중 문제와 지방자치단체간의 경제력 격차 문제로 나누어진다.

먼저 수도권 집중 문제부터 알아보자. 우리나라는 그동안 수도권 집중 억제시책을 추진해 온 것은 사실이나 실효를 거두지 못하면서 인구와 경제력의 수도권 집중 현상도 줄어들지 않고 있다.

수도권의 면적은 국토의 11.8%에 불과하다. 그러나 인구 비중은 49.4%이고, 총소득명목 기준 수도권 집중도는 54.3%에 달한다. 특히 본사가 수도권에 소재하는 대기업의 비중은 압도적으로 많은 실정이다. 수도권의 인구 집중도를 주요국과 비교해 볼 때, 일본 동경 27.6%, 영국 런던 21.6%, 프랑스 파리 18.2%인 데 비하면 우리나라의 49.4%는 매우 높은 상황이다.

그러면 수도권 집중의 원인은 무엇일까? 우리나라 사람 특유의 중앙정부와 서울에 대한 선망의식과 애착, 교육열정과 권력에 대한 의지 등이 복합적으로 작용하여 인구와 경제력의 수도권 집중을 초래하였다. 여기에 정부 차원에서의 지역균형발전에 대한 정책적 노력이 부족했던 것은 물론, 오히려 한정된 자원의 효율적 활용이라는 명분 아래 수도권 위주의 개발정책을 부추긴 측면도 없지 않았다.

이 수도권 집중 현상으로 인하여 많은 경제사회적 비용을 지불하고 있다. 좁은 면적에 너무 많은 인구가 모여 살다 보니 주택난과 교통 혼잡, 대기오염과 수질오염 같은 환경오염 문제가 대두되고 있다. 이에 정부는 수도권 집중 완화를 위한 여러 가지 방안을 마련해 시행하였지만, 실효를 거두지 못하고 오히려 점점 심화되어 갔다.

권역별 인구와 소득

(단위 : 만명, 조원)

구 분	인구		소득	
	인구 수	비중(%)	소득 금액	비중(%)
수도권	2,547	49.4	809	54.3
충청권	539	10.5	157	10.5
호남권	525	10.2	122	7.8
대경권	520	10.1	132	8.2
동남권	805	15.6	223	15.0
강원권	155	3.0	33	2.2
제주권	62	1.2	14	0.9
전국	5,153	100	1,490	100

* 인구는 2015년 행정자치부, 소득은 2014년 통계청 자료

지역 상호간의 경제력 격차는 더욱 심각한 수준이다. 1인당 생산력이 최대인 울산은 최저인 대구에 비해 3.6배에 달했고, 1인당 소득도 울산은 전남지역의 1.4배에 달하고 있다. 이처럼 지역간 소득과 경제력 격차로 인해 재정자립도 또한 지방자치단체간 불균형이 매우 심각하다. 2016년 기준 지방정부의 평균 재정자립도는 52.5%에 불과하다. 그 중 서울이 84.7%로 가장 높았고, 전남은 23.8%에 불과해 격차가 3배 이상 벌어지고 있다.

이런 상황 속에서 지방정부의 복지재정 부담은 큰 압박을 받고 있다. 2015~2016년 중앙정부와 지방자치단체가 첨예한 갈등을 빚은 영유아 보육료, 기초연금과 같은 대규모 복지정책들은 모두 지방자치단체에 일정 비율의 비용 분담을 요구하고 있다. 보건복지부 국고사업만 해도 지

방자치단체의 대응지방비 부담은 2008년에 5.1조원이었으나 2013년에는 4.2조원이 증가한 9.3조원에 이른다. 복지정책이 지방자치단체에 더 큰 부담을 지우고 있는 현실이다.

지방자치단체별 1인당 소득과 재정자립도

구 분	서울	부산	대구	울산	전남	제주	전국 평균
개인소득(만원)	1,927	1,656	1,595	1,946	1,409	1,560	1,650
상대수준	116.8	100.4	96.7	117.9	85.4	94.5	100
재정자립도(%)	84.7	60.1	57.1	72.2	23.8	38.2	52.5

* 개인소득은 2014년, 재정자립도는 2016년 기준

이와 같은 인구와 경제력의 수도권 집중과 지역상호간의 격차 확대 현상은 국토 발전의 불균형과 지역감정의 골을 심화시키게 된다. 수도권 과밀현상은 환경오염과 교통체증 등의 문제를 야기하여, 중장기적으로 수도권 자체의 발전도 정체시키게 된다. 또한 인구, 소득 수준, 세수 등의 면에서 지역간의 격차가 확대될 경우 지역 상호간의 감정 대립을 심화시켜 국가 통합에 걸림돌로 작용하게 된다. 아울러 경제사회 발전의 지속가능성도 훼손시키게 된다.

그렇다면 국토의 균형발전을 위한 대책은 무엇일까? 1995년 지방자치 제도가 본격적으로 실시되기 전까지의 우리나라 지역개발전략은 국토의 균형발전보다는 국토의 효율적인 운용 측면에 초점이 맞추어져 있었다. 이에 따라 지역개발 프로젝트는 중앙정부의 일방적인 의사에 의해

이루어지고 있었다.

중앙정부는 특정지역 개발의 필요성이 있다고 판단하면 그곳에 산업발전단지를 건설하고, 또 배후단지 조성에 필요한 사회간접자본시설을 확충해 나갔다. 그러나 중앙정부가 지역발전을 주도함에 따라, 중앙정부의 일방적인 의도대로 이루어지기가 다반사였고 전시성 사업도 많았다. 이러다 보니 주민의 의사가 충분히 반영되지 않거나 당해지역의 특성이 고려되지 않았다. 그 결과 지역발전에 꼭 필요한 사업과는 거리가 먼 개발사업이 추진되는 일들이 종종 생겨났다.

이에 지역발전이 늦어지거나 예산 낭비 등의 문제점이 제기되었다. 또한 압축성장 과정에서 야기된 수도권 집중과 이에 따른 환경오염과 난개발현상 등을 시정하기 위해 다양한 수도권 규제강화시책을 추진하기 시작했지만 커다란 진전은 없었다.

그러나 1990년대 중반 이후 민주화가 진전되고 지방자치제가 시행되면서 국토의 균형발전을 위한 노력이 본격화되었다. 즉 당해 지역주민과 지방자치단체가 그 지역에 대해 구체적이고 상세한 지식과 관심을 보유한 상태에서, 지역의 특성을 최대한 살린 개발전략의 추진이 가능하게 된 것이다. 물론 이로 인한 부작용도 나타나고 있기는 하다. 즉 지방자치제 시행 이후 수도권이 신산업육성과 국가경쟁력 확보에 최상의 입지조건을 구비했음에도 불구하고, 수도권 규제와 비수도권 개발 우선의 명분에 밀려 사업의 추진이 좌절되는 사례가 종종 발생하고 있다. 또한 중앙과 지방의 갈등에 더하여 지방 상호간의 갈등도 확산되고 있는 실정이다.

그러면 앞으로 중앙과 지방이 고르게 발전해 나갈 수 있도록 하기 위해서는 어떤 전략을 구사해야 하는가?

첫째, 지역 균형발전 시책은 지방과 대도시에서 살아가는 주민들의 삶이 서로 비슷한 수준을 유지할 수 있는 방향으로 추진되어야 한다. 이는 지방도시가 소득 수준뿐만 아니라 문화 · 교육 · 의료등 모든 면에서 중앙과 비슷한 수준을 이루는 것이 진정한 선진국으로 가는 길이라는 인식을 기반으로 하고 있다. 이를 위해서는 지역개발 프로젝트의 추진과 함께, 명품 지방중소도시를 육성할 필요가 있다. 도시 규모와 형태는 10~20만명의 인구를 가진 자족도시가 바람직하다.

둘째, 국토개발을 위한 소프트웨어적 요소를 강화하는 한편, 세계적인 추세에 맞춰 경제블록 광역화를 추진하여야 한다. 과거의 지역개발 프로젝트는 사회간접자본과 산업단지와 같은 하드웨어적 요소에 집중 투자 했으나, 앞으로는 해당지역의 특성과 기능을 최대한 살릴 수 있도록 하는 소프트웨어적 투자에 초점을 맞추어야 한다.

또 지역발전의 시너지효과를 높이기 위해서 지역경제권을 보다 광역화할 필요가 있다. 이를 위해서 사회간접자본과 IT환경을 개선하고, 광역권역별 전략산업을 배치해야 한다. 이렇게 한다면 광역지방권에 소재하는 산 · 학 · 연産 · 學 · 硏협력 클러스터를 최대한 활용할 수가 있다.

셋째, 지방자치단체의 재정을 확충하고 재정정책 운용의 자율성을 강화해 나가야 한다. 우리나라 총 정부 지출에서 지방자치단체(교육지자체 포함)가 차지하는 비중은 60%에 달해 중앙정부 지출을 초과하는 데 반해, 총 조세수입에서 지방세가 차지하는 비중은 20%에 불과하다. 이에 따라 지방개발 프로젝트가 추진될 경우, 주민들 의사가 최대한 반영되기보다는 중앙정부의 뜻이 보다 많이 반영되는 것이 현실이다.

이를 시정하기 위해서는, 지방세 기반을 확충함과 동시에 국세와 지방세의 합리적인 조정 등을 통해 지방재정의 자립도를 제고해 나가야 한다. 그리고 지방교부세를 배분할 때 각 지방의 발전상황을 최대한 고려하여 지역간 형평성을 제고해 나가야 한다.

넷째, 중앙정부의 조정기능 강화이다. 갈수록 지역간의 갈등이 심화되고 있다. 특히 혐오시설이나 위험시설은 회피님비현상하고 지역발전에 도움이 되는 시설이나 사업은 유치핌피현상하려는 지방자치단체간의 경쟁이 갈등을 유발하고 있다. 이런 추세는 앞으로 더 심화될 가능성이 크다. 따라서 중앙정부는 지역개발 추진을 위한 권한을 지방자치단체에 위임하되, 지방자치단체간 분쟁을 해결하는 갈등의 중재자 역할에 역점을 두어야 할 것이다.

끝으로, 지방자치단체들의 권한과 자치권 행사를 확대하는 조치가 필요하다. 우리나라는 OECD 회원국 중 중앙정부 집중화가 가장 강력한 국가에 속한다. 세계화와 지방화 시대인 지금은 지역경쟁력이 국가경쟁력을 좌우하게 된다. 그런 만큼 국가의 운영방식이 중앙과 지방정부간의 수직적 상하관계가 아니라 수평적 협력관계로 전환되어야 한다.

양극화와 갈등 그리고 행복

수도권 집중 완화시책과 세종시

수도권 집중현상이 심화되고 이로 인한 여러 가지 부작용이 발생하자 역대 정권은 이의 완화를 위해 많은 노력을 기울여 왔다. 그러나 이러한 노력에도 불구하고 효과는 별반 거두지 못하였다. 노무현대통령의 참여정부에서는 지방분권과 국토 균형발전 전략의 일환으로 혁신도시, 기업도시, 행정중심복합도시라는 3대 지방도시 조성계획을 수립·추진하였다.

'혁신도시'란 공공기관 지방 이전을 계기로 성장거점지역에 조성되는 미래형 도시를 말한다. 이는 이전된 공공기관과 지역의 대학·연구소·산업체·지방자치단체가 협력하여 지역의 새로운 성장동력을 창출하는 기반이 되도록 한다는 것이다.

참여정부는 이 혁신도시 건설을 통해 많은 효과를 얻을 수 있을 것으로 기대하였다. 우선 지방대학 졸업자의 취업 기회를 넓히는 효과를 가져와 지방은 우수인력을 확보하고, 지방대학과 지역의 연구·교육기관의 질 제고에도 기여할 것으로 보았다. 아울러 공공기관 및 관련 기업의 유입을 통해 지방 세수 증대 효과, 지역의 전략산업 및 특화산업과 연계한 산학연 클러스터 구축 등 지역 발전에 다양한 효과가 있을 것으로 예상하였다.

'기업도시'란 사업입지와 경제활동을 위해 민간기업 주도로 개발되는 도시이다. 기업 자신이 필요한 용지를 개발하여 생산·연구개발 등 유관 산업과의 연계성 및 효율성을 극대화하고 동시에 정주에 필요한 주택·교육·의료 등 자족적 복합기능을 가진 도시를 말한다. 이는 기업 투자를 촉진하고 지역경제발전에 기여하려는 목적으로 추진되었다. 기업도시는 기업이 투자계획을 가지고 직접 개발한다는 점에서, 정부가 기업의 입지수요를 충족시키기 위해 생산단지를 조성하는 산업단지와 차이점이 있다.

'행정중심복합도시'는 흔히 '행복도시'라고 줄여서 부르는데, 수도권의 과도한 집중에 따른 부작용을 시정하고 국가 균형발전 및 국가경쟁력 강화에 이바지하는 것을 목적으로 건설되는 도시를 말한다. 좀 더 구체적으로는 중앙행정기관 및 소속기관을 이전하여 행정기능이 중심이 되는 복합도시로서, '세종특별자치시' 일원에 건설되고 있는 도시이다.

2005년부터 도시 개발을 시작하여 개발이 완료되는 2030년에는 최종적으로 인구 50만명을 목표로 도시계획을 수립하였다. 적정인구 규모를 50만명으로 설정한 이유는 수도권 인구 분산 효과, 이전기능 수용, 자족기능 확보, 충청권내 도시체계와의 조화 등을 고려한 것이다.

이 3대 프로젝트 중 혁신도시 조성계획은 차질 없이 추진되어 성공적으로 마무리 되었다. 반면 기업도시 조성은 제대로 진행되지 못하고 있다. 한편 행복도시문제는 오늘날까지 논란의 한 가운데 서 있다. 원래 행복도시 프로젝트는 행정수도를 통째로 서울에서 세종시로 이전할 계획을 가지고 추진하였다. 그러나 이 계획은 위헌으로 판정을 받게 됨에 따라 중간에 계획 수정이 이루어졌다. 즉 수도 전체의 이진계획에서 행정기관만 이전하는 계획으로 축소·조정되었다. 그런데 이 계획 또한 행정의 효율성을 저해할 가능성이 있을 것이란 우려로 폐기할 움직임이 없지 않았다. 그러나 국민과의 약속을 지킨다는 명분 아래 결국 행복도시조성 프로젝트는 이루어지게 되었다.

세종시는 현재 정부 행정기관을 필두로 공공편익시설과 문화시설들이 유치되고, 상주인구도 20만명에 이르는 중규모 도시가 되었다. 그러나 세종시 탄생에 대한 비판적 시각도 많은 편이다. 세종시 건설은 애초에 수도권의 지나친 비대를 막겠다는 의도에서 추진되었다. 그러나 막상 세종시에 유입된 인구는 수도권 사람들이 아니라 대부분 인근 충청권 사람들이라는 것이다.

이러한 비판보다 훨씬 더 심각한 것은 행정부서들이 세종시로 이전함에 따라 행정의 비효율과 낭비적 요소가 너무 커지고 있다는 점이다. 우선 청와대와 일부 비경제부처는 여전히 서울에 남아 있어 업무 보고와 협조를 위해 서울과 세종시를 수시로 오르내려야 하는 문제가 생겼다. 또 국회가 서울에 남아 있는 것도 문제다. 날이 갈수록 국회의 영향력이 커지고 있는 시대적 상황에서 행정부는 국회의 협조를 받아야 할 사안이 늘어나고 있다. 만약 국회의 협조가 잘 이루어지지 않으면 행정 처리가 지연되거나 아예 폐기되고 만다. 그런데 행정부와 국회가 각기 다른 지역에 위치해 있다 보니 행정부 공무원들은 많은 시간과 비용을 지불하고 국회로 달려가야 한다.

이런 상황에서 공무원들의 잦은 서울 출장으로 업무 효율성이 크게 떨어지고 있다. 간부급 공무원들은 상급자와 상급기관에 대한 보고, 각종 회의와 국회 참석 등 때문에 세종시에서 근무하는 날의 비중은 채 50%가 되지 않는다고 한다. 서울에 출장갔다 다시 세종시로 돌아오면 이동하는 데만 5시간 이상 소요되므로 사실상 하루 업무가 종료된다.

그러다 보니 정책의 품질과 신속성 모두 약화될 수밖에 없다. 각종 정책 수립 시 함께 모여서 심층 토론하기가 어려우므로 전화나 이메일 E-mail로 대충 결론짓게 되는 경우도 있다. 잦은 출장으로 몸이 고달프니 심사숙고할 일도 적당히 결정할 가능성도 크다. 또한 서울에서 일을 보고 있는 장관 등 간부들에게 보고하고 결재 받는 데 시간이 걸리므로 정책결정이 그만큼 늦어질 것이다. '메르스'로 알려진 중동호흡기증후군 사태 당시 초기 대응에 실패한 것도 세종시에 있는 보건복지부, 오송에 있는 질병관리본부, 서울에 있는 유관기관간 유기적인 업무협조가 제대로 이루어지지 않았기 때문이라고 보는 사람들이 많다.

특히 경제부처가 세종시에 내려간 것에 대해서는 우려의 시각이 많다. 우선 대다수 민원인들은 서울에 있는데 이들은 일을 보기 위해서 세종시까지 내려가야 하는 불편을 겪고 있다. 여기에다 공무원들이 지방에서 지내다 보니 세상 물정에 어두워져 이상한 정책이 나오는 게 아니냐는 조롱성의 소리까지 들린다. 정부가 미세먼지 대책이라면서 경유

가격인상을 내세운 것이라든지, 가정용 전기요금 누진제 완화를 거부한 일 등이 그런 사례로 지적된다.

이러한 문제를 해결하기 위해서는 몇 가지 방안을 생각해 볼 수 있다.

첫째, 청와대와 국회까지를 모두 세종시로 이전하는 것이다. 이는 완전한 수도이전계획이 된다. 이 경우 행정의 효율성을 높일 수 있고 세종시의 기능도 강화할 수가 있다. 그러나 이는 헌법 개정이란 절차적 문제가 남는다. 또한 남북이 대치하고 있는 상황과 향후 통일이 되었을 때를 예상해볼 때 어려움이 따른다.

둘째, 세종시에 국회 분원을 설치하고 상임위는 세종시에서 개최토록 하는 것이다. 이는 국회가 이전하지 못할 경우 검토 가능한 대안이다. 세종시 거주 공무원들이 서울로 오가는 가장 큰 이유는 대 국회업무 때문이다. 따라서 국회 업무만 세종시에서 이루어진다면 행정의 낭비를 크게 줄일 수 있을 것이다. 그러나 이 역시 현실화되기 위해서는 법적 검토뿐만 아니라 국회의 결단이 필요한 사안이다.

셋째, 현재 서울에 남아 있는 비경제부처를 모두 세종시로 이전시키고, 경제부처는 거꾸로 다시 서울로 이전하는 것이다. 사실 비경제부처가 꼭 서울에 남아 있을 필요성은 크지 않다. 반면 경제부처는 아무래도 경제활동의 중심지가 서울이다 보니 서울에 위치하는 것이 민원인에게도 그리고 정책을 입안하는 공무원들에게도 도움이 된다. 그러나 이 또한 행정효율의 낭비라는 문제가 여전히 남게 되고, 청사 이전에 따른 여러 가지 부작용 발생도 우려된다.

넷째, 단기 대응책으로 서울 출장 수요를 획기적으로 줄이는 것이다. 세종시 공무원들이 서울로 출장 오는 가장 큰 이유는 국회 업무보고이며, 그 다음이 관련업체 면담, 청와대 협의 등이라고 한다. 이 중 민간기업과의 회의 등은 조정이 가능하겠지만, 청와대와 국회에서 부르면 가지 않을 수가 없다. 그런데 국회나 청와대 입장에서는 아무런 불편을 느끼지 못하기 때문에 쉽게, 그리고 자주 세종시 공무원들을 불러들인다. 그래서 이를 억제할 장치 마련이 절실하다. 지나치게 집중된 청와대의 권력을 각 부처 장관에게 위임해주는 것도 한 방편이다.

지역 이기주의, '님비'와 '핌피'

삶이 팍팍해지면 남에 대한 배려가 부족하고 이기주의가 심화되는 경향을 보이게 되는 것일까? 여전히 우리 사회 전반에 팽배해 있는 님비 Nimby 현상 또한 이러한 세태를 그대로 반영하고 있다고 여겨진다.

'님비NIMBY, Not In My Back Yard'는 산업폐기물, 분뇨처리장, 납골당, 마약중독자 · AIDS 환자 시설 설치 등 공익시설이지만, 혐오스럽거나 위험하기 때문에 우리 마을에 지을 수 없다는 사회현상을 말한다. 님비현상은 지역 이기주의로 인한 공공정신의 약화 현상이라고 볼 수 있다.

2003년에 일어난 '부안 방폐장' 사태는 우리나라 국책사업 추진 과정에서 가장 큰 인적 · 물적 피해를 야기한 사건으로 님비현상을 말할 때자주 인용되고 있다. 같은 해 초, 정부는 원자력 방사성 폐기물 저장시설 후보지역으로 영광, 고창, 울진과 영덕 4곳을 발표하였다. 그러나 4곳 모두 주민의 반대로 유치 포기를 선언했다. 그런데 갑자기 후보지역도 아니던 부안에서 이 지역 군수가 시설 유치를 선언하자, 이에 화답한 정부는 부안을 방폐장 부지로 확정 · 발표했다. 갑작스러운 정부 발표에 부안 주민들은 극렬히 반대하고 나섰다. 이후 치러진 주민투표에서 92%

의 반대표가 나왔고 결국 부안은 후보지에서 제외되었다.

그 이후 정부는 전열을 재정비하고 2005년 다시 후보지 물색작업에 들어갔다. 7개의 지방자치단체가 유치를 희망했으나, 최종적으로 경주가 결정되었다. 경주는 주민투표 결과 90%의 찬성률을 보였다. 이로 인해 경주는 3천억원의 특별지원금을 받게 되었다. 이 과정에서 정부는 후보지 선정에는 여러 가지 지원책과 함께 주민들의 의사를 반영하는 절차의 도입이 매우 중요하다는 교훈을 뼈저리게 얻게 되었다.

통상 '사드'로 불리는 고고도미사일방어체계THAAD 배치 부지 확보 과정에서도 극도로 심각한 님비현상이 나타났다. 물론 처음 한반도 사드 배치 문제가 대두되었을 당시 일부 반대의 목소리도 없지 않았다. 그러나 다수의 국민들처럼 경북지역 주민들도 사드 배치는 대한민국 생존 차원에서 피할 수 없는 중차대한 국가 안보전략 과제로 받아들이고 이에 찬성하는 여론이 높았다. 그러나 사드 배치지역이 경북지역으로 검토되자 경북지역 주민들은 극렬한 반대 움직임을 보이게 되었다.

정부가 사드를 경북 성주에 설치한다고 발표하자마자 성주 주민들은 결사반대의 입장을 보였다. 주민들은 사드 배치 계획에 대한 설명을 위해 방문한 국무총리에게 물병을 던지고, 군수는 단식에 들어가기도 했다. 이후 성주군은 한발 물러서 사드 배치지역을 기존에 발표된 성주 성산포대에서 성주군 내 다른 곳으로 변경해 달라는 요청을 하기에 이른다. 이에 따라 정부는 다른 후보지 3곳에 대한 평가를 진행하여 그 결과, 최종 후보지로 성주군 초전면의 롯데스카이힐 성주CC로 확정되었다. 그러자 이제는 골프장 인근에 위치한 김천시민들이 거세게 반발을 하였다.

일부에서는 사드 배치지역 논의 과정과 배치 기준, 안전성 등이 제대로 공개되지 않아 불신과 반발을 키웠다고 지적한다. 국민이 신뢰하고 수용할 수 있는 절차가 마련되지 않아 갈등을 키웠다는 지적도 있다. 김천시민은 성주에서 사드 설치를 반대하자 애꿎게 자신들이 파편을 맞게 되었다며 정부를 비난하였다. 처음부터 좀 더 신중한 검토가 있었더라면 이런 불필요한 과정은 거치지 않아도 되었을 것이다. 그리고 정부가 왜 사드를 그곳에 배치해야 하고 어떤 피해가 발생할 수 있는지를 좀 더 솔직히 공개하고 주민을 적극 설득했더라면 좋았을 것이다.

지금도 대부분의 지방자치단체들은 이 님비현상으로 인해 혐오 공익시설 건립에 어려움을 겪고 있다. 또 지방자치단체 상호간에도 이 님비현상으로 인한 충돌이 자주 일어나고 있다. 객관적으로 좀 더 나은 위치에 거주하는 특정지역 주민들이 이웃지역을 잇는 연계도로공사를 격렬히 반대하고 나서는 경우도 그 예이다.

이들은 연계도로가 만들어지면 이웃지역 주민들이 자기 동네를 왕래하면서 소음과 교통체증을 유발한다며 방해공작에 나서고 있다. 그래서 결과적으로 연계도로는 역할을 제대로 하지 못하고 우회하거나, 당초보다 축소·조정되어 우스꽝스러운 모습을 보이는 경우가 왕왕 일어나고 있다. 특히 이런 현상은 서울시와 경기도 간에 자주 일어나고 있다.

다행히 얼마 전부터는 지역적으로 인접한 지방자치단체들이 이 님비현상을 극복하는 사례들도 하나 둘 생겨나고 있다. 서울 구로구와 경기도 광명시의 혐오시설 빅딜이 대표적인 성공사례이다. 이는 지방자치단체간 혐오시설 상생win-win게임의 첫 사례로서, 님비현상으로 인해 골머리를 앓고 있는 많은 지방자치단체들에게 귀감이 되었다. 빅딜 내용은 이렇다. 구로구는 관내에서 배출되는 생활쓰레기를 광명의 소각장에서 처리하고, 광명시는 그 대신 관내에서 처리해야 할 오·폐수를 구로구의 하수처리장에 맡기기로 한 것이다.

이 빅딜로 광명시는 1,000억원, 구로구는 400억원을 절약하는 결과를 얻는 것으로 평가되었다. 특히 혐오시설을 새로이 설치하는 데 따르는 주민들의 피해의식을 없애고 시설물 설치에 들어가는 재원을 아끼면서 각자가 필요로 하는 목적을 이루었다는 점에서, 돈으로 계산할 수 없는 효과를 얻어낸 상생의 해결방식으로서 더욱 돋보였다.

님비현상에 수긍이 가는 측면이 없지는 않다. 핵 쓰레기장과 같은 혐오시설이 들어오면 주민들은 혹시나 있을지 모를 각종 위험에 노출되기에 불안감이 생길 것이다. 그래서 자신들의 생존권을 보호하기 위해서 이러한 시설의 설치를 반대하게 된다. 그런데 문제는 이들도 이 혐오시설물이 꼭 필요하다는 점은 인정하기 때문에 다른 지역에 설치하라고 주장한다. 이 얼마나 모순된 모습인가? 혐오시설이 내 뒤뜰에 들어와서는 안 된다면, 당연히 다른 사람의 뒤뜰에도 안 들어가야 하는 게 맞지 않는가?

꼭 필요한 사회적 약자를 위한 시설에 대해서도 님비현상이 나타나고 있다. 양로원, 고아원, 장애인 복지시설, 탈북자 교육시설이 내가 사는 지역에 설치되는 것을 극구 반대한다. 심지어 저소득층 임대주택 건립에 대해서도 여러 가지 민원이 제기되고 있다. 나와 관계가 없는 사회적 약자에 대해서는 한없는 동정심과 연민을 느끼지만, 일단 그들이 나의 영역에 들어오게 되면 생각이 완전히 바뀌게 된다. 우리는 공통된 공간에서 상호작용하며 연대를 이루는 공동체의 일원이다. 인간의 속성이 원래 이기적이고 자기중심적이기는 하다. 그러나 공동체의 일원으로서의 정서적 유대감, 공동체적 가치관을 바탕으로 소통하고 화합하면서 개인과 공동체 사이의 갈등을 조절해 나가는 지혜가 필요하다.

한편 님비와는 반대 개념으로'핌피PIMFY; Please In My Front Yard'가 있다. 이는 자기 지역에 이익이 되는 시설이나 사업을 유치하려는 현상을 말한다. 말 그대로 제발 자기 집 앞뜰에 놓아달라는 것이다. 이 현상 또한 집단이기주의에서 비롯되고 있다.

2011년과 2016년 두 차례에 걸쳐 벌어진 동남권 신공항 유치를 위한 영남지방 지역 상호간의 분쟁 사례는 핌피현상의 대표적인 예이다. 부산과 밀양은 동남권 신공항을 유치하기 위해 치열한 경쟁을 벌였다. 가덕도 유치를 원하는 부산과 경남 밀양에 유치되기를 바라는 경남·울산·대구·경북 등 5개 지방자치단체의 이해관계가 복잡하게 얽혀 있었다. 동남권 신공항 문제는 막대한 경제효과를 바라는 지역민들의 기대심리와 정치권의 정치적 의도 등이 맞물리면서 복합적으로 상승작용을 일으켜 가열되고 있었다.

이에 정부는 어느 한쪽만을 편들기가 어렵다는 판단 아래 원천적으로 사업을 백지화하는 방침을 발표하기에 이르렀다. 이는 결국 양측 당사자들의 이기주의가 꼭 필요한 국책사업의 수행을 좌절시키는, 즉 국익을 망가뜨리는 결과를 초래한 것이다. 이를 통해서 정부는 국가에 꼭 필요한 사업이라면 이런저런 눈치 보지 말고 관철시키거나, 아니면 애당초 사업의 당위성과 추진 가능성에 대한 면밀한 검토를 한 이후 사업계획을 발표해야 한다는 교훈을 얻게 되었다.

또 국제과학비즈니스벨트 조성사업에 지방자치단체들이 너도나도 뛰어들어 사업이 당초 계획보다 훨씬 늦어지고 있는 사례, 국립한국문학관 부지 공모사업에 20여개 지방자치단체가 과열경쟁을 벌여 잠정 중단 사태를 빚은 사례 등에서 보듯이 이익이 따르는 시설이나 사업을 자기 지역으로 끌어오기 위해 지방자치단체들이 사생결단으로 싸우는 것 또한 핌피의 전형적인 모습이라 하겠다.

그동안 우리 사회에서는 불가피한 국책사업임에도 반대 세력의 방해 공작, 불법 과격시위 등으로 인해 추진이 불가능해져서 지역경제가 얼어붙고 사회적 불신의 벽이 높아지는 부작용을 수없이 보아왔다. 이로 인한 사회적 직·간접 손실은 수천억원을 넘는 천문학적인 규모에 달하며, 국민들 상호간에 갈등의 골 또한 깊어질 대로 깊어지고 있다.

그러나 인간은 결코 혼자서는 살 수 없다. 타인의 입장을 전혀 고려하지 않는다면 사회공동체는 유지될 수 없는 것이다. 님비나 핌피현상도 그렇다. 내가 사는 지역에 이로운 일만 주장하지만, 사실 넓게 본다면 다른 지역이나 도시들 역시 내가 사는 우리나라의 일부가 아닌가?

역지사지易地思之!

이제라도 타인의 입장을 전혀 배려하지 않는 이기주의를 버리고 이웃의 입장에서 생각해 보는 자세가 필요하다. 동일 공동체의 일원인 우리는 이 공동체가 유지되고 존속할 때 비로소 존재할 수 있다는 점을 기억해야 할 것이다.

3. 계층갈등과 양극화

1대 99의 사회

인간을 비롯한 모든 동물의 사회는 '20대 80의 법칙'으로 움직인다고 한다. 사회의 상위 20%가 나머지 80%를 리드한다는 것이다. 이는 실험을 통해 밝혀진 자연의 법칙이다. 이 '20대 80' 법칙은 소득 분포에도 적용되고 있다. 전체 인구 중 20%가 전체 부의 80%를 차지하고 있다는 이론이다. 이탈리아 경제학자 빌프레도 파레토Vilfredo Pareto가 19세기 영국의 부와 소득 유형을 연구하던 중에 발견한 부의 불균형 현상이다.

이후 이 '20대 80의 법칙'은 1997년 한스 피터 마르틴과 하랄드 슈만이 쓴 『세계화의 덫』이라는 책을 통해 세간에 널리 알려졌다. 이 이론에 따르면 세계화 시대에서는 전 세계 인구 중 20%만이 좋은 일자리를 가지고 안정적인 생활을 유지하는 반면, 대다수인 나머지 80%는 20%에 의지해 살아가야 한다. 즉 빈곤층 80%와 부유층 20%로 사회가 양분된다는 설명이다.

사실 경쟁을 기본 원리로 하는 자본주의 사회에서는 빈부격차가 생겨나기 마련이다. 크레디트스위스은행의 2014년 연례보고서에 따르면, 세계 인구가 소유한 글로벌자산 총액은 263조 달러에 달하며, 전 세계 최상위 부유층 1%가 이 중 절반에 가까운 48%를 소유하고 있다고 한다.

공산주의를 실현해 왔던 러시아는 빈부격차가 자본주의 국가들보다 더 심각하다. 시장조사업체 뉴월드웰스New World Wealth가 발표한 '불평등 보고서'에 따르면 러시아 전체 부富의 62%를 자국 백만장자와 억만장자들이 거머쥐고 있는 것으로 나타났다. 이에 비해 자본주의 선봉에 서 있는 일본과 미국의 소득불평등 상태는 상대적으로 양호하였다. 연소득 1백만 달러 이상의 부자들이 전체 부에서 차지하는 비중은 미국 32%, 일본은 22%에 그쳤다.

그러면 우리나라는 어떠한가?

우리나라의 소득분배 상황을 보면 우선 처분가능소득 기준 지니계수가 2015년 0.295로 불평등한 수준인 0.3에 근접하고 있다. 더욱이 이 마저도 소득 재분배 기능이 가미되기 이전의 소득인 시장소득 기준으로는 0.341로 0.3을 상회하고 있다. 경제협력개발기구OECD 34개 회원국들과 소득불평등 정도를 비교해 보면 우리는 중간 수준을 유지하고 있다. 지니계수란 0과 1 사이의 수치로 숫자가 높아질수록 소득 불평등도가 높다는 것을 의미하며, 0.3을 상회하면 불평등, 0.4를 넘으면 매우 불평등한 것으로 간주되고 있다.

한편, 소득 상위 20%5분위와 하위 20%1분위의 소득격차를 보여주는 5분위배율처분가능소득 기준이 2015년 5.11에 달했다. 이는 최상위 20% 계층의 소득이 최하위 20% 계층에 비해 5배 이상 소득이 많다는 것을 뜻한다. 더욱이 시장소득 기준으로는 8.24배에 달한다. 이에 따라 전체가구에서 중산층이 차지하는 비중이 67%에 그치고 있다. 여기서 말하는 '중산층'이란 전체 국민을 연간소득 순으로 세웠을 때 딱 중간에 있는 사람의 소득, 즉 중위소득의 50~150%에 해당하는 계층을 의미한다. 또 중위소득의 50% 미만인 계층이 전체 인구에서 차지하는 비율인 상대적 빈곤율은 처분가능소득 기준 13.8%이고, 시장소득 기준으로는 18.6%에 달하고 있다.

물론 2010년부터는 우리나라의 전반적인 소득분배 상황이 다소 개선되는 모습을 보이고 있기는 하다. 그러나 지금 벌어지고 있는 심각한 전세난과 가계부채 규모의 지속적인 증가 등을 감안할 때, 소득분배 상황이 개선되는 추세가 계속 이어질지는 예측하기 어려운 상황이다.

더욱이 이러한 공식지표들과 달리 현실적으로 느끼는 양극화에 대한 체감지표는 한층 더 심각한 상황이다. 이런 현상은 통계청이 실시한 설문조사 보고서에도 나타났는데, 이에 따르면 스스로를 하층계층이라고 답한 비율이 44.6%에 달하였다. 그 이유로는 여러 가지가 있겠지만 가장 큰 이유는 이러한 중산층 지표들이 단지 소득만을 기준으로 삼고 있기 때문이다. 즉 소득분배 지표를 구할 때 소득 이외의 부동산 · 금융상품 등 자산은 제외된다. 예를 들어, 자산은 전혀 없고 매달 갚아야 할 빚이 잔뜩 있는데 일정한 급여가 있는 직장인의 경우 지표상으로는 중산층에 속하지만, 실제로는 중산층으로 보기 힘들다.

통계청이 발표한 '2016 가계금융 · 복지조사' 자료를 보면 소득격차에 비해 자산격차가 한층 더 심각하다는 사실을 알 수 있다. 이에 따르면 상위 20% 가구가 전체 소득의 45.8%를 차지하고, 하위 20% 가구의 소득은 3.6%에 불과한 것으로 나타났다. 자산 불평등 격차는 더욱 벌어지는 모습을 보였다. 상위 20% 가구가 보유하는 순자산은 전체의 60.2%에 달하는 데 비해, 하위 20% 가구는 0.5%의 순자산을 점유하는 데 그쳤다. 더욱이 상위 10%가 절반에 가까운 42.1%의 자산을 차지하고 있는 데 반해, 하위 가구는 40%를 합쳐도 겨우 5.9% 정도의 자산만을 보유하고 있는 것으로 나타났다.

지니계수와 소득 5분위 배율 추이

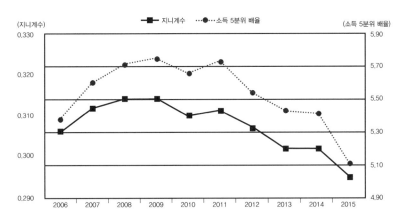

자료: 통계청

소득분배지표 추이

구 분	2008	2009	2010	2011	2012	2013	2014	2015
지니계수	0.314	0.314	0.310	0.311	0.307	0.302	0.302	0.295
소득 5분위 배율	5.71	5.75	5.66	5.73	5.54	5.43	5.41	5.11
상대적 빈곤율(%)	15.2	15.3	14.9	15.2	14.6	14.6	14.4	13.8

* 균등화 처분가능소득 기준, 자료: 통계청

노동소득분배율 또한 다소 개선이 되고는 있지만 주요 선진국들에 비해 여전히 낮은 편이다. '노동소득분배율'이란 국민소득_{영업잉여+피용자보수}에서 피용자보수가 차지하는 비율로, 국민소득 가운데 근로자에게 돌아가는 몫의 비중을 의미한다. 물론 우리나라는 자영업자 수가 많고 이들 소득은 사업소득으로 분류되는 점이 감안돼야 할 것이다. 그래도 노동소득분배율 62.9%는 70% 가까이 가 있는 OECD 선진국들과 비교할 때 낮은 편이다.

1990년대 초를 기점으로 공산주의가 붕괴하자 자본이 전 세계를 지배하는 신자유주의 시대가 활짝 열렸다. 안타깝게도 우리나라는 이러한 시대적 변화 추세에 대응할 준비가 부족했고 결국 1997년 경제위기를 맞게 된다. 이후 우리나라는 신자유주의 시스템을 받아들이고 확산시켜 나감으로써 경제위기를 극복할 수 있었다. 그러나 그에 따른 후유증으로 양극화 현상은 한층 더 심화되어 갔다. 그 결과 중산층이 무너지고 서민계층의 삶은 더욱 피폐화되어 갔다.

이런 현상을 두고, 오늘날 우리 경제사회가 '20대 80'의 사회를 넘어 '1대 99'의 사회로 변해가고 있다는 탄식이 나오기도 한다. '20대 80'의 사회에서는 그래도 상위그룹이 하위그룹을 의식하지 않을 수가 없다. 하위그룹이 언제라도 상위그룹으로 치고 올라올 수 있기 때문이다. 그러나 1대 99의 사회에서 하위그룹이 상위그룹으로 진입할 가능성은 없다.

통계청이 발간한 '한국의 사회동향 2016' 보고서에 따르면 일생 동안 노력을 한다면 개인의 사회경제적 지위가 높아질 가능성, 즉 계층 사다리를 타고 한 계단 더 오를 수 있는 계층 상승 가능성에 대한 질문에 비관론자가 10명 중 6명 이상에 달했다. 20년 전에는 낙관론자가 10명 중 6명이었지만 이제는 비관론자가 10명 중 6명이고, 특히 30~40대는 10명 중 7명이 비관적이라고 답했다. 결국 진입장벽은 더욱 높아만 가고 '개천에서 용 나는 사회'는 더 이상 존재하지 않는다는 것이다.

자본주의 사회에서 어느 정도의 빈부격차는 불가피한 측면이 있다. 그러나 우리가 당면하고 있는 심각한 부의 양극화 현상은 사회를 제대로 굴러가지 못하게 하고 체제마저 위협할 소지가 크다. 더욱이 부의 축적과 지출 행태가 정당성과 합리성을 결여할 경우 사회적 갈등과 대립을 한층 더 심화시키게 된다.

흙수저와 개천에서 욕 나오는 사회

우리는 주변에서 "돈 없고 빽 없으면 한국 사회에서 살아가기가 몹시 힘들다."라는 이야기를 종종 듣게 된다. 이는 바꾸어 말하면 돈이 있거나 뒤를 돌봐주는 권력이 있어야 출세를 할 수 있고 또 어디를 가더라도 행세 할 수 있다는 것일 게다. 참으로 안타깝고 개탄스러운 일이지만 이 말이 갈수록 사실로 드러나고 있다. 특히 우리 사회는 가난한 사람을 얕잡아보고 무시하는 경향이 강한 편이다.

기업에서 신입직원을 채용할 때 아직도 부모의 직업을 물어보는 곳이 많다고 한다. 이는 입사 지원자의 개인 능력만으로 판단하지 않고 출신 배경까지도 따져서 합격 여부에 반영하려는 행태가 존재하고 있음을 나타내고 있다. 최순실 게이트를 통해 일부 권력자들이 정당하지 않은 방법으로 자녀를 대학에 진학시킨다거나, 좋은 직장에 취직할 수 있게 영향력을 행사했다는 사실이 알려지면서 국민들의 공분을 사기도 했다. 여기서 우리가 심각하게 받아들여야 할 점은, 부정하게 혜택을 입은 사람으로 인해 다른 사람이 피해자가 된다는 사실이다.

기업과 권세가들의 이런 행태는 어제와 오늘의 일이 아니다. 오래된 관행으로 볼 수 있다. 부모가 가난하고 힘이 없으면, 자식들도 그런 상황을 대물림하게 되는 분위기가 우리 사회에 점점 더 심화되고 있다. 반대로 한 번 힘을 쥐게 된 부모들은 이를 자식들에게 물려주려고 안간힘을 쓴다. 이 때문에 요즈음 젊은 세대들은 이런 세태를 신조어 '금수저'와 '흙수저'로 빗대어 자조적이고 냉소적으로 표현하고 있다. 이들은 이 세상을 살아가는 데는 '무엇을 알고 있느냐?what do you know'보다는 '누구를 알고 있느냐?who do you know'가 훨씬 더 중요하다고 여긴다.

이 '수저론'은 얼마 전부터 우리 사회에서 널리 통용되고 있는 사회이론이다. 이는 부잣집에서 태어났다는 것을 가리키는 '은수저를 물고 태어나다born with a silver spoon in one's mouth'라는 영어 표현에서 비롯된 것으로, 개인의 노력이나 능력보다는 부모로부터 물려받은 신분이나 재산 여부에 따라 인간의 계급이 나뉜다는 것을 나타낸다. 금수저는 좋은 가정환경과 조건을 가지고 태어난 계층의 사람을 뜻이다. 흙수저란 권력이나 재력과는 거리가 먼 부모에게서 태어나 내세울 배경이 전혀 없는 사람을 뜻하는 것으로 금수저와는 반대되는 개념이다.

우리 사회에는 한번 흙수저로 태어나면 은수저나 금수저로 신분이 상승하는 것은 불가능하다는 좌절감과 패배의식이 팽배해 있다. '금수저'는 영원한 '금수저'이고, '흙수저'는 영원한 '흙수저'로 살아 갈 수밖에 없다는 것이다. 실제로 우리 사회의 계층 이동성은 갈수록 떨어지고 있다. 이는 기본적으로 돈이 돈을 버는 자본주의의 속성에서 비롯된 것이기는 하나, 우리 사회를 지배하는 천민자본주의에서 비롯된 참담한 현상이다. 더욱이나 지식과 정보가 곧 돈인 정보화시대인 지금은 그로 인해 빈부의 간격은 한층 더 벌어지고 있다.

자본주의에서는 자본이 가장 중요한 자원이다. 자본은 자본 자체를 더 크게 확대 재생산시키는 속성을 가지고 있다. 일정한 자본이 있으면 이것을 담보나 기반으로 하여 더 큰 자본으로 키울 수가 있다는 것이다. 우리는 현실경제에서 경영권을 가진 최대주주의 지분이 10%가 채 안 되는 주식회사가 무수히 많다는 것을 보고 있다. 또한 자본이 있으면 다른 생산요소인 노동과 기술을 보다 쉽게 얻을 수 있을 뿐만 아니라 보다 우수한 수준의 노동력과 기술력을 확보하는 것이 가능하다.

그런데 이러한 자본력의 확보가 대부분 부의 대물림 속에서 이루어지고 있다. 이것이 자본주의의 최대 진입장벽이 되고 있다. 이제 자본력이 취약한 사람들은 신용의 기반이 부족하기 때문에 정상적인 사회생활조차 하기 힘들게 되어가고 있다. 이는 기본적으로 우리 경제사회가 자본주의사회이고 신용사회이기 때문이다.

정보격차는 이러한 자본격차를 더욱 심화시키고 있다. 정보사회에서는 정보가 자본 이상으로 중요한 자원이 된다. 그런데 이 희소하고 중요한 정보에 접근할 수 있는 사람들이 매우 제한되어 있다. 또 공개된 정보라 하더라도 정보 검색이나 활용 능력을 갖추지 못한 사람들은 그 정보를 이용하기 어렵다. 뿐만 아니라 정보기기나 서비스를 구매하고 활용할 수 있는 경제력이나 기술에서도 사회구성원마다 차이가 존재한다. 따라서 정보사회에서는 정보격차가 자본격차 이상으로 우리 사회의 불평등을 심화시키게 된다.

이러한 상황 속에서 '빈익빈 부익부貧益貧 富益富' 현상이 심화되어가고 있다. 많은 젊은이들은 이제는 자신이 아무리 열심히 노력해도 미래가 보이지 않고 희망이 없는 세상이 되어가고 있다고 탄식하고 있다. 그리고 가진 계층과 못 가진 계층간 부의 격차가 너무 벌어져 있어, 혼자 힘으로는 이를 극복해 나가기가 거의 불가능하다며 절망하고 있다. "우리 사회에서 일생 동안 노력을 한다면 개인의 사회경제적 지위가 높아질 가능성은 어느 정도라고 생각하십니까?"라는 정부의 설문조사에서 60% 이상이 비관적이라는 답변을 내놓았다. 이처럼 암담한 현실에 낙담한 나머지 청년들은 우리나라를 '헬조선Hell 朝鮮'이라고 비아냥대고 있다.

솔직히 우리 사회는 이제 더 이상 개천에서 용이 나기가 어려운 세태가 되어버렸다. 이는 집안 배경이 자식의 장래를 좌우하는 결정적인 요인이 되었다는 뜻이다. 다행히 유복한 가정에서 태어나면 좋은 교육을 받을 수가 있어, 좋은 대학에 가서 좋은 직장을 구할 수 있는 가능성이 크다. 이들의 경우 설사 좋은 직장을 구하지 못하더라도, 부모로부터 물려받은 재산을 바탕으로 그럭저럭 사업을 꾸려나갈 여지가 있다. 한마디로 본인의 실력이 좀 모자라도 부모님의 배경만 탄탄하다면 큰 문제가 되지 않는다는 것이다.

2016년, 소셜네트워크서비스SNS에 회자되었던 "능력 없으면 너희 부모를 원망해. 있는 우리 부모 가지고 감 놔라, 배 놔라 하지 말고. 돈도 실력이야…"라는 말 또한 우리 모두를 허탈감에 빠지게 하였고 나아가 분노케 만들었다. 우리가 애써 숨기거나 부정하려 했던 소위 '실력'에 관한 불편한 진실을 장막 뒤의 실력자가 노골적으로 털어놓았기 때문이다.

이에 반해 권력이나 돈과는 거리가 먼 부모님을 둔 아이들은 좋은 교육을 받기 어렵고 따라서 좋은 직장을 구하기도 어렵다. 이에 따라 그들은 치열한 경쟁과 배려가 부족한 사회 분위기 속에서 도태될 수밖에 없는 것이 현실로 되어 버렸다. 사법시험과 외무고시가 폐지되었다. 전문가를 필요로 하는 시대적 요청에 부응하기 위한 불가피한 조치라고 하나 아쉬움이 남는다. 이들 국가고시는 그동안 흙수저들의 사회적 신분 상승을 가능케 하는 최후의 보루 역할을 해왔다. 그런데 이제 그들에게는 그러한 기회마저 없는 것이다. 그래서 "인생은 '운칠복삼運七福三'이며, 지금의 세태는 '개천에서 용 나는 사회'가 아닌 '개천에서 욕 나오는 사회'이다"라는 자조적인 우스갯소리까지 만들어졌다.

'흙수저'들은 이런 사회에 배신감과 염증을 느끼고 여기서 탈출하고 싶어 한다. 기회만 있으면 모국을 떠나고 싶어 하는 것이다. 결혼할 능력이 안 되거나, 결혼을 했어도 경제적 어려움으로 아이 낳을 엄두를 내지 못한다. '인구절벽'의 주된 요인 중 하나가 되고 있는 것이다.

그런데 부모로부터 많은 재산을 상속받은 사람들의 삶이 반드시 행복한 것은 아니다. 그 많은 재산이 오히려 인생의 참맛을 느끼는 데 걸림돌이 될 수도 있기 때문이다. 유명한 재력가들 중에는 자녀들에게 조기에 재산을 물려주는 것이 바람직하지 않다는 생각을 가진 사람이 더러 있다.

강철왕 앤드류 카네기는 이렇게 말했다. "부자를 부모로 두지 못한 아이들은 인생의 경주에서 상당한 부담을 가지고 출발한다. 그러나 부자를 부모로 둔 아이들은 부가 주는 유혹에 저항하지 못하고, 잘못된 길로 쉽게 빠져드는 경향이 있다. 그래서 그들은 가난한 아이들의 라이벌이 되지 못한다."

카네기를 만난 뒤 성공철학의 전도사로서 삶을 살아온 나폴레옹 힐 Napoleon Hill도 그의 저서 「상상력으로 부자가 된다Think and Grow Rich」에 서 다음과 같이 피력했다. "나는 가난에서 벗어나기 위해 앞에 닥친 것 은 무엇이든 해냈다. 그것도 최선을 다해서 해냈다. 하던 일이 싫어질 때에도 그 일을 하는 동안에는 최선을 다했다. 그러한 과정을 통해 경험 과 지혜가 생기고 성장과 발전을 할 수 있었다. 가난은 내 인생 최대의 자산이었다. 세상에 가난만큼 소년의 꿈과 의지를 불태우게 만드는 것 은 없다. 가난은 젊은이에게 축복이다."

최근 들어서도 이러한 분위기가 재현되고 있다. 일부 세계적인 부호 들은 자녀들에게 아예 재산을 물려주지 않거나, 상속을 하더라도 아주 일부만 하고 나머지는 사회에 기부할 것을 선언Giving Pledge했다. 이런 운동에 불을 지핀 사람이 워렌 버핏Warren Buffet이다. 그는 미국 정부가 상속세를 폐지하려는 움직임을 보이자, 이에 적극 반대하고 나섰다. 또 이런 말도 남겼다. "부자는 자기 자식들이 앞으로 무엇을 할 수 있도록 도와주어야지, 돈을 남겨주어 아무 일도 안하도록 해서는 안 된다. 그리 고 너무 많은 상속은 오히려 자녀들의 정상적인 사회활동을 망치게 할 수 있다."

개인의 능력이 아닌 다른 차별적인 요소에 의해 사회가 움직이게 될 경우 그 사회의 경쟁력은 현저히 떨어질 수밖에 없다. 그 차별적인 요소는 국가발전에 있어 암적인 존재가 될 수 있다. 그래서 선진국들은 이미 오래 전부터 이를 제거하기 위해 노력해왔다. 우리도 진정한 선진국 반열에 올라서기 위해서는 이 같은 '흙수저' 차별문화부터 고쳐야 한다.

우리가 돈이 돈을 벌게 하는 세태를 고치고 또 '개천에서 용 나는 사회'를 부활시키기 위해서는 시장의 기능을 정상화시키고 이를 보완하는 노력도 적극 기울여 나가야 한다. 이와 함께 적성과 능력에 상관없이 무조건 대학을 가야만 하는 사회풍조도 바꾸어 나가야 한다. 기업의 채용기준도 학력과 스펙보다는 인성과 적성을 더 중시하는 방식으로 전환되어야 할 것이다. 아울러 우리 사회의 양극화 현상이 완화되고 더 많은 중산층이 생겨날 수 있도록 정책적인 노력도 필요하다. 상속제도 또한 합리적으로 손질되어야 한다. 무엇보다도 중요한 사실은 우리들이 여기서 주저앉을 수는 없다는 것이다. 결코 꿈과 희망을 버린 채 살아서는 안 된다.

부동산 투기 광풍과 전세대란

우리나라 양극화 현상의 가장 밑바탕에는 부동산 투기가 자리하고 있다. 한마디로 부동산 투기가 양극화의 주범이란 뜻이다. 우리나라 부동산 투기의 역사는 1963년 강남지역 개발에서 시작되었다. 당시 이재에 밝은 강남아줌마 부대들이 전국을 누비면서 부동산 가격을 천정부지로 뛰게 만들고, 그 와중에 자신들은 엄청난 불로소득을 챙겼다. 옆에서 이를 보고 부럽기도 하고 배 아프기도 한 이웃동네 아줌마들도 부동산 투기에 동참했다.

그 사이에 대한민국 사람들은 아줌마뿐만 아니라 너나 할 것 없이 모두 투기꾼이 되어 가고 있었다. 또한 전 국토는 투기장화 되어 버리고 말았다. 그리고 땅 투기에서 시작된 부동산 투기는 점차 아파트 등 건물 투기로까지 확산되어갔다. 지금도 여전히 부동산 투기 광풍은 휘몰아치고 있다. 이제는 대도시·중소도시 가릴 것 없이 이 광풍이 휩쓸고 있다.

정부의 「2014년 주거실태조사」에 의하면 아직도 우리나라에는 최저 주거 기준에 미달하는 가구 수가 98만 가구에 달하는 것으로 나타났다. 또 자가주택 보유 가구는 58.0%에 불과하고 나머지는 전월세를 사는 사람들인 것으로 나타났다. 주거비 부담도 늘어나, 임차가구의 소득 대비 임대료 비율은 20.3%에 달했다. 반면 또 다른 통계에 의하면 우리나라에서 집을 많이 보유한 사람들 중에는 수백 채를 가진 사람들이 다수에 이르고, 1,000채 이상을 보유한 사람도 있는 것으로 밝혀졌다.

부동산 투기꾼들은 위장전입, 위장증여, 미등기 전매, 허위명의신탁 전매 등의 교묘한 수법을 동원하여 법망을 피하고 탈세를 한다. 양도소득세를 덜 내려고 실거래가격을 속이고 훨씬 낮은 가격으로 거래한 것처럼 위장하는 소위 '다운계약서' 작성 행태도 그 중의 하나이다. 우리나라에는 겉으로는 제조업을 하는 중소기업이라고 신고해 놓고 땅 투기를 하는 전문 부동산 투기꾼들도 상당수에 달하는 것으로 알려져 있다. 이는 투기에 따른 세금을 회피하기 위한 것이다. 더욱 충격적인 사실은 이들 투기꾼들이 불법적 투기를 하다 법망에 걸리면 대부분이 '운이 없어서 걸렸다'고 생각한다는 것이다.

그러면 과연 부동산 투기의 구체적 폐해는 무엇일까?

첫째, 경제를 위축시키고 물가불안 요인이 된다. 생산적인 부문에 투자되어야 할 돈이 땅에 묶여버리게 되면 기업생산 활동에 필요한 돈은 그만큼 줄어들게 되고 생산 활동이 위축된다. 더욱이 자금이 부족한 중소기업들은 생산 활동에 필요한 돈을 못 구해서 도산을 할 수밖에 없다. 게다가 부동산 거품이 꺼지기 시작하면 그 충격은 더욱 커진다. 거품 상태의 부동산 가격을 기준으로 대출해 줬던 돈들이 거품이 꺼지면서 한순간에 사라지게 되고, 수많은 부실채권들을 양산하게 됨으로써 금융 또한 덩달아 부실해지게 된다. 결국 경제 전체가 위축될 수밖에 없게 된다.

그리고 회사는 투기로 인해 비싸진 땅값을 지불하고 공장용지를 확보해야 됨에 따라 상품의 원가 상승요인이 된다. 따라서 물가도 자연적으로 상승하게 되는 것이다. 현재의 부동산 가격은 부동산 투기의 역사가 시작되던 1960년대 당시에 비하면 수백 배 이상 뛰었다.

둘째, 부동산 가격, 특히 집값을 상승시켜 서민들의 부담을 가중시킨다는 점이다. 만약 건설업자가 투기로 인해 비싸진 땅값을 지불하고 아파트를 짓는다면, 이는 그 아파트 분양원가의 주요한 상승요인이 될 것이다. 그리고 소비자들은 그만큼 비싼 대가를 치루고 그 아파트를 살 수밖에 없다. 집 없는 서민들은 이렇게 비싼 대가를 치르고 산 아파트에 보통 전세나 월세로 세를 들어 살게 된다. 세를 놓는 주인은 비싼 대가를 치렀기에 그 만큼의 돈을 회수하려 한다. 따라서 자연히 전세 값과 월세 값도 비싸질 수밖에 없다. 이리하여 결국에는 집 없는 가난한 서민들에게까지도 그 파급효과가 미치는 것이다.

우리 사회는 얼마 전부터 '전세대란'이라 불릴 정도의 극심한 전세난으로 서민들이 고통을 겪고 있는 실정이다. 한마디로 서민들이 감내하기 어려울 정도로 전세가격이 폭등하고 있는 것이다. 여기에 기존 전세에서 월세 제도로의 전환이 확산되고 있어 서민들의 고통은 더욱 심각하다. 그런데 이 전세대란의 근본적인 원인도 결국은 다름 아닌 이 부동산 투기 광풍에서 비롯되고 있다고 할 수 있다.

셋째, 근로의욕 상실과 소득격차 심화 등 사회불안을 증폭시킨다는 점이다. 우리나라의 소득 및 자산격차는 심각한 수준이다. 특히 자산 소유의 불평등이 소득 불평등에 비해 월등히 크다. 「2016 가계금융조사」 자료에 의하면 우리나라 가구의 평균 자산은 3억 6,187만원이었다. 자산의 구성은 금융자산 26%(9,400만원)과 실물자산 74%(2억 6,788만원)로 되어 있다. 이는 우리나라 가구가 지닌 자산은 주로 부동산 이며, 특히 고소득층일수록 부동산 위주로 재산 형성을 했다는 것을 의미한다.

부동산 투기로 불로소득을 챙기는 사람들이 많아지게 되면 하루하루 열심히 일해서 임금을 받아 생활하는 노동자들은 일할 의욕을 상실하게 되고, 사회에 대한 불만이 쌓이게 됨으로써 사회의 건강성이 훼손된다. 건전한 근로활동으로는 정당하게 경제적 보상을 받을 수 없다는 상대적 상실감과 박탈감이 노조의 과격한 임금인상 요구로 나타나기도 한다.

보통 일반 근로자나 직장인들은 성실하게 일해서 벌어들인 빠듯한 급여로 생활도 하고 저축도 하게 된다. 또 10년~ 20년을 목표로 자신의 집 한 채 장만하는 것이 소망인 사람들이 많다. 그러나 이러한 무주택 서민의 내 집 마련의 소박한 꿈은 아무리 열심히 일해도 평생 이루어질 수 없는 것이 되어가고 있다. 부동산 투기꾼들은 지금 젊은 세대들이 한평생 벌어보았자 25평형 아파트도 '마이 홈my home'으로 가지기 어려운 암담한 현실에 일말의 죄책감이라도 느껴야 하지 않을까?

넷째, 꼬리에 꼬리를 무는 투기열병 확산 등 사회병리 현상이 만연해 진다는 점이다. 부동산 투기가 우리 사회에 만연하게 되면 일반 서민들에게도 투기심리를 부추기게 되고, 더욱 많은 사람들을 부동산 투기에 동참하게 만드는 악순환이 이어진다. 최근 우리나라 가계부채가 가파르게 증가하고 있는데, 여기에는 저금리 요인도 작용하고 있지만 기본적으로는 끊임없는 부동산 투기 수요가 꽈리를 틀고 있기 때문이라 하겠다.

이와 같이 부동산 투기는 우리 경제사회의 양극화를 초래하고 병들게 만드는 암적인 존재이다. 또한 우리가 당면하고 있는 심각한 가계부채 문제를 초래한 주범이기도 하다. 한마디로 나라를 망치는 망국병인 것이다.

그러면 이러한 투기심리를 잠재우면서 국민들에게 안정되고 건전한 주거생활을 보장해 주는 부동산정책 방향은 무엇일까?

첫째, 주거안정은 국민의 기본권이라는 인식에 바탕을 두고 주택정책을 추진해 나가야 한다. 무엇보다 서민과 취약계층의 주거복지증진에 힘을 기울여야 한다. 사실 그동안 정부는 부동산을 갖고 있거나 구입할 능력이 있는 사람들을 위한 주택공급 정책에 치중해 왔다. 즉 사유지의 수용을 통해 조성한 공공택지를 민간 건설업자가 활용토록 했고, 정부의 직접 건설 물량도 임대보다는 분양에 치중했다. 그러나 앞으로는 서민 주거안정을 위해 공공주택과 임대주택 공급을 늘려나가야 하며, 특히 공공택지에서는 분양주택보다는 임대주택의 공급에 주력해야 한다. 이와 함께 주택 전세자 및 상가 임차인 보호를 위한 노력도 더 강화해 나가야 할 것이다.

둘째, 가격 안정과 거래 활성화를 동시에 기해 나가야 한다. 이를 위한 방안의 하나로 '보유과세 강화와 거래세 완화' 시책이 필요하다. 그러나 거래 활성화라는 명목으로 가격을 올리겠다는 생각은 절대적으로 피해야 한다. 부동산 가격 상승은 결국 미래세대의 부담을 가중시키고 양극화를 심화시키는 요인으로 작용하기 때문이다. 따라서 어디까지나 가격안정이 우선이다. 부동산 가격이 빠졌다고 해서 부동산 투기심리가 근절되었다고 생각해서는 큰 오산이다. 단지 당분간 잠복되어 있을 뿐이다. 언제 또다시 고개를 쳐들고 나올지 모른다. 호시탐탐 그 기회를 노리고 있다. 더욱이 아직까지도 부동산 가격의 거품이 완전히 빠진 것이 아니다.

셋째, 지나친 냉온탕식 정책 운용은 지양해야 한다. 부동산정책을 근본정책과 단기 시장조절정책으로 구별하여, 근본정책은 시장 상황에 관계없이 일관되게 추진해 나가야 한다. 특히 부동산정책 전체를 경기부양을 위한 불쏘시개로 이용하는 것은 금물이다. 경기부양이 불가피한 경우에는 공공주택건설과 같이 사회적 수요가 뒷받침되는 분야를 중심으로 하는 서민친화형 경기부양이 되어야 한다.

심각한 가계부채와 빚의 함정

우리의 삶 속에는 빚의 함정이 곳곳에 도사리고 있다. 세상살이를 함에 있어 빚 없이 살아가기란 거의 불가능하기 때문이다. 살아가다 보면 원하지 않지만 어쩔 수 없이 빚을 지는 경우가 생긴다.

사실 빚은 경제생활을 해나가는 데 윤활유 구실을 하기도 한다. 돈을 빌려 투자할 자금을 만들고, 이를 기반으로 더 큰 수익을 가져 오는 레버리지leverage 효과를 거둘 수도 있게 되는 것이다.

그러나 여전히 빚은 경계의 대상이다. 우리 옛 속담에 '외상이면 황소도 잡아먹는다.'라는 말이 있다. 이는 빚을 내서 소비하는 행위에 대해서 경각심을 일깨우기 위한 것으로, 빚의 문제점을 잘 나타내주는 말이다. 특히 반드시 필요하지도 않고 상환능력이 없는데도 불구하고 일단 쓰고 보자는 식으로 빚을 내는 것은 금물이다. 또 신용카드로 내지르는 '묻지마 쇼핑'은 사람들을 신용불량자로 만들기 십상이다.

우리가 경제생활을 영위해 나가는 동안 가능한 한 빚을 내지 않는 것이 최선이다. 불가피하게 빚을 내어야 할 상황이 닥칠 경우에는 기존의 자산가치를 높이기 위한 사업투자이거나, 현재보다 나은 미래를 준비하는 데 쓰이는 등 발전적인 목적을 위한 것이라야 한다. 한마디로 투기가 아닌 투자의 용도가 되어야 하는 것이다. 또 빚을 꾸준히 갚아나갈 수 있는 능력이 있는 경우에만 돈을 빌려야 한다.

2008년 시작된 미국의 금융위기와 유럽의 재정위기는 성격과 내용은 다르지만 발생 원인에는 중요한 공통점이 발견된다. 두 위기 모두 '빚이 만든 재앙'이란 사실이다. 미국의 경우 탐욕에 빠진 투기꾼들이 과도한 '차입투자'를 하다 거품이 터지게 된 것이고, 남유럽 국가들은 분에 넘치는 '차입복지'를 즐기다 문제가 발생하게 된 것이다.

우리나라의 가계부채 문제가 날로 심각해지고 있다. 우선 가계부채 규모가 2016년 말 기준 1,344조원으로, 1인당 2,600만원 수준에 이른다. 이는 국내총생산GDP의 90%에 이르며, 가처분소득 대비로는 이의 2배 수준에 달한다. 일본과 미국의 국내 총생산 대비 가계부채 규모가 65~80%인 데 비하면 우리는 이보다 높은, 거의 세계 최고 수준이다. 또 다른 정부 통계에 의하면 우리나라 가구 중 빚이 있는 가구는 전체의 64.3%, 가구당 평균 빚 규모는 6,181만원이며 이들의 가처분소득 대비 원리금 상환액 비중은 24.3%에 달하는 것으로 나타났다. 원리금 상환 비중 24.3%의 의미는 연간 100만원의 처분가능소득이 있다면 이 중 4분의 1 가량인 24만 3천원을 빚을 갚는 데 썼다는 것이다. 이처럼 가계부채 규모가 확대됨에 따라 원리금 상환부담도 커지고 있다.

여기에 가계부채의 증가속도가 가파르다는 것은 문제의 심각성을 더한다. 가계부채 규모는 2015년 한 해 동안 118조원이 증가했고, 2016년에는 141조원이 더 늘어났다. 결국 2016년 말에는 가계부채 총 규모가 1,300조원을 넘어서게 되었다. 국제결제은행BIS에서도 우리나라의 가계부채 증가 속도가 총 조사대상 42개 국가 중 노르웨이와 호주에 이어 3번째로 빠르다고 경고하고 있다.

우리나라는 2008년 글로벌 금융위기를 거치는 동안에도 가계부채가 늘어난 세계에서 거의 유일한 나라이다. 반면, 이 기간 동안 가계소득은 경기부진으로 더디게 개선됐다. 이에 따라 가계의 처분가능소득 대비 가계부채 비율은 더 악화되고 있다. 즉, 2014년 말 현재 164.2%로 경제개발협력기구OECD 회원국 평균인 132.5%를 크게 웃돌았다. 이처럼 우리나라 가계부채 문제의 심각성은 총량규모가 크다는 것뿐만 아니라, 늘어나는 속도 또한 지나치게 빠르다는 것이다.

이러한 속도로 가계부채가 앞으로도 계속 늘어날 경우 또 다른 경제위기가 초래될 우려가 없지 않다. 1997년 우리나라가 겪은 경제위기는 결국 빚이 과도해서, 특히 기업의 빚이 너무 많아서 발생하였다. 그리고

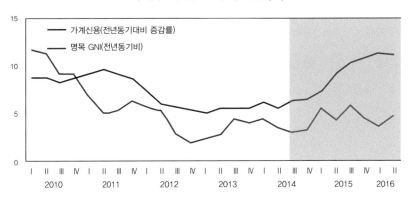

가계부채 및 소득 증가율(%)

* 음영부분은 부동산 대출 규제완화 이후를 의미함, 자료; 한국은행

2008년 미국에서 일어난 금융위기는 바로 이 가계부채, 그 중에서도 과도한 주택담보대출의 거품이 터지면서 발생한 것이다. 지금 우리가 겪고 있는 어려움과 유사한 점이 너무 많다. 우리가 가계부채 문제를 걱정하는 이유가 바로 여기에 있는 것이다.

그러면 이처럼 가계대출이 급속히 늘어나게 된 원인은 무엇일까? 우선 전반적인 저금리 기조가 주요한 요인으로 작용한 것은 물론이다. 금리가 낮다 보니 이자 지불에 대한 커다란 부담 없이 빚을 끌어다 쓸 수가 있었다. 이런 사실은 금리가 인하되기 시작한 2014년 3/4분기 이후 가계부채 증가세가 눈에 띄게 확대됐다는 점에서 잘 나타나고 있다.

금융기관들의 영업행태 또한 가계 빚이 늘어나는 데 가세했다. 그동안 우리나라의 주된 금융대출 방식은 거치식据置式이었다. 이 방식은 빚을 낸 뒤 수년 동안은 원금상환에 대한 부담없이 이자만 상환하는 구조였기에 빚을 부추기는 유인으로 작용하였다. 여기에 금융기관들은 최근 금리가 낮아지면서 예대마진이 축소되고 수익도 줄어들게 되자, 이를 만회하기 위해 부동산 담보대출을 적극 장려하게 되었다. 이에 따라 금융대출 규모는 아파트 집단대출자금 등 부동산 담보대출을 중심으로 크게 늘어나게 된 것이다.

이와 함께 내수 활성화를 위한 부동산경기 띄우기 정책 또한 커다란 영향을 끼쳤다. 정부는 부동산경기 활성화 차원에서 그동안 부동산 투기 억제를 위해 만들어졌던 각종 조치들을 완화하거나 철폐하고 아울러 주택 구입자금 지원시책까지 만들어 시행하였다. 이에 부동산경기가 꿈틀거리자 그동안 잠복되어 있던 부동산 투기심리가 곧장 되살아났다. 과거 부동산 불패 신화에 취해있던 많은 사람들은 이 기회를 틈타 빚을 내어서라도 부동산 구입에 나섰다. 더욱이 금리가 낮아 빚을 내기도 수월했다. 그 결과 일부 신규주택 분양시장에서는 과열 조짐까지 보였다.

끝으로 거시경제정책의 난맥상에서도 그 이유를 찾을 수 있다. 어쩌면 이것이 보다 근원적인 이유일지도 모른다. 즉 기대에 미치지 못하는 저성장으로 인한 일자리 부족, '묻지마'식 투기로 빚어진 부동산 거품, 대기업 위주의 성장정책과 소득의 불균형 심화, 생필품을 중심으로 한 물가의 상승, 저소득층과 영세자영업자에 대한 적절한 복지시책의 미흡 등이 결합하여 서민의 '하우스 푸어'와 양극화 현상을 초래하였다. 그리고 가계생활에 여유가 없다 보니 자연히 가계저축도 줄어들게 된 것이다.

이제 가계부채 규모를 적정수준으로 관리하기 위한 방안을 찾아야 할 때이다. 무엇보다도 빚을 내는 사람들이 스스로 빚에 대한 경각심을 가짐으로써 꼭 필요한 경우에만 자금을 융통하도록 해야 한다는 점이 중요하다. 소위 말하는 '묻지마'식 투자라든가 부동산 투기를 위해 금융기관으로부터 자금을 끌어다 쓰는 행위는 지양해야 한다. 빚을 갚을 수 있는 능력 여부도 꼼꼼히 따져보아야 한다.

금융기관도 여신심사 관행과 영업행태를 바꾸어나감으로써 주택담보대출 규모를 줄이는 노력을 강화해야 한다. 즉 금융기관은 여신심사 관행을 담보 위주에서 상환능력 위주로 변경하는 한편, 원리금 상환방식도 이자만 갚다가 원금을 한꺼번에 갚는 거치식据置式에서 처음부터 원리금을 분할상환分割償還하는 방식으로 점차 전환해 나가야 한다. 대출자금에 대한 금리적용 방식도 금리 인상에 취약한 변동금리부 상품을 줄이는 대신 금리 변동에 비교적 안정적인 고정금리부 상품을 늘려나가야 한다. 아울러 주택담보대출비율LTV과 총부채상환비율DTI 등 주택금융대출 관련 심사요건을 엄격히 적용하고, 금융기관의 건전성 제고 노력도 더욱 강화해 나가야 할 것이다.

이러한 금융정책이 가계부채를 줄여나가는 데 물론 도움이 될 것이다. 그러나 더 중요한 것은 거시경제정책을 중장기적 안목에서 안정적으로 운용해 나가야 한다는 점이다. 특히 부동산정책은 주거안정을 위한 시책으로서 시행되어야 하며, 결코 경기부양을 위한 수단으로 활용되어서는 안 된다. 아울러 부동산 투기심리 억제를 위한 최소한의 안전장치는 반드시 유지해 나갈 필요가 있다.

돌지 않는 돈과 금리 양극화

생활고에 힘들어하는 서민들이 늘고 있다. 중산층에 해당하는 계층의 폭이 늘어나기는커녕 제자리를 맴돌거나 줄어들고 있다. 젊은이들은 결혼과 출산을 미루거나 포기하고 있다. 높은 주거비와 교육비 등 보육비를 감당하기 어렵기 때문이다. 노인 자살률은 불명예스럽게도 OECD 국가 중 최고라고 한다. 경제적 어려움과 건강 문제가 가장 큰 이유이다.

이처럼 서민생활이 불안하게 된 것은 기본적으로 경제가 저성장 국면에 빠져들면서 일자리를 구하기 어려워졌기 때문이다. 이와 함께 서민금융이 활성화되지 못한 것도 서민생활 불안의 커다란 요인으로 작용하고 있다. 시중에는 돈이 많이 풀렸다고는 하지만 돈이 제대로 유통되지 않고 있고, 전반적인 저금리 상황 속에서도 서민들은 이러한 혜택을 누리지 못한 채 고금리대출에 내몰리고 있다.

전 세계적인 저금리와 양적완화 추세로 시중에는 엄청난 자금이 풀려서 부동자금이 넘치는데 내 주머니엔 돈이 없다. 시중에 떠도는 단기부동자금이 물경 1,000조원에 달한다고 한다. 그런데도 서민들은 돈 구경하기가 힘들다. 왜 그런 것일까? 일반적으로 고소득층이 돈을 풀어야 저소득층도 돈 구경을 할 수 있는 이른바 '낙수효과trickle-down effect'가 나타나는 법이다. 그런데 재벌을 위시한 대기업들은 자금을 투자하는 데 쓰지 않고 사내유보금으로 묶어두고 있다. 그래서 시중에 돈이 잘 돌지 않는다. 돈이 중앙은행인 한국은행과 시중은행 사이에서만 돌고 있는 것 아니냐는 의문마저 제기되고 있다. 이로 인해 국가경제 전체가 위축되고 서민들의 삶이 어려워지고 있다.

'통화의 유통속도Velocity of money'는 일정 기간 동안 한 단위의 통화가 거래에 사용되는 횟수를 나타내는 지표다. 쉽게 말해 시중에 돈이 도는 속도를 말한다. 이 속도가 빠르면 그만큼 경기가 좋아 시중에 돈이 잘 돌고 있다는 것을 뜻하며, 반대로 느리면 시중에 돈이 잘 돌지 않아 경제가 활력을 잃고 있다는 것을 의미한다. 이 통화의 유통속도가 과거 1970년대 중반에는 4에 가까웠으나, 그 뒤 계속 낮아져서 지금은 0.7 수준에 이르고 있다. 이처럼 통화의 유통속도가 떨어진다는 것은 장기적으로는 실물경제 규모에 비해 통화량이 증가한다는 것을 의미하고, 단기적으로는 돈이 제대로 돌지 않아 실물경제가 위축되고 있음을 뜻한다.

그러면 돈이 잘 돌지 않는 이유는 무엇일까? 기본적으로 기업이나 가계가 향후 경기전망을 나쁘게 보고 있기 때문이다. 경기가 불투명하다면 통화를 아무리 많이 공급해도 투자와 소비가 늘지 않는다. 이를 두고 우리 경제가 유동성 함정에 빠져 더 이상 금융정책이 실효를 거두기 어려울 것이라는 우려가 나온다. '유동성 함정liquidity trap'이란 이자율이 아무리 떨어져도, 바꾸어 말해 화폐공급을 아무리 늘려도 투자나 소비가 늘어나지 않고 소득을 늘릴 수 없는 상태를 말한다.

이와 함께 고령화의 진전으로 수명이 길어지고 있지만, 이를 뒷받침할 경제적 능력은 오히려 점차 줄어들고 있는 것도 돈이 잘 돌지 않는 요인으로 작용하고 있다. 은퇴 후 연금 외에는 마땅한 소득원이 없어지면서 노후생활에 대한 불안감이 커지고 있다. 이에 젊은이들까지도 노후 삶에 대비하기 위해 소비를 줄이고 있다.

자금 수요자의 신용상태에 따른 금리 양극화현상이 심화되고 있는 점도 문제이다. 이 또한 서민들의 삶을 피폐화하고 상대적 박탈감을 증폭시키는 요인으로 작용하고 있다. 물론 신용등급에 따라 금리 수준도 달라지는 것은 금융의 기본원리이기는 하다. 그러나 지나치게 양극화되는 추세는 바람직하지 않다. 저금리시대를 맞아 소득과 신용이 양호한 사람들이 찾는 은행권의 대출금리는 2~3%대까지 뚝 떨어지고 있다. 이에 반해 소득과 신용, 담보가 부실한 서민들이 주로 이용하는 저축은행 등 제2금융권의 대출금리는 오히려 올라가는 모습을 보이고 있다. 이들은 은행권 금리의 거의 10배에 달하는 20%대 중반의 고금리를 지불하고 생계자금을 융통해 사용하고 있다. 경기가 풀리지 않아 빚에 의존해 살아갈 수밖에 없는 저신용자들의 경우 고금리를 감수하며 담보 없이도 대출을 해주고 있는 저축은행과 대부업체의 문을 두드리고 있다.

이러한 금융 측면의 서민생활 불안 문제를 풀어나가기 위해서는 기본적으로 경제에 대한 불안감을 제거하고 경제활성화를 통해 서민생계의 안정을 기해 나가야 한다. 이와 함께 돈이 한곳에 머무르지 않고 이곳저곳으로 원활하게 유통이 되도록 해야 한다. 우리 정부는 시중에 돈이 잘

굴러가지 않는 가장 큰 이유가 기업이 돈을 투자나 배당 등을 통해 풀지 않고 내부에 축적해두고 있다고 보고 이에 대한 대책을 마련해 2015년부터 운용 중에 있다. 바로 근로소득증대세제, 배당소득증대세제, 기업소득환류세제 등 3대 패키지 시책이다.

이 중 근로소득증대세제와 배당소득증대세제는 기업이 임금과 배당 지급을 늘릴 경우 세금을 깎아 주는 일종의 당근이다. 반면 기업소득환류세제는 기업이 이익금을 사외로 유출하지 않고 사내에 유보해 둘 경우 세금을 더 물리는 채찍으로 분류해볼 수 있다. 그런데 이 제도들이 아직까지 커다란 실효성을 거두지 못하고 있는 상황인 만큼 제도 보완이 따라야 한다. 특히 배당소득증대세제에 대해서는, 외국인 주주들이 차지하는 비중이 매우 높기 때문에 배당이 늘어난다고 하더라도 국내 소비로 연결되지 않을 것이라는 지적이 있다.

그러면 서민에 대한 금융활성화를 위해서는 어떻게 해야 할까? 첫째, 무엇보다도 서민들이 불리한 신용등급에 처하지 않도록 신용등급 평가 기준을 합리적으로 조정하거나 혹은 이들의 신용등급 상승노력을 지원하는 것이 중요하다. 신용등급이 상승하면 제도금융권이나 혹은 금리부담이 상대적으로 낮은 은행권을 활용할 수 있게 될 것이다. 아울러 7등급 이하 저신용 서민에 대한 신용대출을 확대하고, 이를 뒷받침하기 위한 신용평가 인프라를 강화해야 한다. 이를 통해 개인별 상환능력 차이를 고려한 차별화된 신용상품 공급이 가능하다. 아울러 신용관리교육도 강화해 나가야 한다.

둘째, 서민들이 가급적 금리나 수수료 등 금융비용을 적게 부담하면서 금융혜택을 받을 수 있도록 해야 한다. 이를 위해서는 신용등급에 따른 금리 차등화 폭을 줄여야 한다. 통상 신용등급 1~4등급 고객은 시중은행에서, 7~10등급은 제2금융권에서 주로 대출을 받는다. 중간 신용등급으로 볼 수 있는 5~6등급 중에서도 시중은행 신용대출을 받지 못하는 사람은 제2금융권의 연 20%대 고금리 대출을 받을 수밖에 없다.

이런 신용등급에 속하는 계층이 1천만명 이상에 달하고 있다. 이들을 위해 '중금리대출'이 활성화돼야 한다. 기존 은행권이 쉽게 중저금리 대출상품을 내놓지 못하고 있는 현실에서 P2P대출Peer-to-Peer Lending이 하나의 대안이 될 수 있다. 이는 개인과 개인이 온라인 플랫폼을 통해 돈을 빌려주고 빌리는 것을 말한다. 투자자 입장에서는 은행 예금금리보다 높은 수익이 가능하며, 대출신청자 입장에서도 시중보다 이자 부담이 적다는 이점이 있다. 그러나 투자자 보호와 관리감독을 위한 관련 법 개정이 필요하다.

셋째, 법정 최고금리가 너무 높다는 문제도 지적되고 있다. 현재 서민들의 고금리 부담을 사전에 차단하기 위해 법으로 최고금리를 제한하고 있다. 즉 「이자제한법」에서 일반 금융기관의 최고금리는 25%로 정해두고 있다. 다만, 「대부업 등의 등록 및 금융이용자 보호에 관한 법률(대부업 법)」에서는 별도로 최고금리를 규제하고 있다. 이에 의하면 대부업체의 경우 법정최고이자율을 연 27.9%로 제한하고 있다.

그런데 최근 저금리 기조에 맞추는 한편 서민들의 금리부담 완화를 위해서는 이 법정 최고금리를 추가로 더 인하해야 한다는 의견이 나오고 있다. 나아가 지금과 같은 저금리시대에 굳이 '대부업법'에서 「이자제한법」과는 별도의 최고금리를 인정할 필요가 있는지도 의문이다. 대부업의 최고금리 또한 「이자제한법」과 같은 체계로 운용하는 것이 바람직할 것이다.

넷째, 금융제도와 관행을 개선하여 서민들의 자금조달 비용을 지속적으로 경감해 나가야 한다. 역진적인 금융수수료 체계, 꺾기 등 서민 금융소비자에게 불리한 금융관행을 시정하고, 중소상공인에 대한 카드수수료도 지속적으로 낮춰나가야 한다. 금융기관들은 약관을 소비자가 보다 알기 쉽게 고치고 소비자들이 필요로 하는 맞춤정보를 제공할 수 있어야 한다.

다섯째, 저축은행 등 서민금융 전담기관이 부실화되지 않도록 이들에 대한 정책적 지원과 규제방안이 강구되어야 한다. 이를 위해 과도한 외형확장 지양, 경영의 내실화, 리스크관리 강화, 사금고화 폐해 방지 등을 위한 방안 마련이 필요하다. 아울러 서민대출에 따른 모럴해저드도 경계해야 한다. 저소득층에 대한 금융지원은 무상복지가 아니라 저소득층이 자활하는 데 종자돈 역할을 할 수 있도록 도와주려는 것이라는 점을 인식해야 한다.

조세정의와 부자증세

조세란 정부가 개인 또는 법인에 대해 강제적으로 부과하는 세금을 뜻한다. 현대 국가에서 조세는 정부 수입의 가장 중요한 원천이다. 조세는 개별적인 보상 없이 강제적으로 징수된다는 점에서 정부의 다른 수입원들과는 구별된다. 또한 세금은 납세자의 일방적 의무이며 개개 납세자에게 구체적인 편익이나 보상을 교환해주는 조건으로 징수되는 것이 아니다.

이 조세를 부과하는 과정에서 여러 가지 경제사회적인 파급효과가 발생하게 된다. 가장 중요한 것은 조세부담의 형평성 제고 기능이라 할 수 있다. 다른 말로 '조세정의'라고도 한다. 기본적으로 조세는 분배 개선과 양극화 현상을 시정하는 데 많은 도움을 주고 있다. 그 요체는 소득이 많은 사람들로부터 많은 세금을 거두어 이를 저소득층을 위한 사회복지증진사업에 활용하는 것이다. 그러나 이 과정에서 심각한 조세저항과 함께 고소득 부유층과 저소득층간의 갈등이 표출되기도 한다.

조세정의를 위해서는 기본적으로 간접세 비중을 줄이고, 직접세 비중을 높여 나가야 한다. 세금은 과세대상에 따라 소득에 세금을 부여하는 직접세와 소비지출에 세금을 부과하는 간접세로 나뉜다. 직접세는 세금을 납부하는 사람과 실제 세금을 부담하는 사람이 일치한다. 소득세, 법인세, 상속증여세, 종합부동산세 등이 이에 속한다. 이에 비해 간접세는 소비자가 상품을 살 때 붙는 부가가치세처럼 세금을 납부하는 주체와 실제로 부담하는 주체가 다르다. 간접세에는 부가가치세 외에도 특별소비세·주세·인지세·교통세 등이 있다.

직접세는 소득 수준에 비례하여 내는 세금이어서 고소득자는 더 많은 세금을 내게 되는 데 비해, 간접세는 세금을 내는 사람의 소득 수준에 관계없이 동일한 세금을 내게 된다. 그런데 간접세는 징세가 용이하고 조세 저항이 작은 편이어서 정책당국은 세수 증대를 위해 간접세를 선호하는 경향이 있다.

우리나라의 국세에서 직접세가 차지하는 비중은 2014년 기준 54.1%로 나타났다. 이는 프랑스 63.9%, 독일 68.3%, 일본 71.6%, 스웨덴 68.2% 등은 물론이고 OECD 평균인 61.0%에 비해서도 상당히 낮은 수준이다. 직접세의 중심은 개인소득세와 법인세이다. 이 두개의 세수가 전체 세수에서 차지하는 비중은 개인소득세가 조금 큰 편으로 각각 22%, 20%에 달한다.

소득세를 통한 조세정의 구현 방안으로 부자증세 문제가 대표적으로 거론되고 있다. 미국 등 주요 선진국에서는 이미 부자증세를 도입·운용 중에 있다. 다만, 프랑스는 부자증세를 도입했다가 폐지한 바 있다. 이는 유럽공동체EU 내에서는 자유로운 거주 이전이 가능하여 특정국가의 소득세가 높을 경우 유럽공동체 내 소득세가 낮은 다른 나라로 옮겨가 사는 것이 비교적 용이해, 특정한 한 나라만의 부자증세는 실효성을 거두기 어렵기 때문이다.

이 부자증세는 과도한 국가채무와 낮은 경제성장률로 정부 세수가 줄어드는 데다가, 복지수요는 크게 늘어나고 있는 상황에서 복지재원을 마련하는 방안으로 떠오르고 있다. 그런데 놀라운 점은 부자증세를 먼저 꺼낸 사람은 다름 아닌 세계적인 부자들이라는 것이다. 이 부자들은 스스로 나서서 우리들에게 세금을 더 매기라고 주장하고 있다.

부자증세를 제일 먼저 주창한 사람은 투자의 귀재, 워런 버핏 버크셔 해서웨이 회장이다. 이어 프랑스 · 독일 · 호주 등 세계 각국의 슈퍼리치 super rich 들이 동조하고 나서고 있다. 버핏은 2011년 8월, 『뉴욕타임스』에 기고한 '슈퍼리치 감싸기를 중단하라'는 제목의 칼럼에서 "지난해 나는 내 사무실에 있는 직원보다 낮은 세율로 세금을 적게 내었다. 미국인 대다수가 아등바등 살아가는 동안 나 같은 슈퍼리치들은 비정상적인 감세혜택을 받고 있었다."라고 말했다.

이러한 분위기에 힘입어 미국의 오바마 행정부는 글로벌 금융위기 이후 재정절벽을 타개하기 위한 방안의 하나로 2013년부터 부자증세를 단행하였다. 즉 부부합산 연 45만 달러(개인 40만 달러) 이상 고소득자 소득세율을 35%→39.6%로, 자본소득 · 배당소득세율은 15→20→23.8%로 인상했다.

2016년 초에도 이런 분위기가 이어졌다. 미국 뉴욕주의 상위 1% 부자들은 자신들이 세금을 더 내게 해달라는 청원서를 의회에 제출하였다. 이들은 어린이의 빈곤과 노숙자 문제, 노후한 교량 · 터널 · 상수도 · 도로 등 사회기반시설 보수에 재정의 추가 투입이 필요하다며 소득 상위 1%를 대상으로 증세해야 한다고 요구한 것이다. 그리고 "우리는 뉴욕 주민으로서 뉴욕의 경제사회 발전에 기여하기 위해 공정한 몫을 부담할 능력과 책임이 있다"고 청원서에 기술했다. 또한 그들은 사회 전체가 잘살아야 자신들도 잘 살고 공익이 실현될 수 있다고 주장하였다.

우리나라의 소득세 누진구조는 그동안 4단계로 되어 있었고, 과세표준 소득 1.5억원 이상인 계층에 최고세율 38%를 적용해 오고 있었다. 그리고 고소득자의 주요 수입원인 금융소득에 대한 과세 강화를 위하여 이자, 배당 등 금융소득이 연간 2천만원을 초과하는 경우는 다른 소득과 합산하여 종합소득신고를 하도록 세법을 운용중이다.

그러던 중 국회는 2017년 예산을 심의하는 과정에서 늘어난 복지예산의 재원을 충당하기 위하여 부자증세를 도입키로 하였다. 이를 위한 구체적인 방안으로 과세표준 소득이 5억원 이상인 경우 새로이 과세구간을 하나 더 늘리기로 했다. 즉 신설된 고액의 소득구간에 대해서는 기존 최고세율 38%보다 2%p 더 높은 40%의 세율을 적용키로 한 것이다. 그런데 이 부자증세가 실효성을 거두기 위해서는 변호사·회계사·의사 등 전문직종 종사자의 음성탈루소득 방지, 재력가들의 역외소득에 대한 과세강화도 아울러 이루어져야 한다.

소득세 과세표준과 세율

과세표준	기본세율
1,200만원 이하	6%
1,200만원~4,600만원	15%
4,600만원~8,800만원	24%
8,800만원~1.5억원	35%
1.5억원 초과	38%
5억원 초과	40%

* 음영 부분은 새로이 신설된 과세구간임.

이처럼 부자증세를 적극 검토해 나가야 하지만 동시에 다른 한편으로는 소득세 면세대상도 줄여나가야 한다. 이를 통해 소득이 적더라도 세금은 단 한 푼이라도 내는 국민 개세주의皆稅主義를 실현해 나가야 한다.

비과세·감면제도는 시장실패를 치유하는 수단으로 작용하면서 경제적 효율성을 높이거나, 경제적 약자에게 소득을 지원해 형평성을 높이는 효과가 있다. 반면 조세감면 규모가 커지면서 전반적인 세입 기반이 약화하는 문제가 있다. 실제로 2015년 근로소득 과세대상자 중 근로소득세를 한 푼도 내지 않은 사람의 비율이 48%로 절반에 달했다. 더욱이 억대 소득을 올리는 근로자 중에서도 연말정산 때 이런저런 명목으로 공제를 받게 됨에 따라 근로소득세를 한 푼도 안 내는 사람이 1,400여 명에 달하였다.

부자증세와 함께 법인세 과세강화 문제도 복지재원 확충 차원에서 논의되고 있다. 요체는 현행 3단계 누진세율 체계를 일부 손질하여 최고세율을 높이고, 이를 통해 결국 법인세를 증액하겠다는 것이다. 다만 이 문제를 검토하는 과정에서는 법인세가 기업의 국제경쟁력과 연결된다는 사실이 감안되어야 한다. 실제 유럽 국가들은 기업유치를 위해 경쟁적으로 법인세를 인하하고 있는 중이다. 심지어는 더 많은 기업을 유치하기 위해 스스로 조세회피처로 변신하기도 한다.

따라서 법인세 체계를 정비함에 있어서는 한편으로는 세수보전과 경제민주화 실현을 위한 측면을, 다른 한편으로는 기업의 투자촉진과 국제경쟁력 강화 측면을 동시에 감안해야 할 것이다. 이렇게 볼 때 명목 법인세율을 인상하기보다는 차라리 실효 법인세율을 높이는 방향으로 검토해 볼 필요가 있다. 예를 들면 고용증대와 투자활성화에 기여하는 비용지출이 아닌 접대비 지출 등에 대해서는 손비인정 한도를 대폭 삭감하는 것이다. 이 경우 대기업들의 일탈행위 방지에도 도움이 되리라고 판단된다.

　

* 과세표준 구간별 법인세율:
　2억원 이하 10%, 2~200억원 이하 20%, 200억원 초과 22%

　

조세정의 구현 차원에서 전체 조세수입의 약 15% 수준을 차지하는 재산세를 강화하는 방안도 생각해 볼 수 있다. 무엇보다 상속증여세의 강화 문제가 그 핵심이다. 다만 상속증여세는 세수 기여도가 1.8% 정도에 불과해, 세제를 강화해 보았자 세수증대 효과가 미미하다는 반론이 있다. 또 상대적으로 높은 누진세율 체계 등으로 인해 조세저항도 큰 편이다. 그러나 양극화를 시정하고 조세형평성 제고라는 상징성을 감안할 때 상속증여세 강화 문제는 논의 가치가 충분하다고 여겨진다.

* 주요국의 상속세 최고세율(%) :
일본 55, 한국 50, 프랑스 45, 미국 40, 영국 40, 독일 30

종합부동산세 문제도 논의 대상이 될 수 있다. 종합부동산세는 재산세와 성격이 유사하나 별도의 국세로 부과되고 있다. 즉 부동산 을 많이 보유한 사람에 대한 세금을 강화해 과세형평을 제고하고, 비생산적인 부동산 투기수요를 억제하여 부동산 가격을 안정시키기 위한 목적으로 2005년부터 시행되고 있다. 과세방식은 전국의 부동산을 유형별로 구분하여 세대별 또는 개인별로 합산한 결과, 일정기준을 초과하는 보유자에게 과세하고 있다.

종합부동산세 도입 당시 과세대상 주택이 서울 강남에 84% 정도 몰려 있어 서울 강남지역을 겨냥한 부유세라는 비판을 받았고 이에 따라 조세저항이 컸다. 위헌소송도 제기되었다. 그러나 헌법재판소는 제도 자체는 인정하였다. 다만, '세대별 합산과세는 위헌이고, 1주택 장기보유자, 고령자 등에 대한 배려 없는 일률적 규정은 헌법 불합치'라는 판결을 내렸다. 이후 관련제도 개선이 따랐고, 이후 종합부동산세 납부 대상은 기존 48만여 명에서 절반 수준으로 줄어들게 되었다.

그러나 종합부동산세는 부동산 투기 억제와 양극화 완화를 위한 제도적 장치라는 상징적 의미를 지니고 있어서 부자증세의 한 축이 되고 있다. 따라서 제도의 실효성을 높이는 방향으로 검토할 필요가 있다. 더욱이 종합부동산세제는 지방재정 균형발전에도 기여하고 있다. 이는 중앙정부가 전국의 모든 부동산을 합산 과세하여 거두어들인 세금을 지방재정의 균형발전을 위해 교부금 형태로 각 지방자치단체에 배분하고 있기 때문이다.

4. 기업갈등과 경제력 집중

경제력 집중 실태와 후유증

소득 양극화 못지않게 기업에 의한 경제력 집중 현상 또한 갈수록 심화되고 있다. 특히 우리나라는 수많은 계열기업들이 단일경영체제로 형성되어 있는 대기업집단, 즉 재벌이 존재함에 따라 이러한 현상이 더욱 심각하다. 재벌은 개발연대에 대기업 위주의 성장전략, 기업들의 외형 키우기 경쟁, 그리고 돈이 돈을 버는 자본의 속성 등이 결합되어 이루어진 것이다.

우리나라 재벌의 경제력 집중 현상을 살펴보자. 2016년 상호출자제한 기업집단 65개의 총자산은 2,337조원으로, 우리나라 국내 총생산GDP 규모 1,500조원을 훨씬 상회하고 있다. 1개 기업집단의 평균 자산 규모는 36.0조원이었다. 더욱이 이들의 자산규모는 매년 빠르게 커지고 있다. 2012년 상호출자제한 기업집단의 총자산 규모가 1,978조원이었으니 불과 5년 만에 350조원 이상 증가하였다. 이들 65개 기업집단의 매출액도 1,403조원에 달해 우리나라 GDP와 비슷한 규모를 보였다.

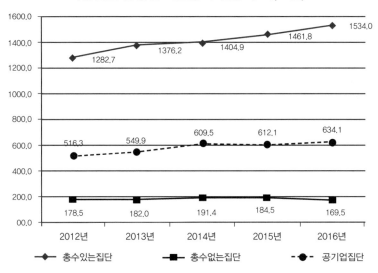

기업집단 유형별 자산총액 변동 추이(조원)

	2012년	2013년	2014년	2015년	2016년
총수있는집단	1282.7	1376.2	1404.9	1461.8	1534.0
공기업집단	516.3	549.9	609.5	612.1	634.1
총수없는집단	178.5	182.0	191.4	184.5	169.5

◆ 총수있는집단　■ 총수없는집단　●● 공기업집단

자료: 공정거래위원회

　계열기업의 수도 지속적으로 늘어나 2016년 65개 상호출자제한 기업집단의 총 계열회사 수는 1,736개에 달했다. 대기업집단별 평균 계열회사 수는 26.7개에 달했다. 특히 롯데는 93개, SK는 86개 등 80개 이상의 계열기업을 거느린 기업집단도 없지 않다. 재벌들이 이같이 많은 계열기업들을 거느릴 수 있게 된 데는 관계인들이 상호출자 등 실타래 같이 엉킨 지분교환 등을 통해 정작 재벌총수 자신이 가진 지분은 얼마 되지 않더라도 실질적인 기업지배가 가능했기 때문이다.

　이와 같이 소수의 재벌에 의한 경제력 집중이 문제가 되고 있는 가운데, 더 심각한 문제는 상위 4대 재벌에 의한 경제력 집중이 갈수록 심화되고 있다는 점이다. 정부가 30대 기업집단을 상위그룹(1~4위), 중위그

룹(5~10위), 하위그룹(11~30위)으로 나누어 분석한 자료에 의하면, 상위
그룹 편중현상은 자산, 부채비율, 매출, 순이익 등 경영 전반에 걸쳐 두
드러지게 나타났다. 이는 상위그룹의 신장률이 중위그룹이나 하위그룹
에 비해 훨씬 높다는 데 기인한다.

　최근 5년간 자산총액의 연평균 증가율은 상위그룹(27.3%)이 하위그
룹(1.5%)이나 중위그룹(13.5%)보다 훨씬 높았다. 이에 따라 30대 기업
집단의 자산총액 중 상위그룹이 차지하는 비중은 2012년 49.2%에서
2016년 53.3%로 높아졌다. 중위그룹은 26.0%에서 25.2%로, 하위그룹은
24.8%에서 21.5%로 낮아졌다. 그리고 평균자산 규모는 상위 4대그룹이
825조원으로 중위그룹 389조원, 하위그룹 332조원에 비해 2배 이상 컸
다.

　매출액의 경우 경기부진으로 전체적으로는 큰 변동이 없었지만, 상
위그룹의 부진상태가 상대적으로 덜 심각해 상위그룹이 차지하는 비중
은 2012년 52.2%에서 2016년 55.8%로 높아졌다. 당기순이익 측면에서
는 전반적인 경기부진과 매출 부진으로 요동을 치고 있다. 그나마 상위
그룹은 흑자를 시현하고 있는 데 비해 중위그룹은 현상 유지에 급급했
고, 하위그룹은 오히려 당기순손실을 나타내었다. 즉 2016년 중 상위그
룹 44.8조원, 중위그룹은 2.5조원의 당기순이익을 시현한 반면, 하위그
룹은 400억원의 당기순손실을 보였다.

　재무구조도 상위그룹일수록 양호했다. 2016년 부채비율을 보면 상위
그룹(57.6%), 중위그룹(98.1%), 하위그룹(120.2%) 순으로 나타나 하위
그룹의 부채비율은 상위그룹보다 두 배 이상 컸다.

기업집단 그룹별 경영성과 추이

구분	자산총액 비중			매출액 비중			당기순이익 변동		
	상위	중위	하위	상위	중위	하위	상위	중위	하위
2012년	49.2%	26.0%	24.8%	52.2%	24.4%	23.4%	36.5조원	11.5조원	11.4조원
2016년	53.3%	25.2%	21.5%	55.8%	24.5%	19.7%	44.8조원	2.5조원	△0.04조원
증감	4.1%p	△0.8%p	△3.3%p	3.6%p	0.1%	△3.7%p	흑자유지	흑자유지	적자전환

자료: 공정거래위원회

　이런 경제력 집중 현상은 주식시장에서도 나타나고 있다. 2016년 7월 현재, KOSPI시장 상위 10대 기업의 시가총액 비중은 34.5%에 달했다. 특히 시가총액 최대 기업인 삼성전자(우량주 제외)의 시가총액은 212조 원으로 전체의 16.2%를 차지하고 있다.

　그러면 이처럼 경제력 집중이 초래된 원인과 이로 인한 후유증이 무엇인지를 알아보자. 우리나라 경제력 집중의 원인은 무엇보다도 공정하고 균등한 기회 제공이 제대로 이루어지지 못했다는 데서 찾을 수 있다. 개발연대 초기, 정부는 한정된 자원의 효율적 활용이라는 취지에서 대기업 위주의 산업지원시책을 추진하였다. 특히, 수출드라이브 정책으로 일부 수출산업은 세계 최고 수준까지 발전시켜 놓았으나, 내수산업은 상대적으로 크게 부진한 결과를 초래했다. 이로 인해 대기업과 중소기업간 경제력 격차가 심화되자, 정부는 중소기업 육성을 위한 지원시책을 펼치기 시작했으나 이미 대세를 되돌리기에는 역부족이었다.

　다음으로 시장경제의 함정과 후유증에 기인한다. 자본주의의 근간인 자율과 경쟁의 원리는 승자독식의 경쟁문화를 심화시켜 승자와 패자간의 경제력 격차가 확대되었다. 산업생산 부문에서도 대기업들은 자본력을 바탕으로 계열기업 확장뿐만 아니라, 중소기업에 대한 우월적 지위를 남용하는 거래관행을 광범위하게 행사해 왔다. 특히 신자유주의 사상과 세계화는 이러한 현상을 더욱 심화시키는 결과를 초래했다.

경제력 집중 현상이 우리 경제발전에 미치는 악영향은 매우 심각하다. 무엇보다 지속가능한 경제사회의 발전을 불가능하게 한다. 중소기업과 대기업간의 발전격차 심화, 즉 경제의 이중구조는 중소기업의 하청구조 고착화를 통해 산업전반의 경쟁력 약화를 초래하여 우리 경제사회 중장기 발전의 걸림돌로 작용하게 된다. 또한 수출산업 위주의 발전 과정에서 뒤처진 내수산업이 제대로 발전하지 못할 경우 우리 경제구조가 지나치게 해외경기 의존적이 될 뿐만 아니라, 중장기적으로는 수출산업의 경쟁력마저 약화된다.

이러한 재벌의 경제력 집중 현상을 완화하기 위해서는 거시경제정책, 금융과 조세정책, 산업정책과 공정거래시책 등을 종합적으로 추진할 필요가 있다. 그런데 지금까지 지나치게 공정거래시책 일변도의 정책에 초점이 맞추어져 온 감이 없지 않다. 이 경우 중장기적으로는 오히려 정책의 밸런스를 잃고 더 큰 부작용이 야기될 가능성이 없지 않다. 따라서 다양한 정책들을 적절히 조합해나가야 한다.

다만, 이러한 재벌의 경제력 집중 대책을 추진해 나가는 데는 무조건적인 재벌 때리기보다는 균형감각을 가지고 추진할 필요가 있다. 이를 위해서는 중소·중견기업의 자체 경쟁력 강화가 선결과제이다. 대기업

정책은 기업투자를 위축시키는 규제시책보다는, 그들의 부정적 관행과 행태의 시정, 그리고 중소기업과의 상생협력에 초점을 맞추는 것이 바람직하다.

이와 함께 불가피하게 재벌의 투자 행위를 규제하더라도 일자리 창출이란 정책목표도 감안하여, 기업에게 지나치게 과중한 부담이 되지 않도록 우선순위를 통한 선별적 규제가 바람직하다. 또한 기업은 재화와 용역의 생산을 통해 경제발전에 기여하고 일자리를 창출하는 원천인 만큼, 기업활동 활성화와 기업인의 기 살리기 시책도 병행하여 추진해 나갈 필요가 있다.

이러한 여러 가지 정책적 수혜를 입는 기업들은 '기업의 사회적 책임'을 다하려는 자세를 가져야 한다. 즉 기업은 기업윤리와 법의 테두리 내에서 기업활동을 해야 하고, 사회의 일원으로서 책임을 자각하여 나눔과 배려의 정신으로 기부활동에도 적극적으로 나서야 한다.

반기업 정서와 '대마불사' 신화

　기업은 일반적으로 이윤을 목적으로 일정한 제품(서비스 포함)을 생산하여 소비자에게 판매한다. 이 과정에서 기업은 근로자에게 일자리를 제공하고 또 세금을 납부하여 국가를 유지하는 데 기여한다. 국가가 경제활동을 영위해 나가거나 일반 개인이 가계를 꾸려나가는 데 없어서는 안 될 중요한 조직이다. 이제 기업의 경쟁력은 곧바로 국가경쟁력으로 연결된다. 그래서 기업을 '자본주의의 꽃'이라고 한다.

　그런데 이와 같이 중요한 역할과 기능을 하는 기업에 대해 비판적인 목소리가 날이 갈수록 커지는 양상을 보이고 있다. 왜 그럴까? 이는 기업과 기업인이 지나치게 과다한 이윤을 추구하려는 탐욕에서 비롯되고 있다. 특히 우리나라의 기업과 기업인들은 빠른 성장과정에서 정부와의 유착을 통하여 특혜를 받거나 부를 축적하는 사례가 적지 않았다는 이유로 더욱 비판을 받는다.

　지금 우리 사회에서 재벌기업들이 비판을 받고 있는 이슈들을 구체적으로 살펴보자. 먼저 기업의 탈세문제이다. 기업 탈세는 해당 기업에 대한 불신을 심화시키는 것은 물론이고 일반국민들에게 큰 박탈감을 주게 된다. 특히 소득 양극화가 심화되는 상황에서 이루어지는 대재산가의 부의 세습, 그것도 탈세까지 자행하면서 감행되는 부의 대물림을 바라보는 국민들의 마음은 어떨까? 탈세는 범죄행위일 뿐만 아니라 국가재정을 축내는 행위이다. 탈세로 세수부족이 생기면 결국 다른 성실한 납세자에게 부담이 전가되는 부당한 결과가 초래된다.

기업들의 탈세 목적과 방식은 다양하다. 세금을 덜 내려는 단순한 목적 외에도, 기업경영권 방어와 승계를 위해 혹은 정경유착을 위한 비자금 조성을 위해서도 탈세를 한다. 그 중에서도 정부의 전폭적 지원 아래 성장해온 재벌들이 몰염치하게도 변칙적인 상속세와 증여세 포탈행위를 하는 경우도 적지 않아 국민의 분노를 사고 있다. 이들은 차명주식, 재산 해외반출, 회계장부 조작 등을 통해 세금을 내지 않고 자녀들에게 자산 대물림을 시도하는가 하면, 자녀들이 운영하는 그룹 자회사에 일감을 몰아주는 방식을 동원하기도 한다.

기업들이 사회적 비난을 받고 있는 또 다른 이유는, 기업이 본연의 목적인 기업행위에 전념하지 않고 곁눈질을 하고 있다는 것이다. 이들은 곁눈질 과정에서 꼭 비자금을 조성해 활용한다. 이 비자금의 재원은 탈세를 통해 조성하기도 하고 또는 회사 재산을 빼돌려서 조성하기도 한다. 이는 기업 자체와 주주들에게 피해를 입히는 전형적인 횡령과 배임 행위이다.

한편 이렇게 조성한 비자금을 정치권이나 감독관청에 로비자금으로 뿌리고 다니기도 하고, 개인의 사사로운 용도로 유용하기도 한다. 이런 과정 속에서 기업은 기업대로 거덜나고, 많은 투자자와 종업원들이 피해를 입게 된다. 그리고 우리 사회를 온통 비리로 얼룩지게 한다.

얼마 전 불거진 대우해양조선과 한진해운 사태, 그리고 최순실 게이트에서도 이런 작태가 드러났다. 대우해양조선의 경우 최고 경영자가 분식회계를 통해 수조원에 달하는 자금을 빼돌리고, 이를 각종 로비자금이나 그들의 성과급 잔치에 펑펑 써댔다. 그런 와중에 일반 직원이 180억원에 달하는 엄청난 회삿돈을 횡령하는 일도 벌어졌다. 그 결과 회사는 완전히 거덜이 나고 파산상태에 이르게 되었다. 더욱이 여기에는 기업과 언론, 그리고 금융기관의 검은 부패 연결고리까지 얽혀 있었다는 사실이 드러나기도 했다.

한진해운은 무능한 경영으로 인해 건실하던 회사가 부도위기에 처했고 결국 법정관리로 넘어가게 되었다. 이 회사 경영주는 회사가 이 지경에 이른 것은 자신의 무능 탓이라고 인정하면서도 회사를 회생시키기 위한 사재 출연에는 동의하지 않았다. 그런데 그는 막대한 규모의 재산을 가진 재력가인 것으로 알려져 있어서 더욱 분노를 샀다.

더욱이 최순실 게이트에서는 정치권과 재벌간의 검은 뒷거래 즉 '정경유착政經癒着'이라는 불법 관행이 아직도 자행되고 있다는 사실이 드러나 다시 한 번 국민들에게 커다란 분노와 좌절감을 안겼다. 국민들은 이러한 어이없는 사태를 접하면서 무능하고 부패한 기업인들의 부정과 비리, 도덕불감증에 경악하고 분노하고 있다.

이제 기업은 창업創業도 중요하지만 수성守成이 더 어렵고 중요한 과제가 되고 있다. 특히 지금과 같이 변화의 속도가 빠르고 무한경쟁의 시대에는 기업을 지속적으로 성장시켜 나가기가 여간 힘든 게 아니다. 잠시라도 방심했다가는 한순간에 망할 수도 있다. 그러므로 기업가는 한눈 팔지 않고 본연의 기업활동에 충실해야 하고, 정치권과 정부 또한 그들이 기업활동에만 전념할 수 있는 환경을 만들어 주어야 한다.

이와 함께 적지 않은 기업들이 아직도 불량제품이나 인체에 유해한 제품을 만들어 소비자에게 팔고 있다는 점도 비난을 받는 이유가 되고 있다. 그동안 우리 사회에는 엄청난 대형 참사가 끊이지 않고 일어났다. 그리고 불량·유해 제품들이 소비자들의 안전을 위협하고 있다. 이는 기업들이 좀 더 많은 이익을 챙기기 위해 부실하고 유해한 원자재를 사용하거나 날림공사를 하기 때문이다. 기업의 탐욕에서 비롯된 이러한 부정과 비리는 결국 커다란 사회적 문제를 불러일으키게 된다.

옥시Oxy의 가습기 살균제 사건은 대표적인 사례이다. 이 사건은 가습기 살균제(세정제)로 인해, 기도 손상, 호흡 곤란과 기침 등의 폐질환 증상을 일으켜 영유아, 아동, 임신부, 노인 등이 사망한 사건이다. 오래전부터 제품의 부작용에 대한 소비자의 문제 제기가 있었지만, 옥시는 이를 묵살하고 2011년 정부의 판매금지 조치가 나올 때까지 판매가 이어졌다. 그 사이 옥시 살균제로 인한 사망자가 수백명, 폐질환을 앓고 있는 환자는 수천명에 이르게 되었다. 그럼에도 불구하고 옥시는 이렇다 할 명쾌한 보상책을 내놓지 않고 머뭇거리고 있다. 더욱이 뻔뻔하게도 옥시는 증거 인멸을 위해 불리한 정보와 자료를 삭제하거나 사실을 은폐·왜곡하면서 피해를 키우고 피해자들의 고통은 외면했다.

세계 최대 자동차 제조사인 폭스바겐Volkswagen의 배기량 조작 사건 또한 소비자를 우롱하는 작태를 보였다. 폭스바겐은 디젤엔진의 배기량을 줄이기 위해 소프트웨어를 조작한 사실이 드러나면서 국제사회에서 엄청난 비난을 받게 되었다. 회사가 주가폭락 등 신뢰의 위기를 맞게 된 것은 당연하다. 그런데 우리를 더욱 분노케 한 것은 이후 각 나라별로 손해를 배상하려는 자세가 다르다는 것이다. 미국 소비자들에 대해서는 완전 보상을 약속하였지만, 한국 소비자들에게는 책임을 회피하려는 태도를 보여 이중적이라는 비난을 받았다.

소상공인과 중소기업에 대한 재벌 대기업의 횡포와 소위 '갑질' 행태도 지탄을 받고 있다. 대기업이 중소기업 영역에 뛰어드는 행위, 단가 후려치기 등 하청업체를 쥐어짜는 행위, 그리고 일감 몰아주기 등 내부자 거래행위 등이 이런 유형에 속한다. 대기업은 중소기업과 하청 관계 등으로 연관되어 있으므로 이런 행위는 중소기업의 발전을 저해할 뿐만 아니라 결국은 대기업에게도 부메랑이 되어 돌아오게 된다. 따라서 협력과 상생의 길로 나아가야 한다.

경쟁에서 실패한 기업들은 마땅히 시장에서 퇴출되어야 한다. 그럼에도 퇴출되지 않은 채 연명해 나가면서 시장질서를 어지럽히는 경우가 많다는 것도 큰 문제다. 우리 사회에 '대마불사大馬不死, too big to fail'라는 말이 통용되어 왔고 지금도 여전하다. '대마불사'란 대기업이나 금융기관이 정상적인 기준으로 보면 도산하는 것이 마땅함에도 그 규모가 매우 커서 도산할 경우 부작용이 클 것이라고 우려하여 구제금융 등을 통해 존치시키는 것을 말한다. 그동안 기업과 금융회사들은 수익성과 관계없이 무작정 외형을 키우는 경향이 있었다. 여기에는 기본적으로 경쟁 상대를 외형으로 제압해서 시장을 독차지하겠다는 계산이 깔려 있다. 또한 덩치가 커지면 정부가 감히 어쩌지 못할 거라는 배짱심리도 작용했다.

더욱이 기업은 망해도 기업가는 망하지 않는다는 좋지 않은 관행도 만연되어 있다. 이는 기업가가 기업활동에 전념하기보다는 자신의 사리사욕을 채우는 데 더 열을 올렸다는 것을 방증한다. 회사의 자산을 자신의 몫으로 별도로 챙겨두기도 한다. 기업주나 경영주가 회사가 망하게 되었는데도 자기가 챙길 것은 다 챙기는 것은 분명 심각한 도덕적 해이 moral hazard라고 할 수 있다. 그런데 현실에는 이러한 관행이 버젓이 존재한다.

날이 갈수록 기업의 사회적 책임이란 과제가 중요해지고 있다. 이제 자신만의 부귀영달을 위해 사업을 하는 기업인은 한낱 장사치에 불과할 것이다. 수많은 종업원들에게 생활의 터전을 제공하는 한편 국내외 소비자 고객들에게는 최고의 제품과 최선의 서비스를 제공하면서, 아울러 지속적으로 기업을 발전시켜 나갈 때 우리는 그를 존경하는 기업인, 그리고 이 시대의 진정한 영웅이라 부를 것이다.

대기업 횡포와 중소기업의 애환

우리 사회에 예전부터 '갑을관계甲乙關係'라는 말이 있었지만, 요즈음 이 용어가 한층 더 뜨거운 관심사로 떠오르고 있다. 원래 갑과 을은 계약서 상에서 계약 당사자를 순서대로 지칭하는 법률용어다. 그러나 현실에서는 보통 권력적 우위인 쪽을 '갑甲', 그렇지 않은 쪽을 '을乙'이라 부르고 있다. 그리고 여기서 "갑을관계를 맺는다"는 표현이 생겼으며, 지위의 높고 낮음을 의미하게 되었다. 지금은 대기업과 협력업체, 업주와 종업원, 상사와 직원, 고객과 서비스업체 사이에까지 이 표현이 폭넓게 사용되고 있다.

이 갑을관계가 우리 사회에 광범위하게 작동하고 있지만 가장 두드러지게 나타나는 현장은 경제계이다. 즉 제조업체와 건설업체의 원청업자와 하청업자간의 관계에서 전형적으로 나타난다. 대기업은 협력관계 내지 하청관계에 있는 중소기업에 대해 우월적 지위를 가지고 있다. 소위 말하는 '갑과 을'의 관계가 형성되어 있다. 자연히 중소기업은 대기업의 눈치를 보지 않을 수 없다. 그렇지 않다가는 그 중소기업은 문을 닫을 수도 있다.

이러한 갑의 횡포, 즉 시중에서 흔히들 말하는 '갑질'은 우리 경제가 압축성장하는 과정에서 생겨난 졸부근성과 전근대적인 계층의식에서 비롯된다고 볼 수 있다. 즉 돈이나 권력이 있는 사람들이 합리적이고 수평적이며 상식적인 사고를 하지 못하고, 약자에게 함부로 대하면서 빚어지는 몰상식적인 현상인 것이다.

우리 사회에서 광범위하게 벌어지고 있는 중소기업에 대한 대기업의 횡포 사례들을 좀 더 구체적으로 살펴보자.

첫째, 납품단가 후려치기이다. 대기업에 물건을 납품하는 중소기업에게 납품단가를 심하게 낮게 책정하도록 강요한다. 이런 현상은 특히 대기업이 운영하는 할인마트와 그곳에 납품하는 중소 제조업체 간에 자주 일어나고 있었다. 게다가 대기업들은 납품되는 물건의 원가가 인상되어도 이를 납품가격에 제대로 반영해주지 않고 있는 실정이다.

둘째, 충분히 현금으로 결제할 능력이 되는데도 3개월 또는 6개월 만기인 어음으로 결제하고 있다. 현찰이 급한 중소기업은 그 어음을 사채업자에게 수수료를 떼고 현금으로 바꾸게 되는데 그만큼 손해를 보게 된다. 반면 대기업은 그 기간만큼의 이자를 고스란히 챙기고 있다.

셋째, 특허권 침해 문제이다. 중소기업이 대박 아이템을 출시하면 대기업이 그것을 모방해서 만든 유사제품 또는 기술로 중소기업의 목을 죈다. 그리고 중소기업이 원천기술을 싸게 넘기지 않을 수 없도록 손을 쓴다. 만약 중소기업이 순순히 응하지 않으면 가능한 모든 수단을 동원해서 굴복시키려 든다. 혹 법정 문제로 가게 되면 엄청난 자금력을 동원하여 지루한 법정다툼을 이어가면서 약자인 중소기업이 나가떨어지게 만든다.

넷째, 부당내부거래 문제이다. 하도급납품 거래를 함에 있어 동일 기업집단 내 계열회사에 집중시킴으로써 시장의 가격구조를 왜곡시키거나, 비계열사의 사업기회를 박탈하는 것은 1차적 폐해이다. 2차적 폐해는 재벌 총수의 친인척이 대주주로 있는 계열회사에 물량을 몰아주거나 가격조작을 통해, 단시간 안에 경영권 승계에 필요한 종자돈을 챙기는 데 활용하는 것이다.

이러한 부당내부거래 행위의 전형은 일감 몰아주기이다. 그동안 재벌그룹의 대기업은 동일 기업집단에 속한 계열회사에 일감을 몰아주고, 일감을 수주받은 계열회사는 다시 다른 중소기업에게 일감을 건네주어 별다른 역할 없이도 중간에서 이익을 취하는 거래관행이 폭넓게 이루어져 왔다. 이와 같은 거래방식은 재벌그룹 계열회사에게 부당하게 경쟁상 우위를 주는 것이다. 이로 인해 재벌그룹 내 계열회사는 내부거래에 따른 물량에 안주하여 경쟁력이 약화되고, 비계열 중소기업은 재벌그룹이 아니라는 이유만으로 원천적으로 사업의 기회가 박탈되는 결과를 초래하였다.

원래 「독점규제 및 공정거래에 대한 법률(공정거래법)」에 의하면 대규모 기업집단이 부당내부거래를 했을 경우에는 공정거래위원회가 해당 기업에 거래행위 중지명령을 내리고, 부당내부거래 규모의 2%까지 과징금을 부과하거나 또는 검찰에 고발토록 되어 있었다. 그러나 일감 몰아주기 행위는 그동안 규제의 사각지대에 놓여 있었는데, 이를 차단하기 위해 2013년 7월 '공정거래법'이 개정되었다.

다섯째, 대기업이 제빵, 장갑, 순대 장사와 같은 소규모 영세상인의 영역까지 침범하는 경우이다. 이를 방지하기 위해 정부에서는 중소기업 적합업종제도를 만들었지만, 이를 거스르는 대기업이 종종 나타나 사회적 비난을 받기도 했다.

이러한 갑의 횡포는 제조업이나 건설업뿐만 아니라 유통업체에서도 광범위하게 일어나고 있다. 대표적인 사례가 본사와 가맹업체간의 프랜차이즈franchise 시스템이다. 이는 상호, 특허 상표, 기술 등을 보유한 프랜차이저Franchisor, 본사가 프랜차이지franchisee, 가맹점와 계약을 통해 상표의 사용권, 제품의 판매권, 기술 등을 제공하고 대가를 받는 시스템이다. 이 과정에서 갑의 위치에 있는 본사는 을의 위치에 있는 가맹점에게 각종 횡포를 부리고 있다.

정부에서는 소위 '갑질'로부터 '을' 보호하기 위해 '공정거래법'과 「하도급거래 공정화에 관한 법률(하도급법)」 등의 제도적 장치를 만들어 운용하고 있다. 그러나 을의 위치에 있는 개인과 기업들은 갑의 사후보복이 두려워 법에 호소를 제대로 하지 못하고 있는 것이 현실이다. 하청업체들은 대기업들에 목을 매고 있는 상황이기 때문에, 억울하고 화가 나지만 울며 겨자 먹기 식으로 대기업의 후려치기를 감내해야 한다. 이런 구조에서 중소기업이 성장하는 것은 불가능하다.

이처럼 다수의 대기업들은 아직도 협력업체들을 희생양으로 삼아 부를 축적하고 있다. 이를 견디지 못한 중소기업은 결국 도산하고 말 것이다. 이 경우 많은 근로자들이 길거리로 내몰리게 되고 종국에는 대기업 자신에게도 부메랑이 된다. 이는 중소기업이 우리나라 전체 기업에서 차지하는 압도적인 비중을 감안할 때 잘 알 수가 있다. 이런 상황이 지속된다면 대기업의 국제경쟁력을 기대하기 어렵고, 또 강소기업도 나올 수가 없다.

중소기업중앙회가 발간한 「2016 중소기업 위상지표」 보고서에 따르면 2014년 말 기준 국내 중소기업은 354만 2,350개로 전체 사업체의 99.9%를 구성하는 것으로 조사됐다. 종사자 수는 1,402만 7,636명으로 전체 고용의 87.9%를 차지했다.

그러나 중소기업의 영세성으로 인해 여전히 재무구조나 수출 등 경영실적 측면에서 대기업과 커다란 격차를 보이는 것으로 나타났다. 수익성 지표인 이자보상비율영업이익/이자비용의 경우 중소기업(2014년 기준) 294.4%로, 대기업 509.3%에 비해 200%포인트 이상 낮았다. 자본안정성 지표인 부채비율총부채/자기자본도 대기업이 73.4%인 데 비해, 중소기업은 158.5%로 2배 이상 높았다. 중소기업의 수출 비중은 2009년 21.1%에서 2015년에는 2.8%포인트 줄어든 18.3%에 불과했다.

그동안 정부가 중소기업 육성을 위해 많은 노력을 기울인 것은 사실이다. 그러나 실제 효과는 크지가 않다. 왜냐하면 정부가 중소기업이 스스로 경쟁력을 키워나가도록 뒷받침하기보다는, 중소기업을 경제적 약자라고 보고 퍼주기식 지원에 초점을 맞춰 왔기 때문이다. 이는 중소기업이 꼭 필요로 하는 분야를 집중 지원하는 맞춤형 지원정책이 아니라 두리뭉실한 범용형 지원정책에 치중해 왔다는 의미이다.

이로 인해 중소기업들은 정부의 지원시책에 안주하여 소위 '피터팬 신드롬'에 빠지는 부작용이 발생하였다. '피터팬 신드롬'이란 육체적으로는 이미 성인이 되었지만 정신이나 행동은 여전히 어린아이에 머물러 있거나 또는 머무르고 싶어 하는 현상을 가리킨다. 그러니까 중견기업이나 대기업으로 성장할 경우, 중소기업으로서 누리던 지원이 없어지고 규제가 늘어나기 때문에 오히려 중소기업으로 남아 있으려 한다는 것이다.

이에 따라 경제의 허리가 되는 중견기업이 매우 취약하고, 중소기업이 중견기업으로, 그리고 중견기업은 다시 대기업으로 발전하는 성장사다리가 제대로 구축되어 있지 않은 실정이다.

이런 상태로는 지속가능한 경제발전을 기대하기 어렵다. 이런 현상을 타개하기 위한 방안의 하나로 강한 중견기업, 특히 수출에 주력하는 '히든 챔피언hidden champion'의 육성이 중요한 과제로 부상하고 있다. 원래 히든챔피언의 개념은 독일에서 탄생한 것으로, 사회적 인지도가 낮으면서도 세계 시장점유율 1~3위를 차지하고, 연 매출 50억 유로 이하의 기업을 뜻한다.

무한경쟁시대에서의 글로벌 경쟁력은 혼자가 아닌 협력업체와의 네트워크 경쟁력에서 나온다. 그럼에도 다수의 우리 대기업들은 아직도 협력업체들을 자기들 성장발전의 희생양으로 간주하고 횡포를 부리고 있다. 이런 싱황이 지속된다면 대기업의 국제경쟁력을 기대하기 어렵고 강소기업도 나올 수가 없다. 이제 우리 대기업들도 외국 선진기업들처럼 중소기업을 동반자로 생각하고 이들의 경쟁력 강화와 인재육성, 동반성장에 기여하는 다양한 경영지원 플랜을 만들어 실천해야 한다.

대기업과 중소기업의 균형성장은 지속적인 경제사회 발전을 위한 전제조건이 된다. 중소기업 육성시책이 만병통치약은 아니지만 대기업과 중소기업간의 균형성장은 반드시 필요하다. 개별기업이 국가경제에서 차지하는 비중이 지나치게 클 때 국가경제에 축복이 아니라 오히려 재앙이 될 수 있다. 핀란드 경제가 '노키아' 몰락으로 커다란 어려움에 빠지게 되었고, 우리 또한 삼성전자의 '노트7' 출시 실패와 현대자동차의 파업사태가 국가경제 전체에 심대한 파장을 미친 사실이 바로 그러한 점을 잘 보여주고 있다.

무차별한 문어발식 경영의 차단

1997년 경제위기 당시 수많은 재벌기업들이 줄줄이 무너져 내렸다. 한보와 삼미그룹에 이어 재벌 3위인 대우그룹까지 공중분해되었다. 지나친 외형확장 경쟁과 계열기업 늘리기에 몰두한 결과였다. 그런데 이러한 문어발식 경영행태는 조금도 수그러들지 않고 지속되고 있다. 65개 상호출자 제한대상 기업집단의 평균 계열기업 수가 26.7개에 달하며, 80개 이상의 계열기업을 거느린 기업집단들도 있다.

재벌들은 기업의 다각화를 통해 경기변동에 따른 위험분산을 기할 수 있으며, 또 경영의 시너지효과를 거두는 장점이 있다고 한다. 그러나 지나친 경영다각화는 기업경영 활동에 여러모로 무리를 가져오게 된다. 의사결정을 신속하게 할 수 없어 급변하는 경제상황에 제대로 대응할 수 없게 된다. 또한 기업의 재무구조도 악화될 소지가 크다. 주력 핵심 사업에 전념할 수 없어 전문성과 경쟁력 약화를 초래하게 된다. 결과적으로 IMF의 구제금융을 받은 1997년 경제위기 때와 같은 기업도산 사태를 불러올 수도 있는 것이다. 또 이처럼 여기저기 정신없이 사업을 벌리다 보면 본의든 본의가 아니든 중소기업 영역에도 침투하게 된다.

이러한 무차별적인 문어발식 계열기업 확장을 방지하기 위해 우리나라는 주로 '공정거래법' 관련제도를 활용하고 있다. 우선 '공정거래법'상의 대규모 기업집단 규제시책이 추진되고 있다. '대규모 기업집단'이란 상호출자, 채무보증 등 일정한 제한을 가하고, 기업집단의 상황을 공시하는 의무를 지닌 일정규모 이상의 기업집단을 뜻한다. 총자산 규모가 5조원 이상인 기업집단이 지정대상이며, 매년 4월 지정·고시되고 있다. 이를 우리는 통상적으로 '재벌'이라고 부른다.

대규모 기업집단으로 지정되면 몇 가지 행위가 규제된다.

첫째, 상호출자 행위가 금지된다. 상호출자를 금지하는 이유는 자본충실의 원칙을 저해하고 자기가 투자한 것 이상으로 의결권을 행사할 수 있기 때문이다. 상호출자를 허용하면 지배주주의 영향력이 지나치게 커지고 한 계열사의 부실이 전체 계열사로 퍼질 가능성이 크다. 한마디로 기업의 건전성과 책임성을 강화하기 위해서다.

상호출자 행위는 다시 직접상호출자와 순환출자의 두 가지로 나뉜다. 직접상호출자란 A사가 B사의 주식을 가지고, B사가 다시 A사의 주식을 가지는 방식(A↔B)의 투자 행위다. 순환출자는 A계열사가 B사에 출자하고 B사가 계열사 C에 출자한 뒤, 다시 C사가 A사에 출자(A→B→C→A)하는 방식이다.

그동안 직접상호출자 행위만 금지해 왔으나 2013년 '공정거래법' 개정을 통해 신규 순환출자도 전면 금지하고 있다. 다만 기존 순환출자는 인정하고 있지만 추가로 늘리는 것은 금지하고 있다. 이 상호출자금지 의무를 위반할 경우 주식처분명령, 의결권 행사 금지, 그리고 위반금액의 10% 이내 과징금 부과, 3년 이하의 징역 또는 2억원 이하의 벌금 등의 제재를 받게 된다.

한편, 제도 부활에 대한 논란이 많았던 출자총액제한 제도는 결국 폐지되었다. '출자총액제한 제도'란 특정한 하나의 기업이 회사자금으로 다른 회사의 주식을 매입하여 보유할 수 있는 총액을 제한하는 제도이다. 이는 대그룹이 기존 회사의 자금으로 다른 회사를 손쉽게 설립하거나 혹은 인수함으로써 기존 회사의 재무구조 부실화 및 대기업들의 업종 다각화 등 무분별한 확장을 방지하기 위해 만들어졌다. 이 제도를 통해 계열사 확장을 통한 경제력 집중을 억제하고 업종 전문화를 유도하며, 상호출자 금지만으로는 규제하기 어려운 순환출자와 같은 간접적인 상호출자가 억제 가능하게 된다.

이 제도는 그동안 폐지와 부활을 거듭해 오다 결국 2009년 폐지되어 지금은 운용되지 않고 있다. 이 제도가 순환출자 규제와 중복될 뿐만 아니라, 더 이상 제도를 운용할 실익도 크지 않다는 이유에서 비롯되었다. 그러나 이 출자총액제한 제도의 부활이 필요하다는 입장도 만만치 않다. 이는 재벌의 투자촉진이라는 명분 아래 출자총액제한 제도를 폐지시킨 결과, 투자증대 효과보다는 계열사의 확장, 토지자산의 증가, 일감 몰아주기, 사내유보금의 증가, 자본력을 앞세운 중소기업 및 서민상권으로의 진출 등이 증가해 양극화를 심화시켰다는 비판적인 시각에 연유한다.

둘째, 일감 몰아주기 등 사익편취행위가 금지된다. 이 '일감 몰아주기'가 문제가 되는 것은 아무리 뛰어난 기술력을 갖추고 있더라도 대기업의 자회사가 아니라는 이유만으로 거래의 기회를 빼앗는 불공정한 행위이기 때문이다. 그리고 모회사가 자회사에게 일감을 몰아줌으로써 자회사의 자산이 늘어나게 되면서 재벌들의 재산상속의 수단으로 악용되기 때문이다.

이에 '공정거래법'을 개정하여 그동안 사각지대에 있던 일감 몰아주기 행위를 규제하게 되었는데, 이는 기존의 부당내부거래 규제보다 한층 강화된 것이다. 예를 들면, 그동안 부당지원을 해주는 모기업에게만 부과하던 과징금을 이제는 지원을 받는 계열기업에 대해서도 관련 매출액의 5%까지 부과할 수 있게 되었다.

한편, 공정거래제도와는 별개로 금산분리와 지주회사 규제제도를 통해서도 재벌의 문어발식 계열기업 확장을 억제하고 있다. 이들 제도의 근본 취지는 계열기업 신설은 차입자본이 아닌 자기자본에 의해 이루어져야 한다는 데 있다. 지금도 지주회사의 무분별한 계열사 확장을 억제하기 위해 모회사는 자회사와 손자회사의 지분을 일정 비율 이상 보유토록 하고 있기는 하다. 그런데 이 최저 의무보유 지분율을 추가로 상향 조정해야 한다는 의견이 제기되고 있다. 이 경우 자금상의 부담을 느낀 지주회사는 추가적인 계열사 편입을 위한 시도를 포기할 가능성이 커진다는 논리다.

금산분리정책을 강화하는 방안에 대한 논의도 심도있게 이루어지고 있다. '금산분리金産分離'란 금융업과 제조업 등 비 금융업이 서로 일정한 거리를 두어 각자 본연의 업무에만 충실하도록 하는 규제를 뜻한다. 이는 경제적 효율성 및 금융산업의 안정성 확보에 그 목표를 두고 있다.

특히 산업자본의 금융기관 지배를 방지하여 고객의 돈을 사적용도로 사용하는 소위 '사금고화'를 방지하는데 큰 목적이 있는 제도이다. 이를 통해 간접적으로 재벌의 문어발식 경영행태를 규제할 수 있는 것이다.

지금 제기되고 있는 금산분리 강화방안은 기본적으로 은행권뿐만 아니라 전 금융기관에 대한 산업자본의 지분소유 제한을 강화하는 것이다. 물론 이처럼 금산분리를 강화할 경우 야기될 문제점도 없지 않다. 예를 들면 산업과 금융의 결합으로 예상되는 시너지효과 차단, 금융기관의 경쟁력 강화 지연, 외국자본에 비해 내국인이 역차별을 받게 된다는 점 등이다.

특히 최근 인터넷은행이 출범하게 되면서 이제는 오히려 금산분리를 완화해야 한다는 목소리가 커지고 있다. 즉 인터넷전문은행 설립에 IT 정보기술업체들이 적극 뛰어들 수 있도록 유도하기 위해서는 금산분리 완화가 불가피하다는 것이다. 실제로 해외에서는 알리바바·텐센트 등 IT 회사가 인터넷전문은행을 설립·운영하고 있는 중이다.

이와 같이 시장경제의 함정에서 촉발된 양극화 현상을 완화하고 또 그동안 재벌들이 취해왔던 부정적 관행과 행태를 시정해 나가는 것은, 시대적 소명이며 우리 경제사회의 지속적인 발전을 담보하기 위한 필수적 과제라고 할 수 있다.

그러나 정도가 지나치게 과도하거나, 혹은 그 방법이 재벌 때리기를 통한 카타르시스적인 포퓰리즘에 함몰될 경우, 경제적 약자의 지위를 향상시켜 전반적인 삶의 수준을 높이는 '확대지향적 경제사회'가 아닌, 힘 있는 자를 아래로 끌어내려 키 높이를 맞추는 '축소지향적 경제사회'

로 전락하고 말 것이다. 이 경우 우리에게 가장 중요한 과제인 일자리 창출이라는 정책 목표의 실현이 더욱 어렵게 된다. 따라서 재벌의 투자 행위를 규제하더라도 우선순위를 통한 선별적 규제가 바람직하다.

기업의 기 살리기와 경영권 방어

기업은 자본주의 사회에서 경제발전을 이끌어 나가는 원동력으로서 핵심적인 역할을 수행한다. 기업은 재화와 용역의 생산을 통해 경제발전에 기여하고 일자리를 창출하는 원천이다. 따라서 기업의 불법적인 행위는 규제해야 하겠지만, 다른 한편으로는 신명나게 기업활동을 해 나갈 수 있는 분위기를 조성해 주어야 한다. 다시 말해 기업 활성화와 '기업인 기 살리기' 시책이 필요하다.

이를 위해서는 무엇보다 기업의 투자활동을 저해하는 각종 규제를 철폐해야 한다. 그리고 고용증진을 위한 투자활동 등에 대해서는 조세지원 등의 인센티브를 제공하는 것도 중요하다. 아울러 경영진이 기업사냥꾼의 공격으로부터 안심하고 경영권을 수행해 나갈 수 있도록 경영권 보장 장치를 마련해 줄 필요성도 있다.

특히 우리나라 기업들은 외국인 투자자들의 주식 비중이 매우 높은 관계로 외국계 자본으로부터의 경영권 공격에 쉽게 노출되어 있으며, 실제로 이들의 공격을 받는 일도 없지 않다. 금융투자업계에 따르면 2016년 10월, 국내 증시에서 외국인 투자자들이 보유한 10대 그룹 상장

계열사 주식 시가총액이 300조원에 육박하는 것으로 나타났다. 이는 10대 그룹 상장사 시가총액의 약 40%를 차지하는 것이다.

기업사냥꾼이 갈수록 활개를 치고 있다. 원래 기업사냥꾼이란 적대적 인수합병M&A, mergers and acquisitions 방식을 통해 다른 회사의 경영권을 탈취하거나, 경영권을 위협할 정도의 주식을 매입해 시세차익을 노리는 투자가를 말한다.

경쟁력이 취약한 기업이 다른 견실한 기업이나 자본에 팔려 도태되거나 소멸되는 것은 자유시장경제 체제에서는 자연스러운 현상이라고 할 수 있다. 그러나 기존 경영진의 의사에 반하여 주식매집활동을 벌이는 이른바 기업사냥은 문제가 될 수 있다. 기업사냥이 무방비상태로 이루어진다면 마음놓고 기업 본연의 활동에 전념할 수 없기 때문이다.

과거 우리나라는 기존 대주주의 경영권을 엄격히 보장해주는 제도적 장치를 마련·운용해오고 있었다. 예를 들어 어떤 기업의 지배권을 새로이 확보코자 할 경우에는 잔여주식 전부에 대해 공개매수를 제의해야 하고, 50%+1주 이상을 취득하지 못하면 원상복귀 시키도록 되어 있었다.

그러나 1997년 경제위기 당시 정부는 이들 제도가 외자유치에 장애가 되고 또 M&A를 통한 신속한 기업구조조정에 방해가 된다며 폐지해 버렸다. 그리고 기업의 경영권 방어보다는 오히려 '소수주주권 보장', '주주제안제도', '집중투표제' 등 소액주주 보호에 중점을 두게 되었다.

이후 우리나라 기업들은 결국 '5% 룰'과 자기주식 취득행위, 이사 시차임기제 등을 가장 중요한 경영권 방어 수단으로 활용할 수밖에 없게 되었다. '5% 룰rule'이란 상장기업의 의결권 있는 주식을 특별관계인의 소유분을 합하여 5% 이상 보유하게 된 경우와, 보유한 자의 지분이 해당 법인 주식 총수의 1% 이상 변동된 경우, 그 내용을 5일 이내에 금융감독원과 한국거래소 등에 보고하도록 의무화한 제도이다.

자기주식 즉 자사주는 회사 자신이 발행한 주식을 들고 있는 격이다 보니 의결권이 없다. 다만, 자사주를 제3자에게 매각할 때는 의결권이 되살아나기 때문에 유사시에는 자사주를 우호세력에게 매각하여 경영권을 방어할 수 있다. 이사 시차임기제는 이사의 임기에 시차를 두어 일시에 퇴임하는 경우를 방지해 경영권이 이전되더라도 경영권을 공격하는 측의 영향력을 제한하는 제도이다.

우리가 이러한 경영권 방어 제도를 운용하고는 있지만, 미국, 일본 등 해외 주요국과 비교하면 미흡하다는 불만이 재계로부터 제기되고 있다. 실제로 그동안 수차례 외국의 투기자본들이 우리 기업을 공략한 사례가 있으며, 그 결과 경영권이 흔들리기도 하였다.

그 사례는 2003년 소버린의 SK(주) 공략으로부터 시작되었다. 당시 소버린은 14.99%의 주식을 소유함으로써 최대주주로 등극한 뒤 SK(주)의 경영진 퇴진을 요구하였다. 이러한 경영권 분쟁과정을 통해 소버린은 약 9천억원에 달하는 막대한 투기자본이익을 실현할 수 있게 된다. 이후 2006년에는 칼아이칸이 KT&G의 이사진 교체를 들고 나왔다. 당시 칼아이칸은 6.6%의 지분을 소유하고 있었다. 결국 국민연금 등 국내인 주주들이 KT&G의 백기사White Knight 역할을 함에 따라 경영권을 유지할 수 있었지만, 이로 인해 칼아이칸은 1,500억원의 투기이익을 실현하게 되었다.

2015년 여름에도 유대계 헤지펀드인 엘리엇은 우리나라 시장을 공격했다. 당시 삼성그룹은 계열기업간 순환출자 구조를 단순화시키면서 이재용 부회장의 경영 지배권을 확보하기 위해 삼성물산과 제일모직의 합병을 시도했다. 그러자 엘리엇은 이를 반대하고 나섰는데, 표면적인 사유는 합병안의 합병비율이 삼성물산 주주들에게 불리하다는 것이었다. 그러나 속내는 시세차익 확보에 있었다. 다툼은 삼성의 승리로 끝났지만 이 과정에서 엘리엇은 커다란 수익을 챙겼다. 더욱이 국민연금이 삼성의 백기사 역할을 하면서 적지 않은 논란거리도 만들어내었다.

이런 상황에서 여러 가지 다양한 경영권 방어 수단의 도입이 논의되고 있다. 논의되고 있는 주요 제도를 소개하면 다음과 같다.

우선, 가장 많은 논의가 이루어지고 있는 방안으로 '신주인수선택권포이즌 필, poison pill' 제도가 있다. 이는 기존 주주에게 시가보다 낮은 가격에 신주를 살 수 있는 권리를 부여하는 제도다. 기업경영에 적대적인 세력이 지분을 늘리는 것을 막기 위한 목적으로 회사정관에 독소조항을 포함한다는 의미에서 포이즌필로 불린다. 도입비용이 따로 발생하지 않고 도입만으로도 예방효과를 발휘할 수 있기 때문에, 미국, 일본, 프랑스 등 다수의 국가들이 활용하고 있다.

다음은 '차등의결권dual class stock' 제도이다. 이는 주식에 따라 의결권에 차이를 두는 제도로 복수의결권, 부분의결권, 무의결권 등으로 나뉜다. 대주주와 일반주주에게 주식 종류에 따라 각각 다른 의결권을 부여

한다. 대주주에게 더 많은 의결권을 부여할 수 있는 만큼 안정적인 경영권을 기대할 수 있다.

또 '황금주golden share, 黃金株' 제도가 있다. 황금주는 보유 수량이나 비율에 관계없이, 극단적으로 단 1주만 가지고 있더라도 적대적 M&A 등 특정 안건에 대해 거부권을 행사할 수 있는 권리를 가진 주식을 말한다. 원래 영국이 국가 기간산업을 민영화하면서 고안한 방법이나, 너무 극단적인 조치라 점차 폐지하는 추세이다.

이와 유사한 '황금낙하산golden parachute' 제도는 이사 퇴임 시 거액의 퇴직금 또는 저가의 주식매수 옵션 제공 등을 통해 인수비용을 증가시키는 경영권 방어 수단이다.

물론 이러한 경영권 방어 수단이 도입된다고 하더라도 이것이 근본적인 대책이 되기는 어렵다. 더욱이 이런 제도의 도입 자체에 대한 우려의 목소리도 없지 않다. 경영권을 강화시켜줄 경우 지배주주가 이를 남용할 여지가 생기기 때문이다. 특히 우리나라는 대다수 재벌 대주주가 지분율이 낮은데도 순환출자구조를 활용하여 계열기업을 지배하고 있어서, 대주주와 일반주주간 이해가 상충되는 문제가 있다. 이 때문에 정치권에서는 경영권 방어보다는 오히려 소액주주 보호에 방점을 둔 소위 경제민주화 관련 법안들을 강화해 나가려는 움직임을 보이고 있다.

따라서 기업경영주는 무엇보다도 경영권 확보를 위한 지분을 늘려나가는 한편, 투자자들에게 적절한 정보를 제공함으로써 기업가치를 제대로 평가할 수 있는 환경을 마련하는 등 외부 공격에 대한 면역력을 키우는 노력을 스스로 강화해 나가야 한다.

한편, 중소·중견기업의 원활한 가업승계를 지원하기 위해 가업상속 家業相續 제도가 활용되고 있다. 특히 독일은 이 가업상속 제도가 잘 정비되어 있다. 그들은 기업이란 총수일가의 개인적인 재산이 아니라 사회적 공기公器라는 확고한 인식을 가지고 있다. 그래서 기업경영의 승계에 있어서도 장자승계가 아니라 철저한 검증 절차를 거쳐서 이루어지고 있다.

우리도 피상속인이 생전에 10년 이상 계속 경영한 중소·중견기업의 가업상속 재산을 상속인에게 정상적으로 승계한 경우, 최대 500억원까지 상속세 과세가액에서 공제해 주고 있다. 그런데 적지 않은 기업들은 주식을 헐값으로 넘기거나 일감 몰아주기 등을 통해 이 제도를 악용하려 들고 있다. 따라서 이러한 부당행위 방지를 위한 법적 대응조치 강화 등 가업상속 제도의 실효성 제고를 위한 제도 보완 작업이 지속되어야 한다.

기업이 주어진 역할을 제대로 수행해 나갈 때 국민들은 기업을 신뢰하게 되며, 기업인들은 존경의 대상이 될 수가 있다. 이와 함께 정부와 소비자들도 기업들이 신명나게 기업활동을 할 수 있도록 기업인의 기를 살려주는 분위기를 조성해 나가면서 격려 또한 아끼지 않아야 한다.

5. 노사갈등과 고용불안

129

우리나라 노동시장의 이중구조

우리나라 고용노동시장이 당면하고 있는 가장 큰 문제점은 노동수요적 요인과 노동공급적 요인이 복합적으로 작용하면서 일자리 창출력이 둔화되고 노동시장의 이중구조 현상이 심화되고 있는 것으로 요약할 수 있다.

원래 노동시장은 제1차 시장과 제2차 시장이라는 이중구조로 구분된다. 제1차 시장은 상대적으로 높은 임금, 양호한 노동조건 외에도 비교적 좋은 조건의 승진 기회, 업무상 규칙의 정비, 고용안정과 같은 특징을 지닌다. 이와 달리 제2차 시장에서는 대체적으로 임금이나 노동조건이 열악하며 승진 기회도 적고, 노사관계는 제도화되어 있지 않은 데다 상대적으로 실업률도 높아서 노동력의 이동현상도 크다.

우리나라 노동시장은 전형적인 이중구조를 지니고 있다. 많은 직장에서는 근로조건 상의 차별적인 조치들이 광범위하게 이루어지고 있다. 예를 들면 대기업과 중소기업 간, 정규직과 비정규직 간, 직종 간, 남녀 간의 급여 수준과 고용안정성의 차이가 매우 큰 상황이다. 다시 말해 상대적으로 높은 임금수준과 양호한 근로조건, 직장안정성을 갖춘 대기업·정규직 부문과 그와 대비되는 중소기업·비정규직 부문으로 구분되고 있다. 그리고 두 부문은 임금격차는 물론 근속연수 등 고용안정성 면에서도 현격한 차이를 보이고 있다.

2015년 기준 대기업 정규직의 임금수준을 100으로 할 때 대기업 비정규직은 65, 중소기업 정규직은 50, 그리고 중소기업 비정규직은 35에 불과했다. 평균 근속기간은 대기업 정규직은 10년 2개월인 데 비해 중소기업과 비정규직은 4년 4개월에 그쳤다. 국민연금 가입률 또한 정규직 임금근로자는 83.2%에 달하는 데 비해 비정규직 근로자의 경우 37.5%에 불과하였다.

이러한 격차는 대기업과 중소기업간 생산성과 지불능력의 차이, 원·하청 관계에 의한 영향 등 경영환경 측면의 차이에 주로 기인하고 있다. 그러나 대기업과 공공부문에서는 노동조합 활동이 활발해서 영향력을 가질 수 있다는 점, 또한 노동시장의 제도와 관행이 정규직 중심으로 경직적으로 운영되고 있다는 점도 이러한 현상을 심화시키는 요인으로 작용하고 있다.

노동시장에서의 격차와 차별은 이처럼 비단 대기업과 중소기업 근로자들 사이에서만 일어나고 있는 것은 아니다. 남녀 간, 학력 간, 제조업과 서비스업 간, 그리고 정규직과 비정규직 간의 차별 또한 심각한 상황이다. 격차가 나는 분야 또한 임금에 한정되지 않고 사회보험 가입률, 근속년수 등 각종 복지혜택 측면에서도 차별이 이루어지고 있다. 300인 이상 사업체 근로자의 사회보험 가입률과 근속년수가 각각 95.0%, 11년인 데 비해, 1~9인 사업체 근로자는 40.8%, 2.9년에 불과하였다.

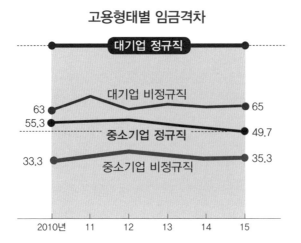

고용형태별 임금격차

대기업 정규직

대기업 비정규직

63   65

55.3   중소기업 정규직   49.7

33.3   중소기업 비정규직   35.3

2010년   11   12   13   14   15

* 시간당 임금총액기준(대기업 정규직 100), 고용노동부

한편 이러한 전통적인 의미에서의 이중구조, 즉 근로자간의 임금격차 문제뿐만 아니라 인적자원 개발·활용의 불균형이라는 이중구조 현상도 심각하다. 학교 단계에서의 과도한 투자에 비해 노동시장 진입 후의 직업능력개발 투자가 부족하여 인적자원의 질과 생산성 향상이 미흡하다.

경제협력개발기구OECD 통계에 따르면 한국은 대학 이상의 고등교육을 받은 인구 비율은 세계 최고 수준이나, 상대적으로 높은 임금과 지위를 보장받는 관리·전문·기술직 종사 근로자 비율은 22%에 불과해 독일(43.5%), 핀란드(45.2%)의 절반에도 못 미쳤다. 이는 짧은 기간에 교육 기회는 급격히 늘어난 반면 이들을 받아들여야 할 노동시장의 구조는 변화하지 않은 데 기인한다. 이러한 고학력화에 따른 미스매치(청년)뿐만 아니라 경력단절(여성), 조기퇴직(고령자) 등으로 인한 인적자원의 낭비 또한 심화되고 있는 상황이다.

노동시장 전체적으로는 일자리가 부족한 가운데 취업난을 겪고 있지만, 3D업종을 중심으로 한 특정 업종과 중소기업에서는 오히려 인력난을 겪고 있다. 우수 청년인력의 중소기업 취업을 유도하기 위해서는 대기업과 중소기업의 임금격차를 줄이는 노력을 강화하는 한편, 사회적으로는 마이스터고와 직업고의 비중을 확대해 나가야 할 것이다. 날이 갈수록 악화되고 있는 청년취업난 문제와 수명이 길어짐에 따른 정년연장 문제도 우리 경제사회의 미래를 위해 적절한 대응책을 마련해야 할 시급한 현안과제이다.

경제협력개발기구OECD는 '2016 한국경제 보고서'에서 우리나라 노동시장의 가장 큰 문제점으로 고착화된 이중구조를 꼽았다. 보고서에 따르면 과도한 고용보호 등 경직적 노동시장과 정규직/비정규직간 격차 등이 임금격차와 소득불평등을 초래하고 있다고 진단했다. 특히, 정규직에 대한 높은 수준의 고용보호가 기업의 경기대응 능력을 떨어뜨리고 비정규직 채용을 선호하게 하는 요인이 되고 있다고 지적했다. 또 여성·청년·고령층이 노동시장에 진입하는 데 어려움이 있다고 평가했다.

OECD는 이러한 문제들을 시정하기 위해 노동정책 방향을 일자리 보호protecting jobs에서 근로자 보호protecting individuals로 전환해야 한다고 밝혔다. 이는 일자리 보호정책은 노동자의 고용안정과 소득을 보장하지 못하기 때문에, 사회안전망 강화나 직업·전직훈련 강화처럼 사람을 보호하고 사람에 투자하는 방식으로 바뀌어야 한다는 의미다. 이와 함께 취약계층인 여성·청년·고령층의 노동시장 참여를 확대하기 위해 출산·육아휴직 준수, 육아휴직 급여수준 인상, 청소년 진로지도 강화, 직무와 성과에 기반을 둔 임금체계로의 개편 등을 제시했다. 아울러 비정규직 사회보험 적용 확대, 최저임금 준수 등의 노력도 필요하다고 조언했다.

우리나라 근로자의 임금수준

임금 즉 근로자 보수는 노사갈등의 가장 원초적이고도 핵심적인 요소이다. 매년 근로자인 노측과 경영자인 사측은 임금수준을 놓고 실랑이를 벌인다. 당연히 노측은 더 많은 임금인상을 요구하고 사측은 이를 최소화하려고 한다. 최종 임금수준은 노와 사의 협상력에 따라 달라진다.

우리나라 「근로기준법」에 의하면 '임금'이란 사용자가 근로의 대가로 근로자에게 임금, 봉급 그 밖에 어떠한 명칭으로든지 지급하는 일체의 금품을 말한다. 임금은 근로에 대한 대가이므로 사용자의 지휘·감독 아래 제공하는 근로에 대한 대가가 아닌 경우는 임금이라고 할 수 없다. 따라서 근로의 대가가 아닌 호의적, 은혜적, 실비변상적 급여는 임금이 아니다. 즉 경조금이나 장려금과 같은 은혜적인 급여와 영업활동비나 출장비와 같은 실비변상적 급여는 임금이 아니다.

임금은 크게 평균임금과 통상임금으로 나뉜다.

'평균임금'이란 통상임금에 상여금과 연월차 수당 등과 같은 비정기적 급여를 합한 실질적 임금총액을 말한다. 이를 산정해야 할 사유가 발생한 날 이전 3개월 동안에 해당 근로자에게 지급된 임금총액을 그 기간의 총 일수로 나눈 금액이 된다. 퇴직금을 예로 들면 퇴직일 직전 3개월간 퇴직자가 받은 임금 합계액을 90일로 나눈 것이 평균임금이 된다. 평균임금은 퇴직금, 휴업수당, 실업급여, 산업재해보상 등의 산정기준으로 주로 쓰인다.

'통상임금'은 근로자에게 정기적이고 일률적으로 근로대가로써 지급하기로 정한 급여를 말한다. 통상임금 여부를 결정하려면 정기성, 일률성, 고정성의 3가지 요건을 모두 갖춰야 한다. 통상임금은 연장근로와 휴일근로에 대한 수당, 연차유급휴가수당, 해고수당 등 각종 수당 산정의 기준으로 주로 사용된다.

2013년 12월 18일 대법원은 정기상여금을 통상임금에 포함시키는 등 통상임금의 범위를 확대 인정하는 최종 판단을 내렸다. 이에 따르면 정기 지급이 확정되어 있는 상여금은 통상임금에 포함시켜야 하고, 특정 시점에 재직해야 받을 수 있는 휴가비·선물비 등 각종 복리후생비 등과 같이 정기적이지 않거나 근로의 대가가 아닌 경우에는 통상임금에 포함되지 않는다.

임금은 근로자에게는 소득이 되고 기업의 입장에서는 생산원가가 된다. 임금이 높을수록 근로자 입장에서는 좋겠지만, 기업으로서는 생산원가가 올라가 경쟁력을 약화시키는 요인이 될 가능성이 있다. 따라서 양자의 입장을 조화시키고 타협하는 수준에서 적정수준의 임금을 결정하는 것이 바람직하다. 문제는 부문별, 규모별, 고용 형태별 임금격차가 심한 한국 사회에서 접점을 찾기가 어렵다는 점이다.

우리나라 임금수준에 대해서는 노동계와 재계의 시각이 크게 다르다.

노동계는 4년마다 실시하는 조합원에 대한 실태조사를 토대로 통계청의 물가지수를 반영해 자체 생계비를 작성하고 있다. 이에 따르면 4인 가구의 한 달 생활비는 높은 집세와 사교육비 지출 등으로 인해 500만원을 초과한다. 그런데 실제 상용직 근로자가 받는 월급은 이를 크게 하회하는 300만원대 초반이다. 통계청이 조사한 2016년 가구당 소득도 월 440만원이다. 그 결과 임금근로자 상당 수가 빚에 의존할 수밖에 없는 구조라는 것이다. 노동계는 또 우리나라는 세계에서 가장 장시간 근로하는 국가이며, 기업의 빠른 성장세와 성과에 비해 근로자 귀속소득이 작다고 주장하고 있다. 다시 말해 노동분배율이 낮다는 것이다.

이에 반해 경영자측은 우리 경제력에 비해 임금수준이 너무 높아 경쟁력을 잃고 있다고 주장한다. 여기에다 경기둔화로 기업성장이 정체되고 있어 더욱 임금인상이 어렵다는 견해를 보이고 있다. 실제로 많은 기업들이 생산시설을 임금이 싼 해외지역으로 이전하고 있는 실정이다.

고용노동부와 통계청에 따르면 2016년 6월 기준, 상용직 1인당 월평균 임금총액은 3,296천원으로 조사되었다. 상용직 1인당 월평균 임금총액은 3,489천원이며, 임시·일용직은 1,475천원이었다. 한편, 물가수준을 반영한 근로자 1인당 월평균 실질임금은 2,978천원으로 전년대비 1.7% 증가한 것으로 나타났다.

산업별 전체 근로자의 임금수준은 전기·가스·수도업(8,507천원)이 가장 높았고, 금융 및 보험업(5,265천원), 전문·과학 및 기술서비스업(4,671천원)이 그 뒤를 이었다. 임금이 낮은 산업은 숙박 및 음식점업(1,856천원), 사업시설 관리 및 사업지원서비스업(2,071천원) 순이었다.

내역별 1인당 임금총액 수준 및 추이

(천원)

구 분	2010	2011	2015	2016.6
전 체 임 금 총 액	2,816	2,844	3,217	3,296
상용임금총액	3,047	3,019	3,404	3,489
정 액 급 여	2,234	2,342	2,740	2,829
초 과 급 여	196	179	224	229
특 별 급 여	617	498	441	431
임시일용임금총액	1,056	1,215	1,401	1,475
실 질 임 금 총 액	2,816	2,734	2,929	2,978
소비자 물가 지수	100.0	104.0	109.8	110.7

자료: 고용노동부, 사업체노동력조사

임금수준이 가장 높은 업종인 전기·가스·수도업의 경우 숙박 및 음식점업보다 4배 이상 높은 임금을 받는 것으로 나타났다.

그러면 우리나라의 임금수준을 다른 나라와 비교하면 어느 정도일까? 우리나라 취업자의 2015년 평균 연간 실질임금은 구매력평가(PPP) 기준 3만 3,110달러(22위)로, OECD 평균 4만 1,253달러의 80% 수준이었다. 노동시간이 긴 탓에 연간 실질임금을 노동시간으로 나눈 시간당 실질임금은 15.67달러(24위)로, OECD 평균 23.36달러의 67%에 그쳤다. 시간당 실질임금이 가장 높은 나라는 룩셈부르크(40.06달러)였고, 스위스(36.73달러), 노르웨이(35.75달러)가 뒤를 이었다. 그리고 근로시간이 가장 짧은 나라인 독일은 32.77달러, 미국과 일본은 각기 32.80달러와 20.81달러였다. 가장 낮은 국가는 6.62달러의 멕시코였다.

이 OECD 통계에 따르면 우리나라 근로자의 근로시간은 OECD 회원국 중 두 번째로 긴데, 임금은 22~24번째라는 결론이 나온다. 물론 여기에는 오류가 있을 수 있다. 임금은 근로시간뿐만 아니라 근로자가 얼마만큼의 상품을 생산하는지 생산성도 감안해야 하기 때문이다. 사실 우리나라의 노동생산성은 그리 높지 않다. OECD국가들 중에서 20위권 중반에 있다. 이렇게 볼 때 우리나라는 근로시간을 줄여나가면서 아울러 노동생산성도 높여나가는 것이 당면한 중요 과제라 할 수 있다.

한편, 최저임금이란 근로자가 사용자에게 제공한 근로의 대가로 근로자에게 지불해야 할 최저수준의 임금을 뜻한다. 최저임금의 준수 여부를 판단함에 있어서는 매월 정기적·일률적으로 지급되는 기본급과 고정적인 수당만을 기준으로 하며, 연장근로수당, 상여금, 복리후생적 수당 등은 제외된다.

2017년 최저임금수준에 대한 논의가 시작될 당시 노조와 정치권 일각에서도 최저임금이 시급기준으로 1만원 정도는 돼야 한다는 의견이 제기되었다. 그러나 사용자 측은 결사적으로 반대했다. 이유는 최저임금이 인상되면 중소 자영업자가 망할 것이라는 것이었다. 그러나 노동계는 최저임금을 인상할 경우 소비증가를 가져와 중소 자영업자들의 매출 또한 늘어나게 됨에 따라 오히려 노동자와 중소 자영업자가 함께 사는 길이 된다고 주장했다. 경제정의실천연합(경실련)도 2016년 최저임금 월 환산액 126만 270원은 1인가구 생계비에도 미치지 못한다며, 지금 당장 최저임금 1만원 실현이 어렵다면 단계적으로 수년 내에 인상하는 것을 목표로 삼아야 한다고 주장했다.

결국 2017년 시급기준 최저임금은 2016년보다 440원, 7.3% 오른 6,470원으로 책정됐다. 이를 일급으로 환산하면 8시간 기준 5만 1,760원, 월급으로는 주 40시간 기준 135만 2,230원이 된다.

최저임금의 추이

년도	2010	2011	2012	2013	2014	2015	2016	2017
시급(원)	4,110	4,320	4,580	4,860	5,210	5,580	6,030	6,470

사실 최저임금이 1만원을 상회하는 국가는 룩셈부르크 · 프랑스 · 호주 등 일부 국가에 불과하며 미국과 일본도 이에 미달하고 있다. 이렇게 볼 때 최저임금의 수준도 올려나가야 하겠지만 더 큰 문제는 따로 있다. 최저임금이 올라도 이를 적용받지 못하는 근로자가 7명 중 1명 꼴인 260만명 이상에 달한다는 것이다. 이는 위반 업주에 대한 솜방망이 처벌 때문이다. 이들 최저임금을 못 받는 근로자는 연령별로는 청년층과 노년층, 학력별로는 대학생, 고용 형태별로는 비정규직, 성별로는 여성에 집중됐다.

「최저임금법」을 어기면 사업주는 3년 이하의 징역 또는 2천만원 이하의 벌금에 처하고, 최저임금을 근로자에게 알리지 않은 사업주는 100만원 이하의 과태료에 처하도록 되어 있다. 그러나 해마다 적발 건수는 늘고 있지만 실제 처벌률은 0.2%에 그친다. 단속에 걸리더라도 밀린 임금만 주면 처벌을 면하기 때문이다. 따라서 최저임금 적용의 실효성을 높이기 위해서는 벌칙부과 금액의 상향 조정과 함께 단속을 강화하는 것도 매우 중요하다.

근로시간 단축과 '저녁이 있는 삶'

근로시간은 임금과 함께 노사갈등의 가장 중요한 요인이 되고 있다. 특히 우리나라의 경우 근로시간이 다른 선진국들에 비해 매우 긴 탓으로 더욱 그러하다. 근로시간을 단축할 경우 기업으로서는 생산활동에 차질을 빚을 우려가 있고 또 임금부담이 늘어나는 문제가 생긴다. 반면 근로자로서는 여유시간을 가지고 자기개발에 활용할 수 있을 뿐만 아니라 임금이 늘어나는 효과가 있다. 따라서 근로시간을 어느 정도 줄일지 여부는 노사문제의 핵심요소로 작용하고 있다.

우리나라 「근로기준법」에서는 장시간 근로를 제한하여 노동력을 회복할 시간도 주고, 개인의 일상과 가정생활을 누릴 수 있도록 하자는 취지에서 '기준근로시간'을 정하고 있다. 이에 따르면 휴게시간을 제외한 1일 8시간, 1주 40시간이 법정 근로시간이다.

그러나 당사자와 합의하여 1주 12시간은 연장근로를 할 수 있으며, 이에 대해서는 초과근로수당을 지불하도록 규정하고 있다. 즉 초과근로시간에 대해서는 통상임금의 50% 이상을 가산 지급해야 한다. 이와 함께 휴일근로와 22시부터 06시까지의 야간근로에 대해서도 연장근로와 동일하게 통상임금의 50% 이상의 할증임금을 지불해야 한다. 다만, 18세 미만의 연소근로자와 임산부는 원칙적으로 야간근로와 휴일근로를 시키지 못한다.

한편, 휴게시간이란 근로자가 수행하던 업무를 멈추고 사용자의 지휘·감독으로부터 벗어나 자유롭게 이용할 수 있는 시간을 말한다. 사용자는 근로시간이 4시간인 경우에는 30분 이상, 8시간인 경우에는 1시간 이상의 휴게시간을 근로시간 도중에 주어야 한다. 이 휴게시간은 근로자가 자유롭게 이용할 수 있지만 근로시간으로는 간주하지 않는다.

이러한 법 규정들은 5인 이상 근로자를 사용하는 모든 사업장에 적용된다. 따라서 5인 이상 사업장은 주 40시간을 법정 근로시간으로 정하고, 이 시간을 초과해 근로를 하는 경우 당연히 추가 근로한 시간에 1.5배의 가산임금을 지급해야 한다. 그러나 5인 미만 사업장은 1.5배의 가산임금은 지급하지 않고 추가 근로시간에 대해서만 임금을 지불하면 된다.

주 5일제 근무가 정착되면서 휴일근로를 연장근로에 포함시키는 문제에 대한 논의가 확산되고 있다. 그동안 휴일근로는 연장근로에 포함되지 않았다. 그러나 우리의 근로시간이 지나치게 길다는 비판과 함께 근로시간 단축의 필요성이 꾸준히 제기되어 왔다. 이러한 여론을 반영하여 얼마 전부터 정치권에서는 휴일근로를 연장근로에 포함시킬 것을 법으로 명문화하는 움직임을 보이고 있다. 이것이 실현되면 주당 최대 근로가능 시간은 기존의 68시간에서 52시간으로 줄어들게 된다.

현행 「근로기준법」에서는 주당 40시간의 근로시간과 연장근로 12시간을 인정해, 최대 주 52시간을 넘지 못하도록 규정하고 있다. 그런데 그동안에는 휴일근로가 초과근무인 연장근로로 인정되지 않았기 때문에, 현실적으로는 주당 최대 68시간(주중 40시간+연장근로 12시간+휴일근로 16시간)까지의 근로시간이 용인되었던 셈이다. 그러나 휴일근로가 연장근로에 포함되면 주당 노동자의 초과근로 가능시간은 12시간으로 제한돼, 1주 최대 근로시간은 52시간을 넘지 못하게 된다.

이 경우 자연히 가산임금 지불 문제가 중요한 이슈로 떠오르게 된다. 현행 「근로기준법」에 의하면 연장근로, 야간근로, 휴일근로의 경우 통상임금의 50%를 가산해 지급하도록 되어 있다. 따라서 앞으로 휴일근로가 연장근로에 포함될 경우, 기업은 휴일근로 가산임금 50% 외에도 연장근로 가산임금 50%를 추가로 지급해야 한다. 이 경우 늘어나게 될 연장근로수당 지급 부담을 염려한 기업 측에서는 가산임금 비율을 축소하는 방안을 요구하고 있다.

그러면 이러한 법정근로시간을 규범으로 한 우리나라 근로자들의 실제 근로시간은 얼마나 될까? 우리나라는 지난 2007년까지만 해도 OECD 회원국 가운데 1인당 평균 근로시간이 가장 길었지만 2008년 멕시코에 근로시간 최장 국가 자리를 넘겼다. 우리나라 취업자의 근로시간은 2000년 2,512시간에서 매년 꾸준히 줄어 2011년 2,090시간까지 내려갔다가, 2012년에는 2,163시간으로 다시 늘어나는 등 오르락내리락하고 있다.

OECD의 '2016 고용동향'에 따르면 2015년 우리나라 취업자는 평균 연간 2,113시간을 일했다. OECD 회원국 34개국 평균 1,766시간보다 347

시간 많았다. 하루 법정근로시간 8시간을 기준으로 할 때 OECD 평균보다 43일 정도 더 일했다. 한 달 평균 22일 일한다고 가정했을 때 OECD 평균보다 두 달 더 일한 셈이다.

OECD 주요국 연평균 근로시간

순위	국가명	연평균 근로시간
1	멕시코	2,246
2	한국	2,113
3	그리스	2,042
4	칠레	1,988
5	폴란드	1,963
11	미국	1,790
——— OECD 평균 1,766 ———		
17	일본	1,719
21	영국	1,674
29	프랑스	1,482
33	독일	1,371

* 취업자 1인당 기준, 2015년

OECD 회원국 중 근로시간이 가장 긴 국가는 멕시코(2,246시간)였다. 다음으로 한국·그리스·칠레·폴란드가 그 뒤를 이었다. 1인당 평균 근로시간이 가장 짧은 나라는 독일로 1,371시간에 불과했다. 이는 한국인이 8개월 일한 것과 같은 수준이다. 독일을 비롯해 네덜란드·노르웨이·덴마크·프랑스 등도 근로시간이 1,500시간 미만인 것으로 나타났다. 일본(1,719시간)과 미국(1,790시간)은 OECD 평균과 크게 차이가 나지 않았다.

　장시간 근로는 노동의 질뿐만 아니라 근로자의 건강을 해치는 요인이된다. 또 일자리 나누기job sharing에 역행하며, 저출산의 원인으로도 작용하고 있다. 근로시간이 너무 길어 육아 시간이 부족하고 이에 따라 신혼부부들은 출산을 주저하게 된다는 것이다. 실제로 일본은 저출산 방지 대책의 핵심과제로 근로시간 단축을 추진하기로 했다. 더욱이 미국과 일본 등에서는 야후yahoo 등 주 4일 근무제를 시행하는 기업들이 나타나고 있기도 하다.

　물론 이러한 근로시간 단축 분위기 확산은 그동안 우리 경제발전의원동력이 되어온 열심히 일하는 분위기를 가라앉히고, 또 전반적인 임금비용 상승을 초래할 가능성이 있다고 우려하는 사람들도 있다. 그러나 부족한 일자리 나누기를 실현하고, 고용의 질적 향상을 기함과 아울러 출산장려를 도모하기 위해서라도 근로시간 단축은 이제 피할 수 없는 대세가 되고 있다.

　근로시간 단축이 가져다 줄 장점은 무엇보다 이를 통해 인간다운 삶을 누릴 수 있다는 것이다. 이를 우리 사회에서는 흔히들 '저녁이 있는 삶'으로 표현하고 있다.

　저녁은 나를 위한 시간이다. 낮 시간 동안 직장에서 업무로, 그리고 사람들과의 관계 속에서 지친 심신을 저녁시간에 나만의 시간을 가지면서 하루를 반추해 보거나 혹은 내일을 위한 재충전을 준비하는 것은 삶을 충만하게 하는 일이다. 책을 읽고 음악을 들으며 때로는 땀을 흘리고 운동을 하면서 내일을 위한 재충전을 한다.

또한 저녁은 가족과 함께하는 시간이다. 사랑하는 가족과 눈을 마주
하고 대화를 통해서 서로 위로하고 사랑을 나눈다. 그것이 행복이다.

차별의 벽에 갇힌 비정규직

"회사가 전쟁터라고? 밀어낼 때까지 그만두지 마라! 밖은 지옥이다."

"오늘 하루도 견디느라 수고했어! 내일도 버티고, 모레도 견디고, 계속 계속 살아남으라고!"

"인생은 끊임없는 반복. 반복에 지치지 않는 자가 성취한다."

"보이는 것이 보여지기 위해 보이지 않는 영역의 희생이 필요한 것이다."

"아무리 빨리 새벽을 맞아도 어김없이 길에는 사람들이 있었다. 남들이 아직 꿈속을 헤맬 거라 생각했지만 언제나 그렇듯 세상은 나보다 빠르다."

얼마 전 선풍적인 인기를 끌었던 TV드라마 '미생'에 나왔던 명대사들이다. 드라마는 이 시대를 살아가는 비정규직 회사원의 고달픈 직장생활을 그린 작품이었다. 원래 '미생'이란 바둑 용어로 대마大馬가 아직 확실히 집을 짓지 못한 상태여서 생사 여부가 확실치 않다는 뜻이다. 이런 뜻을 빌려 드라마는 비정규직 근로자의 경우 직장생활은 하고 있지만 정규직에 비해 차별을 받을 뿐만 아니라, 언제 잘릴지도 모른다는 내용을 함축하고 있다. 수많은 젊은이들은 이 작품의 주인공에 자신의 모습

147

을 투영하면서 공감을 보이기도 했지만 또 한편으로는 분노하고 가슴아 파했다.

비정규직이란 일정한 기간의 노무급부를 목적으로 사용자와 근로자 가 한시적으로 근로관계를 맺는 모든 비조직화된 고용형태를 말한다. 근로자의 분류는 종사자 지위에 따라 상용직(1년 이상), 임시직(1월~1 년), 일용직(1월 미만)으로, 고용형태에 따라 정규직, 한시적, 시간제, 비 전형 근로자로 나누어진다. 그런데 '비정규직'에 대한 기준과 범위에 대 한 시각이 노동계와 정부 사이에 약간의 차이를 보인다. 노동계는 비정 규직의 범위를 임시직, 일용직, 그리고 상용직 근로자 중 비정규직 형태 의 근로자를 합한 것으로 본다. 이에 비해 정부는 한시적, 시간제, 비전 형 근로자만을 비정규직 근로자로 본다. 한편, OECD 국가들은 임시직 근로자temporary worker만 집계하고 있다.

우리 정부 기준에 의한 비정규직 근로자 수는 2016년 8월 기준 644만 명에 이르는데, 이는 전체 임금근로자의 32.8%를 차지하는 비중이다.

정규직과 비정규직 근로자 상황

(단위 : 천명)

구 분	정 규 직	비 정 규 직				계
		전체	한시적	시간제	비전형	
임금근로자수	13,183	6,444	3,657	2,483	2,220	19,627
(비중, %)	(67.2)	(32.8)	(18.6)	(12.6)	(11.3)	(100.0)

* 비정규직 중 한시적 · 시간제 · 비전형은 배타적인 구분이 아님
** 통계청, 경제활동 인구조사 근로형태별 부가조사 (2016. 8월)

비정규직 근로자의 구성을 좀 더 구체적으로 알아보자. 성별 비중은 여자(54.9%)가 남자(45.1%)보다 10%p 가량 높았고, 연령계층별 비중은 60세 이상(22.8%), 50대(21.5%), 40대(19.8%) 순으로 높았다. 비정규직 근로자 규모가 큰 산업은 사업·개인·공공서비스업이 315만 6천명(49.0%), 도소매·음식숙박업 128만명(19.9%), 건설업 75만 9천명(11.8%) 순으로 나타났다.

직업별로 비정규직 근로자가 많은 순위는 단순노무종사자가 202만 2천명(31.4%), 서비스·판매종사자 155만 6천명(24.1%), 관리자·전문가 110만 1천명(17.1%) 순으로 나타났다. 그리고 비정규직 근로자의 교육정도는 고졸이 285만 7천명(44.3%)으로 가장 많았고, 다음이 대졸 이상 204만 8천명(31.8%), 중졸 이하 153만 9천명(23.9%)순이었다.

비정규직은 정규직에 비해 임금에서부터 복지혜택에 이르기까지 차별을 받는다. 임금근로자의 2016년 6~8월 월평균 임금은 236만 8천원이었다. 이 중 정규직 근로자는 279만 5천원, 비정규직 근로자는 149만 4천원으로 비정규직 임금은 정규직의 절반 수준이었다. 이러한 임금격차는 근속기간의 차이, 급여구조 등 다양한 요인에서 비롯되었다.

급여구조의 경우 정규직과 비정규직 간에는 기본급의 차이도 있었지만, 비정규직의 경우 상여금과 성과급뿐만 아니라 각종 수당혜택도 지원받지 못하기 때문이다. 현 직장에서의 근속기간도 이들 간에는 커다란 차이가 났다. 임금근로자 평균 근속기간은 5년 9개월이었다. 이 중 정규직 근로자는 7년 5개월인 데 비해 비정규직 근로자는 2년 5개월에 불과했다. 이에 따라 정규직과 비정규직 근로자간 평균 근속기간은 5년의 차이가 났다.

근로복지 수혜 측면에서도 비정규직은 정규직의 절반도 누리지 못하고 있다. 퇴직급여, 상여금, 시간외 수당, 유급휴일 면에서 정규직의 경우 각각 85.5%, 85.4%, 58.4%, 74.3%가 누리고 있는 데 비해, 비정규직은 40.9%, 38.2%, 24.4%, 31.4%만이 혜택을 받고 있다. 사회보험 가입률 또한 비정규직은 정규직의 절반 수준에 불과했다.

비정규직 연금보험 가입율 비교

(2016. 8월. %)

구 분	국민연금	건강보험	고용보험
정규직	82.9	86.2	84.1
비정규직	36.3	44.8	42.8

자료: 통계청

비정규직의 노조가입 상황도 정규직에 비해 저조하다. 한국노동연구원에 따르면 2015년 노조가입률이 정규직은 16.5%인 데 비해 비정규직은 2.6%로 정규직의 1/6 수준에 불과했다. 이는 비정규직이 영세사업장과 비제조업 쪽에 몰려있는 현상과 관련이 높다. 다만, 비정규직 중에는 자발적으로 선택한 경우도 있으며, 전문직 등 일부 비정규직은 근로조건이 정규직보다 오히려 더 양호한 경우도 있다. 따라서 불합리한 차별은 주로 기간제·시간제·파견 근로자에서 발생하고 있다.

이처럼 비정규직 근로자가 많은 것은 바람직하지 않지만, 급속한 경제사회 환경 변화에 대응해 나가기 위해 비정규직 활용이 불가피한 측면도 없지 않다. 기업으로서는 인력수급 구조를 다양하면서도 탄력적으로 운용함으로써 경영의 효율성 제고와 인건비 절감을 기할 수 있다. 또 근로자 입장에서도 여성근로자들의 경우 일과 가정 양립 차원에서 파트타임 근로시간제를 활용할 수 있으며, 은퇴한 노인층도 근로 기회를 확보할 수 있게 된다. 전문 직업군에 속하는 근로자의 필요성을 충족할 수 있음도 물론이다.

그러나 이들이 불합리하게 차별되거나 취약계층에 대한 사회안전망이 누락되어서는 곤란하다. 물론 노동의 강도, 노동의 질, 권한과 책임의 차이 등 합리적 이유에 따른 차등 대우는 당연하다. 다만 동종·유사업무를 하면서도 불합리하게 차별대우를 받거나 취약계층이 사회안전망에서 누락되지 않도록 세심한 주의를 기울여 나가야 한다.

그렇다면 비정규직의 권익을 보호하고 더 나아가 비정규직 근로자를 줄여나가려면 어떻게 하여야 할까?

무엇보다도 비정규직 차별시정제도를 합리적으로 운용해 나가야 한다. 차별시정제도는 5인 이상 사업장의 사용자가 비정규직 근로자를 정규직 근로자에 비해 임금과 기타 근로조건 면에서 합리적인 이유없이 불리하게 처우하는 것을 금지하는 것이다. 이는 「기간제 및 단시간 근로자 보호 등에 관한 법률(기간제법)」과 「파견근로자 보호 등에 관한 법률」에서 새로이 도입되었다. '기간제법'에 의하면 비정규직 근로자를 보호한다는 취지에서 비정규직의 사용 기한을 2년으로 제한하고, 그 이상 일하면 정규직으로 전환시켜 주는 것으로 되어 있다. 그러자 기업들은 이 규정을 회피하기 위해 비정규직 근로자를 2년이 되기 전에 해고하는 관행을 보여 왔다.

　이러한 문제점을 해소하기 위해 2014년 정부는 기간제·파견노동자의 고용기간을 기존의 2년에서 최대 4년으로 늘리고, 또 파견노동의 범위를 대폭 확대하는 내용의 '비정규직 종합대책'을 내놨다. 정부는 이를 통해 비정규직 근로자의 근로기간을 연장할 수 있게 되며, 기업에게도 숙련된 근로자를 활용할 수 있는 기회가 확대됨에 따라 기업과 근로자에게 모두 도움이 될 것이라고 주장했다. 반면 양대 노총은 이 경우 비정규직을 고착화시켜, 비정규직을 줄이기보다는 되레 늘리게 되는 결과를 초래한다며 반발하였다. 이후 노사간의 첨예한 대립으로 진전을 보지 못하고 있다. 다만, 정부는 공공부문의 비정규직을 무기 계약직으로 전환하는 조치를 취하였다.

　비정규직 문제의 시정을 위해서는 이 차별시정제도의 합리적 개선과 함께 비정규직과 정규직 간 이동이 원활하게 이루어질 수 있도록 직업훈련 기회를 확충해 나가야 한다. 아울러, 사내하도급 근로자의 근로조건 개선 요구에 대한 방안도 조속히 마련되어야 한다.

　이러한 제도개선 및 정책적 지원과 병행하여 노사가 사회적 책임을 토대로 양보·협력하여 비정규직 문제 해결에 동참하도록 유도하는 등 상생협력의 문화 확산 또한 매우 중요한 과제이다.

불법 파업과 귀족노조

노동운동, 좀 더 구체적으로 말해 노동 3권은 「헌법」과 「근로기준법」 등이 인정하는 근로자의 기본권이다. 노동 3권이란 헌법에 명시된 근로자의 세 가지 기본 권리로서, 단결권, 단체교섭권, 단체행동권으로 구성되어 있다. 이 중 단체행동권은 흔히 노사분규의 형태로 일어나게 된다.

「노동조합 및 노동관계조정법」에서는 노동관계 당사자간 주장의 불일치로 인한 분쟁상태를 '노동쟁의'라 정의하고, 노동관계 당사자가 자기 주장의 관철을 위하여 파업 · 태업 · 직장폐쇄 등 행동으로 나올 때 이를 쟁의행위로 정의하고 있다. 그러나 사회 통념상 노사 당사자 간에 의견의 불일치가 있고 조만간 실력행사가 예견되면 그것을 노사분규라 부른다.

근로자의 단체행동에는 파업strike, 태업sabotage, 보이콧boycott, 피케팅 picketing 등이 있다. '파업'은 다수의 근로자가 근로조건의 유지 · 개선 등을 위해 집단적으로 노동의 제공을 거부하는 행위를 말한다. '태업'은 파업보다는 한 단계 아래의 집단행동으로 근로자들이 단결하여 의도적으로 작업능률을 저하시키는 행위를 의미한다. 그리고 '보이콧'은 사용자

또는 사용자와 거래관계에 있는 자가 생산하는 재화와 서비스의 이용 등을 거절하거나불매운동, 그들과의 근로계약 체결을 거절할 것을 호소하는 행위를 뜻한다. '피케팅'이란 파업에 참가하지 않는 근로자들의 사업장 출입 등을 저지하면서 피켓을 들고 파업에 협력할 것을 요구하는 행위를 가리킨다.

이러한 노동운동과 노동 3권은 관련법이 정하는 한도 안에서의 적법한 것이어야 법의 보호를 받을 수 있으며, 법을 어긴 불법행위는 처벌을 받게 된다. 그런데 우리 현실에서는 불법적인 파업이 자주 일어나 커다란 문제가 되고 있다. 즉 노동운동이 법이 보장하는 범위를 이탈하여 불법파업이나 폭력행위로 전개될 때는, 그 명분과 정당성을 확보하기 어렵고 사회적인 고통과 비판이 뒤따른다.

노사간의 갈등은 노사분규로 비화되고 지나칠 경우 회사가 문을 닫게 되며 근로자도 일자리를 잃게 된다. 특히 불법파업이 우리 경제사회에 끼치게 되는 피해는 실로 엄청나다.

무엇보다 생산 및 수출 차질이 우려된다. 피해 규모가 천문학적인 수준에 이르는 경우도 있다. 더욱이 파업을 거치면서 생겨날 수 있는 근로기강 해이와 생산작업 단절에 따른 부작용으로 인해 불량품이 양산되는 결과를 초래하기도 한다. 당연히 상품에 대한 국내외 소비자들의 신뢰가 떨어지고 평판이 나빠지게 된다. 이로 인해 가장 큰 이득을 보는 나라는 두말할 필요 없이 제조업 강국인 이웃 중국과 일본이다.

이는 결국 당사자인 기업과 근로자 모두의 공멸을 초래한다. 생산차

질과 제조원가 상승, 그리고 평판까지 나빠진 기업은 얼마 가지 않아 문을 닫을 수도 있다. 그렇게 되면 근로자들 또한 직장을 잃게 되는 것은 자명한 일이다. 모기업이 문을 닫으면 협력업체들도 덩달아 문을 닫게 되는 연쇄반응이 이어진다. 반대의 경우, 즉 협력업체가 파업을 할 경우에도 모기업이 부품공급의 애로를 겪게 되어 결국은 모기업의 생산라인이 멈추게 된다. 노조원들의 임금을 올려주기 위해서 하청업체들의 숨통을 더 조이는 경우도 생길 수가 있다.

다음으로 소비자와 일반 국민들이 경제적 손실과 큰 불편을 겪게 된다는 점이다. 노조원들에게 주어지는 임금은 결국 상품의 가격에 반영되고 소비자가 그 비용을 부담한다. 근로자들이 일한 만큼 보상을 받는 것은 당연하지만, 과도하다고 느껴질 때 소비자는 해당 기업의 상품을 외면하게 될 것이다.

그리고 파업기간 동안 제품을 구매하지 못하거나 서비스를 원활하게 받기 어려워 소비자들이 일상생활에 불편을 겪게 된다. 특히 철도, 항공, 화물, 의료 등 국민들의 일상생활과 밀접한 분야의 파업은 엄청난 피해와 불편을 끼치게 된다. 의약분업을 골자로 하는 「약사법」 개정 당시, 법 개정에 불만을 가진 의료계의 집단휴업으로 수많은 환자들이 고통을 받았으며 심지어 귀중한 생명을 잃기도 하였다.

불법파업 대처 과정에서 사회적 갈등구조가 심화된다는 점도 큰 문제이다. 불법파업 진압 과정에서 종종 노조와 경찰 간에 물리적 충돌이 일어나기도 한다. 이러한 과정을 거치면서 노사정 간에 반목과 불신의 골이 더 깊어지게 된다. 그리고 그 파장과 후유증은 우리 사회 전반으로

전이되기 마련이다.

이러한 노사간의 갈등 못지않게 근로자들 상호간 또는 노조 상호간의 반목과 질시, 이른바 '노노갈등'도 갈수록 심화되고 있다는 점 또한 큰 문제이다. 대표적인 예가 '귀족노조'의 불법파업이다. 좋은 근로조건에서 고임금을 받는 근로자들이 더 좋은 근로조건과 처우 향상을 목적으로 조직한 노동조합을 '귀족노조'라고 부른다. 금융, 공기업 등 대부분의 화이트칼라 업종에 종사하는 노조와 대기업에 속한 노조들이 이에 해당한다고 볼 수 있다.

열악한 환경과 박봉에 시달리는 근로자들의 파업은 설령 불법이더라도 힘없는 노동자들이 목소리를 내기 위한 방편이라는 점에서 그래도 공감이 가는 측면이 없지 않다. 그러나 소위 귀족노조의 불법파업을 바라보는 시선은 참으로 따갑다. 이들 귀족노조는 열악한 근로환경과 박봉에 시달리는 대다수 근로자들에게 상대적 박탈감을 주고 주눅 들게 한다.

이처럼 귀족노조원들이 더 많은 것을 요구하고 받아낼 때 그런 모습을 보게 되는 일반근로자들의 심경은 어떠할까? 아마 자신이 하는 일에 대한 의욕을 잃고 분개할 것이다. 더욱이 '88만원 세대'로 내몰려 있거나, 이 보다도 못해 오늘도 이곳저곳 직장 문을 두드리고 있는 취업준비생의 입장에서는 더욱 그러할 것이다. 이는 결국 근로자들 상호간, 또는 노조 상호간의 반목과 질시, 이른바 '노노갈등'을 증폭시키게 된다.

그러면 이러한 노사분규 완화책은 무엇일까?

첫째, 무엇보다도 우리 사회 전체가 상생의 협력 분위기를 조성해 나가야 한다. 작금의 글로벌 경제전쟁시대의 상황은 근로자와 기업 양자 간에 누가 이기느냐 하는 1:1의 승부가 아니다. 근로자와 기업이 한 팀이 되어 함께 이기느냐, 아니면 함께 패배자가 되느냐 하는 동반자의 게임이다. 앞으로도 불법적인 파업이 계속 이어진다면 우리 경제는 무한경쟁 시대에서 살아남기 어렵고 결국 국가 전체가 거덜나고 말 것이다. 따라서 대립과 갈등의 노사관행을 버리고 동반자적 관계를 구축해 나가야만 한다.

둘째, 기업의 노사관이 개선되어야 한다. 기업은 근로자를 기업경쟁력을 형성하는 가장 중요한 인적자원으로 인식해야 한다. 21세기 지식경제에서는 창의성과 독창적인 아이디어가 경쟁력을 결정하는 핵심요소가 되고 있다. 따라서 기업이 창의적인 능력을 지닌 양질의 인력을 얼마나 확보하느냐 하는 것이 더욱 중요한 과제가 되고 있다. 이를 위해 근로자들을 교육하고 훈련시키는 데 보다 많은 투자가 이루어져야 할 것이다.

셋째, 노동조합 또한 합리적인 태도를 견지해야 한다. 노동조합도 과도한 노사분규 행위는 결국 일자리와 기업투자 감소로 이어지므로 노동자에게 손해가 된다는 것을 인식해야 한다. 그리고 눈앞의 이익을 추구하려다 모든 것을 잃게 되는 우를 범하지 말아야 한다. 과도한 노사분규로 공장이 문을 닫거나, 해외로 공장을 이전하게 되면 근로자는 일자리를 잃게 된다. 특히 불법파업은 그 명분과 정당성을 확보하기 어렵다.

따라서 노조측도 자신들의 삶의 터전인 기업의 발전을 위해서 생산성 및 품질 향상에 힘써야 한다.

　끝으로 최고경영진들의 임금을 제한해야 한다는 주장도 제기되고 있다. 노사갈등은 근로자인 '노'와 경영자인 '사'가 서로 자기들의 몫을 조금이라도 더 키우려는 욕심에서 비롯된다. 그리고 경영진의 과도한 연봉문제도 근로자를 자극하는 하나의 요인이 될 수 있다. 미국을 위시한 자본주의 국가 최고경영자CEO와 근로자의 평균급여 차이가 갈수록 크게 벌어지고 있다. 미국 대기업 CEO들의 2015년 평균보수는 1,550만 달러로 직원의 276배였다고 미국 경제전문 매체인 『마켓워치』가 보도했다. 우리나라에도 100억원에 달하는 초고액 연봉자가 십 수 명에 달한다고 한다.

　이에 국제사회에서는 기업의 임원보수 등 최고임금 상한선을 두는 일명 '최고임금제한법' 도입에 관한 논의가 이루어지고 있다. 논의가 시작된 것은 2008년 금융위기 때부터다. 당시 많은 금융회사 임원들은 그들의 잘못된 경영행태가 금융위기를 불렀음에도 불구하고 지나치게 많은 보수를 챙겨 국민들로부터 격한 비난을 받았다.

　스위스에서도 2013년 '최고 임금제' 도입을 두고 국민투표가 진행되었다. 당시 스위스에서는 CEO의 보수를 일반 평사원의 12배 이내로 하도록 강제할 것을 두고 투표에 부쳤다. 비록 이 법안은 부결되기는 했지만 투표 참가자 35%의 지지를 얻었다. 그 불씨는 꺼지지 않고 여전히 지속되고 있다.

6. 남녀갈등과 유리천장

유리천장과 한국 여성의 삶

한국 사회는 다른 어떤 나라보다도 급격한 변화의 물결을 겪어왔다. 이 변화는 비단 외형적인 부분에만 국한되지 않는다. 우리의 오랜 전통과 가치관, 그리고 삶의 태도마저 변화시키고 있다. 과거에 비해 남녀 평등 문화가 확산되고 개인의 독특한 생각과 취향이 존중받고 있다. 전통적인 가족체계와 가부장적 사고에도 균열이 생기고 있다. 부모를 모시고 사는 것이 더 좋다는 생각은 줄어들고, 결혼하지 않고도 행복하게 살 수 있다는 시각은 강해진 것으로 나타났다. 여성의 행복은 남편에게 달려있다는 구시대적 인식도 감소했다. '자녀의 성공'이 곧 '부모의 행복'이라는 오랜 관념도 전반적으로 엷어지고 있다.

이러한 사회상의 변화를 '2016 통계로 보는 여성의 삶'을 통해 살펴본다.

우리나라 총인구는 2015년 기준 5,080만명이며, 이 중 여성인구가 2,542만명으로 전체의 50.0%를 차지한다. 여성인구는 특히 60대 이상에서 남성에 비해 상대적으로 많았는데, 고령층으로 갈수록 증가폭은 더욱 커진다. 여성가구주도 늘어나 10가구 중 3가구꼴로 여성이 가구주인 것으로 나타났다. 여성가구주 비율은 1990년만 해도 15.7%에 불과했지만, 2000년 18.5%, 2010년 25.7%, 그리고 2015년에는 28.9%로 꾸준히 증가해 왔다.

결혼문화도 많은 변화를 겪고 있다. 2015년 여성의 평균 초혼연령이 30.0세로 처음으로 30대에 진입하면서 늦어지는 결혼문화를 엿볼 수 있었다. 특히, 결혼을 꼭 해야 한다고 생각하는 미혼여성은 전체의 38.7%에 불과했다. 여성의 결혼 연령이 늦어지면서 이른바 연상연하 커플도 늘고 있다. 2015년 초혼 부부를 기준으로 총 혼인 건수 23만 8,000건 중 여성이 연상인 경우가 3만 9,000건으로 전체의 16.3%를 차지했다. 동갑내기 부부(16.0%)보다 큰 비중이다.

여성의 대학 진학률과 고용률 등 사회진출의 기회도 늘어나고 있다. 특히 대학 진학률에서는 여학생이 74.6%에 달하고 있어 남학생의 진학률을 뛰어넘는다.

그러나 이러한 외형적인 여성의 사회진출 확대와 지위 향상에도 불구하고 여성이 가정과 사회생활을 해나가는 데는 여전히 차별과 편견이 존재한다. 이런 현상은 우선 가정에서부터 나타나고 있다. 부부가 똑같이 직장생활을 하더라도 가사와 육아에 대한 책임은 여전히 남자에 비해 여자가 훨씬 더 큰 편이다.

직장과 사회에서도 임신여성에 대한 편견이 심할 뿐 아니라, 보육시설 또한 턱없이 부족하다. 직업을 이야기할 때 사용되는 용어들조차도 여성차별이 느껴진다. 남성은 그저 배우, 선생, 경찰 등으로 불리지만 여성은 여배우, 여경, 여선생으로 불리고 있다. 그리고 근로조건, 승진과 승급에 있어 여성직장인에 대한 보이지 않는 차별제도인 '유리천장glass ceiling'이 아직 매우 높은 실정이다.

유리천장이란 개인의 능력과 자격이 충분함에도 불구하고 성차별이나 인종차별, 고연령 등의 이유로 직장에서 고위직을 맡지 못하고 보이지 않는 장벽에 부딪치게 되는 현상을 뜻한다. 특히 여성에 대한 성차별 문제를 다룰 때 주로 사용되고 있다.

미국을 위시한 주요 선진국에서는 이 유리천장을 낮추기 위한 노력을 추진해 오고 있다. 우리 사회에서도 여성의 사회 진출을 막는 불평등 요인을 제거하기 위한 법률이나 제도를 도입하는 등 노력을 해오고 있지만, 유리천장은 여전히 존재한다.

2016년 3월 8일 '세계 여성의 날'을 앞두고 영국 주간지 『이코노미스트』가 조사해 발표한 '유리천장 지수'에서 우리나라는 100점 만점에 25점으로 OECD 회원국 가운데 최하위인 29위를 기록했다. '유리천장지수'란 나라별로 여성들의 고위직 진출을 가로막는 방해 요소를 수치화한 것이다. 같은 조사에서 우리는 2013년부터 4년 연속으로 최하위를 기록했다. 종합점수 순위를 보면, 아이슬란드가 종합 점수 82.6점을 받아 1위를 기록했고, 노르웨이(79.3점), 스웨덴(79점), 핀란드(73.8점), 헝가리(70.4점) 등이 뒤를 이었다. OECD 평균은 56점이었다. 일본은 28.8점으로 27위, 터키는 27.2점으로 28위를 기록했다.

이 조사결과에 따르면 우리나라 남녀 임금격차는 OECD 회원국 중 가장 컸다. 우리나라 성별 임금격차는 36.7%로 OECD 평균(15.5%)의 2배에 이르렀고, 노르웨이(6.3%)와 비교하면 다섯 배를 넘었다. 또 우리나라의 기업 이사회 내 여성비율은 2.1%로, OECD 평균인 18.5%에 한참 못 미쳤다.

우리나라 여성의 유리천장 실태를 좀 더 구체적으로 알아보자.

우선 취업률 면에서 남녀간 격차가 크다. 얼마 전부터 여성들이 취업 전선에 뛰어들고 있는 현상이 일반화되고 있기는 하다. 그러나 이런 상황 속에서도 2015년 남성 고용률이 71.1%인 데 비해 여성은 49.9%로 무려 20%포인트 이상 차이가 나고 있다.

여성들은 설사 취업을 한다고 하더라도 비정규직인 경우가 많다. 전체 임금근로자 중에서 비정규직이 차지하는 비중이 남자의 경우 26.4%인데 비해 여자는 41.1%에 달했다. 2016년 8월 기준 여성근로자 861만 9천명 중 41.1%인 353만 8천명이 비정규직 근로자다. 그리고 모든 연령대에서 여성이 남성보다 비정규직 비중이 높았다.

남녀간의 임금격차도 여전하다. 1인 이상 사업체의 2015년 여성월평균 임금은 178만 1천원으로 남성 임금의 62.8% 수준에 그쳤다. OECD에 따르면(2014년 기준) 우리나라는 여성근로자 중 임금 중위 값의 2/3 미만을 받는 비중이 37.8%에 달해, OECD 비교 가능한 22개국 중 격차가 가장 컸다. 주요국과 비교해보면 차이는 더욱 두드러진다. 미국은 29.5%, 영국 27.0%, 독일 25.9%, 일본 25.5%로 우리보다 약 8~12%포인트 낮았다.

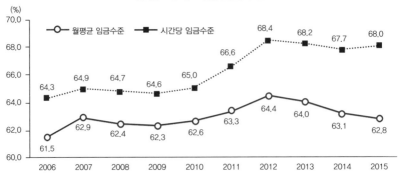

남성 대비 여성임금수준

(%)

자료 : 고용노동부, 「고용형태별 근로실태조사보고서」

이와 함께 사회보험 가입률 또한 여성 근로자는 남성 근로자에 비해 취약하다. 통계청에 따르면 2015년 4월 기준 여성 임금근로자는 국민연금 62.3%, 건강보험 64.6%, 고용보험 62.4% 가입한 것으로 나타났다. 물론 여성근로자의 사회보험 가입률이 증가하고 있기는 하지만 여전히 남성 근로자에 비해 매우 낮은 실정이다.

이처럼 여성의 고용 질이 낮아진 데에는 결혼·출산 등으로 인한 경력 단절이 가장 큰 원인으로 지목되고 있다. 여성취업의 가장 큰 장애요인으로는 남녀 모두 육아 부담(47.5%)을 꼽았으며, 이어 여성에 대한 사회적 편견 및 관행 순으로 나타났다.

이제는 여성인력을 남녀 평등이라는 상징적 차원을 넘어 방치돼 있던 인적자원의 활용이라는 경제적 차원으로 접근할 필요가 있다. 그동안의 남성중심 사회체제에서 미개발 인적자원이었던 여성인력을 잘 활용해야 우리 경제가 도약할 수 있다는 의미이다. 이미 남성인력의 활용은 포화상태에 이른 현실에서, 숨겨져 있는 여성인력을 활용하면 우리 경제

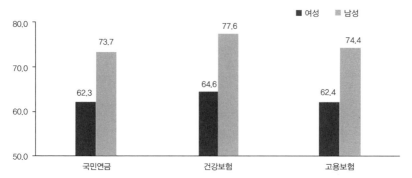

사회보험 가입률

■ 여성 ■ 남성

자료 : 통계청, 「지역별고용조사」

에 새로운 가능성을 제시해줄 수 있다.

　20세기 서구사회의 성장은 여성들의 사회적 · 경제적 진출과 비례해서 이루어져 왔다. 이제 우리도 성장의 한계에 직면한 경제의 성장동력을 여성인력 활용에서 찾아야 한다. 특히 여성의 섬세함과 부드러운 자질을 필요로 하는 직종은 얼마든지 많다.

좁아지는 남자의 입지

산업화사회에서는 '여자는 가정, 남자는 일터'라는 성별분업이 기본적인 사회적 분업으로 자리 잡았었다. 우리나라도 예외는 아니었다. 유교사상에 젖어 있던 우리는 오히려 더 심각했다.

불과 십 수년 전까지만 해도 우리 사회는 거의 완벽한 남자 중심의 사회였다. 아들 선호사상이 팽배해 엄마는 자신의 건강상태는 개의치 않고 아들은 낳을 때까지 아이를 낳았다. 아들을 가지기 위해서 축첩까지도 용인되는 분위기였다. 남편 또는 가장으로 남자의 권위와 위세가 대단했다. 집안 경제권을 틀어쥐는 것은 물론 모든 대소사의 최종 결정권자였다. 자녀들은 아버지가 밥술을 뜨기 전까지는 아무도 음식에 손을 대지 못했다. 또 자녀들이 조금이라도 아버지의 기분을 상하게 할 경우에는 불호령이 떨어졌다. 유산상속에서도 여자들은 차별을 받았다.

직장을 구하는 일도 남자들만의 경쟁이었다. 물론 당시에도 직장 구하기가 쉽지는 않았다. 그래도 그때는 여자들이 적극적으로 사회참여에 나서지 않았기 때문에 지금처럼 여자들과도 치열하게 경쟁해야 하는 구조는 아니었다. 직장생활도 남자들의 세상이었다. 사무실에서 여자직원이 차 심부름을 하거나 허드렛일을 해주었기에 남자직원은 나름 편하게 업무수행을 할 수가 있었다. 직원 회식자리에서 거리낌 없이 여성들을 대상으로 성적인 농담을 하면서도 성희롱이라는 의식은 아예 없었다. 오히려 남자들 사이에서는 유머러스한 사람으로 여겨지기도 하였다.

정치판은 완전히 남자들의 독무대였다. 여성의 선거권은 인정되고 있었지만 피선거권 즉 정치에 직접 뛰어드는 것은 상상하기 어려웠다. 여자들은 정치를 논하는 그 자체마저도 거의 금기시되고 있었다. "암탉이 울면 재수가 없다"는 비아냥거림이 당연하게 받아들여지고 있었다. 남자 뒷바라지 역할에 충실한 것이 그 당시 여자의 본분이자 미덕이었다. 한 마디로 남자는 여자보다 우월한 존재라는 통념아래 남녀차별은 당연한 것으로 받아들여졌던 것이다.

그런데 점차 여권신장의 사회 분위기가 확산되기 시작하면서 이제는 남성과 여성은 동등한 인격체라는 인식이 널리 자리 잡고 있다. 우선 가정에서 남자의 위상이 달라지고 있다. 이제 가장이라고 해서 예전처럼 제왕적 권위를 내세우거나 가정의 경제권을 틀어쥐는 일은 거의 불가능하다. 유산상속 면에서도 남녀차별이 철폐되었다. 여기에 딸이 아들보다 부모에게 더 많은 효도를 한다는 인식이 확산되고 있다. 직장에서도 여자직원들과 실력으로 치열하게 경쟁해야만 한다. 그러다보니 이제 남아선호가 아니라 여아선호 사상이 대세를 이룬다. 어떤 면에서는 여권신장을 넘어서 남성이 오히려 약자의 위치에서 역차별을 받기도 하는 형국이다.

남자들은 특히 은퇴를 하고 나면 가정에서의 위상이 크게 달라져 있다는 것을 뼈저리게 실감하게 된다. 직장생활을 하는 동안은 그나마 경제권을 지닌 아버지가 대우를 받으며 살아왔다. 그런데 직장을 그만두면서 경제력이 떨어지자 집안에서의 역할과 위상이 애매해졌다. 아내와 아이들이 아버지를 슬슬 피하는 분위기다. 심할 경우 생각이 꽉 막힌 꼰대라서 말이 통하지 않는다며 왕따를 시킨다.

젊은 남자들도 가정사에서 역차별을 받는 경우가 있다. 언제부터인가 우리나라에서는 남녀가 결혼할 때 으레 남자는 집, 여자는 혼수를 장만하는 것으로 역할을 분담하는 것이 하나의 결혼풍속도처럼 되어 있다. 이에 대해 많은 젊은 남성들은 역차별이라고 하소연을 하고 있다. 왜 남자가 여자에 비해 훨씬 많은 결혼비용을 부담해야 하는 것일까? 이는 남녀갈등의 문제에 국한되는 것이 아니라 우리 사회 전반의 혼례문화 개선을 위해서도 시정되어야 할 과제이다. 혼례비용은 가급적 상호 공평하게 분담하되 신랑신부가 서로의 처지를 이해하고 배려하는 차원에서 이루어져야 한다.

직장생활 면에서도 남자들의 설자리가 점차 좁아지고 있다. 그동안 남자들의 독무대였던 취업전선에 이제 여자들이 본격적으로 뛰어듦에 따라 경쟁이 과거보다 두 배 더 치열해지게 되었다. 더욱이나 남자들은 한창 공부하고 일할 나이에 짧지 않은 기간 동안 의무적으로 군복무를 해야 한다. 그만큼 시간이나 기회라는 측면에서 여자들보다 불리하다. 그래서 남자 취업준비생들은 여자에 비해 역차별을 받고 있다며 병역의 의무를 이행한 군복무자에게 가산점을 주는 '군가산점제도'를 부활해야 한다고 주장한다.

사실 남자들이 군복무를 마치기 위해서는 최소한 21개월이 필요하다. 군입대를 위한 준비기간까지 포함할 경우 그 기간은 훨씬 더 길어지게 된다. 그 기간 동안 군입대를 하지 않은 여자들은 자신을 위한 투자를 통해 남자들에 비해 우위의 취업경쟁력을 가질 수 있게 된다는 논리다.

군가산점제도는 1999년 헌법재판소에 의해 위헌 판결이 내려졌다. 요지는 "군가산점은 합격 여부에 결정적 영향을 미친다. 이는 제대군인에 비하여 여성및 제대군인이 아닌 남성을 비례성 원칙에 반하여 차별하는 결과를 가져온다. 따라서 군가산점 제도는 헌법이 보호하고자 하는 고용상의 남녀 평등, 장애인에 대한 차별금지라는 헌법적 가치를 침해한다."는 것이었다.

그럼에도 불구하고 헌재의 판결 내용은 기존의 제도가 과도하다는 지적일 뿐이지, 제도 자체가 위헌이라고 명시한 것은 아니라며 군가산점을 부활해야 한다는 주장이 끊임없이 이어지고 있다.

남자 직장인들은 어렵사리 구하게 된 직장에서도 생활하기가 점차 더 팍팍해지고 있다. 유리천장이 조금씩 내려앉기 시작하고 있기 때문이다. 이제는 승진을 위해서 남자직원뿐만 아니라 여자직원들과도 치열한 경쟁을 치러야 한다. 여자직원과의 관계에서도 매사에 언행을 조심해야 한다. 예전에는 자연스럽게 했던 언행이 이제는 까딱하면 성희롱이나 성추행이 될 수도 있기 때문이다.

그러나 이처럼 가정과 사회에서 여자의 지위가 높아진다고 해서 남자들이 너무 위축될 필요는 없다. 여전히 남자들의 존재 이유와 감당해야 할 몫이 따로 있기 때문이다. 더욱이 지금의 중·노년 남성들은 한 집안의 가장으로 본분과 소임을 다해 왔을 뿐만 아니라, 우리 대한민국을 잿더미 속에서 세계 11대 경제대국으로, 또한 7대 무역대국으로 건설하는 선봉장 역할을 수행해 온 장본인들이다. 그러기에 그들은 가정과 사회에서 존경과 대우를 받을 가치가 충분히 있다.

50대를 넘어선 지금의 중·노년 남성들은 한 집안의 가장이자 아버지로서 가족들을 먹여 살려야만 하는 책임감을 항상 안고 살아왔다. 그들은 하늘의 별따기만큼이나 어려웠던 직장을 구해내야만 했다. 또 어렵사리 직장을 구했다 하더라도 직장생활은 그 직장을 구하는 것 이상으로 어려웠다. 애당초 휴일이란 생각을 할 수가 없었고 거의 매일을 야간작업 속에서 살아야만 했다. 직장에서 발령이 나면 혈혈단신으로 뜨거운 모래바람이 몰아치는 중동으로 떠나야만 했다.

1997년 말 우리에게 닥친 전대미문의 경제위기 회오리 속에서 수많은 아버지와 가장들이 직장을 잃게 되거나 자신의 사업체 문을 닫아야만 했다. 결코 자신들이 잘못한 일이 아닌데도 이들은 속절없이 거리로 내몰렸고 실업자가 되거나 노숙자가 되기도 했다. IMF에서 구제금융을 받아 간신히 국가부도 사태를 면한 우리나라는 그후 재기를 향한 뼈를 깎는 노력을 통해 빠른 속도로 위기를 극복하였다. 이 엄혹한 시기에 역할을 한 이들 역시 당시의 아버지와 가장들 즉 지금의 중·노년이었다

.

'기러기아빠'라는 말은 세상에서 우리나라에만 있는 독특한 조어造語이다. 자녀들을 해외유학 보내면서 뒷바라지하기 위해 아내도 함께 딸

려 보내고, 아버지 홀로 한국에 남아 비싼 학비와 생활비를 대기 위해 열심히 일한다. 단칸방에서 곤궁하게 살다가 돌봐주는 이 없이 홀로 세상을 떠나는 기러기아빠의 사연이 알려지기도 했다,

이처럼 자식을 위해 자신의 인생을 포기해 버리는 아버지로서 그리고 가장으로서의 모습은 어쩌면 새끼들을 위해 자신의 모든 것을 희생하는 수컷 '가시고기'와 다르지 않다.

여성혐오현상과 우먼파워

2016년 5월, 서울 강남역 인근 노래방 화장실에서 20대 여성이 살해당했다. 구속된 범인은 범행 동기에 대해 "평소 여성에게 무시당했다"고 진술하였다. 이 사실이 알려지자 여성들은 "한국 사회에 팽배한 여성혐오 현상을 없애자"며 이례적인 추모 열기를 보였다. '여성혐오' 논쟁의 시작이었다.

이에 일부 남성은 "우리는 여성을 혐오하지 않는데 잠재적 가해자로 매도하지 말라"며 반발했다. 온라인을 중심으로 남녀갈등의 불씨가 던져졌고, 이러한 분위기는 그 이후 오랜 동안 사그라지지 않고 오히려 확산되어가고 있다.

가부장제 사회에서 남성들의 '여성혐오'는 '성차별'의 다른 이름이다. 아직 적지 않은 남편들이 아내를 구타하고 있으며, 많은 남성들이 여성의 몸을 매매하고 학대하며 성폭행을 저지른다. 이 때문에 여성들은 어두운 밤길이나 인적이 드문 길은 자유롭게 걸어 다닐 자유조차 없다. 아내 구타, 성폭력, 성매매로 대변되는 이 같은 여성폭력이야말로 우리 사회에 만연한 '여성혐오'의 실체다.

이 밖에도 우리 생활 가운데는 '김치녀', '된장녀', '김여사' 등 여성을 조롱하거나 비하하는 용어들이 적지 않다. 이들은 모두 개념 없는 여성이란 뜻을 암묵적으로 지니고 있다. '된장녀'란 해외 명품을 좋아하지만 정작 본인은 금전적으로 소화하기 어려워서 주변 남자나 부모에게 의존하는 여자들을 조롱해서 하는 말이다. '김치녀'란 여성으로서의 권리만 주장하고 의무와 책임은 남자 탓으로 돌리거나 불리할 때만 남녀평등을 주장하는 여자, 돈을 위해서 남자를 만나는 여자 등 상식에 벗어나는 여성들을 비하하는 용어로 사용되고 있다. 교통법규를 안 지키고 운전을 제멋대로 하는 여성을 가리키는 '김여사' 또한 여성을 비하하고 조롱하는 용어이다.

한편, 이 여성혐오와 대척점에 서있는 '남성혐오' 현상은 남성에 대한 혐오와 증오를 말한다. 남성을 대상으로 한 성차별, 명예훼손, 성폭력, 성적 대상화 등 다양한 방법으로 나타나고 있다. 우리 주변에서 이 남성혐오 풍조는 '한남충', '김치남', '씹치남' 등의 용어로 대변되고 있다. '한남충'은 벌레 같은 한국 남자라는 뜻이고, '김치남'은 김치녀에 대응하는 개념으로 만들어진 단어이다. 또 '씹치남'은 김치남을 더욱 비하하기 위해 욕을 덧붙여 만든 용어라고 한다.

그러면 이러한 여성혐오 현상은 왜 나타나게 되었으며, 날이 갈수록 심화되는 이유는 무엇일까? 근원적인 이유는 여성들의 사회진출이 확대되고, 이로 인해 남성들의 입지가 좁아지게 되었다는 데서 비롯되고 있다. 남성들은 그동안 우리 사회를 지배해온 가부장적 이데올로기를 포기하고 싶지 않은데, 현실은 전혀 그렇지가 못하다.

더욱이 우리나라는 아주 짧은 기간 안에 여성파워가 놀라울 정도로 커져왔다. 그러자 남성들은 그동안 차지하던 영역을 여성들이 넘보고 기존에 누리던 혜택을 여성들이 빼앗을지도 모른다는 불안감에 휩싸이게 되었다. 남성들은 이에 위협을 느끼게 되었고 더 이상 여성보다 우월적 지위를 보장받을 수 없는 현실에 대한 반감을 지니게 되었다. 이것이 여성혐오 현상으로 나타나게 되었다는 것이 전문가들의 분석이다.

21세기의 대한민국은 '당당한 여자'와 '강한 여자' 신드롬에 빠져 있다고 해도 과언이 아니다. 과거 오랫동안 착하고 순종적인 여자가 사회의 표준이 되어왔다면, 지금은 강하고 당당한 여자가 사회적 표준이 되고 있다. 즉 자신의 감정을 솔직하게 표현하는 당당하고 강한 여자는 현대적 의미의 달라진 여성상을 반영하는 동시에, 진취적이고 창의적인 자세로 우리 사회 각 분야에서 활약하고 있다.

우리나라의 우먼파워는 나날이 강해지고 있다. 우선 가정에서 여성의 지위가 높아졌다. 그동안 대세이던 남아선호 사상보다는 여아선호 경향이 뚜렷해지고 있다. 의사결정권도 여성우위로 흘러가고 있는 추세다. 이는 가정경제권을 여성이 쥐고 있기 때문이다. 이러한 경향은 남편 월급이 은행통장을 통해 입금되면서부터 크게 확산되어 갔다고 볼 수 있다. 현금이 담긴 월급봉투가 남편의 손을 통해 아내에게 전달되던 시기에는 그래도 가정경제 주도권을 남편이 쥐고 있었다.

경제권까지는 아니라도 적어도 '소비권력'만큼은 여성에게로 넘어간 것이 분명하다. 소비시장에서 남성의 선호보다 여성의 선호가 훨씬 더 많이 반영되고 있다. 백화점들은 남성고객보다는 여성고객을 겨냥하고 있으며 실제로 여성고객의 구매력이 훨씬 크다.

여성의 사회적 지위도 크게 향상되고 있다. 그동안 여성들은 가정에서 자녀들을 키우며 남편의 뒷바라지를 하는, 사회생활과는 일정한 거리를 두는 소비주체 정도로만 인식되어 왔다. 그러나 이제 여성들도 숨은 잠재력과 열정을 깨워 경제활동에 적극 참여하는 생산주체로 인식하는 분위기가 확산되고 있다.

사실 1980년대까지만 해도 여성의 대학 진학률은 그리 높지 않았다. 또 설사 대학을 졸업하더라도 고학력 여성들은 직장을 구하기보다는 가문 좋은 집으로 시집을 가서 집안 살림살이에 전념하는 것이 관례이자 여성에게 지워진 하나의 굴레였다. 경제적으로 곤궁해서 돈을 벌어야만 하는 경우가 아니면 대졸여성이 직업전선에 뛰어드는 일은 그리 흔치 않았다. 그러다보니 여성이 직장생활을 하는 것에 대한 인식이 썩 좋지 않았고 편견마저 따랐다. 직장에서 고위직으로 승진하는 것은 상상하기 힘들었다.

그러나 이제는 달라지고 있다. 여자들의 사회적 지위가 높아지고 있다. 여성의 사회참여 확대는 무엇보다 교육부문에서 확연히 나타나고 있다. 2015년 여학생의 대학 진학률은 74.6%로 남학생(67.3%)보다 7.4%p 높았다. 또한 전문대학과 4년제 이상 대학의 경우 모두 여학생 진학률이 높았다. 초등학교 교사는 4명 중 3명(76.9%)이 여성이고, 여성교장의 비율도 지속적인 증가 추세로 초등학교 여성교장의 경우 28.7%에 달했다.

여성의 경제활동 참가율도 크게 신장하고 있다. 1965년에는 전체 여성의 37.2%만이 경제활동에 참여했지만 지난 40여 년간 꾸준히 증가해 2015년에는 절반에 가까운 51.8%가 경제활동을 하고 있는 것으로 나타났다. 특히 대학 졸업생인 20대 여성(20~29세)의 참여율은 64.4%에 달했다. 능력도 남성에게 뒤지지 않거나 오히려 뛰어나 대기업 취업시험 상위권은 여성이 거의 독차지하고 있다.

우먼파워의 질 또한 크게 달라졌다. 우선 여성이 종사하는 분야가 기존의 단순노무직에서 전문직으로 그 범위가 넓어졌다. 특히 국회의원과 고등고시 합격자 등 고위직 관료나 의사, 한의사 등 전문직 종사자가 많이 늘어났다. 2015년 공무원 채용시험의 여성합격자 비율은 행정고시 48.2%, 사법시험 38.6%였고, 외교관 후보 선발시험에서는 64.9%로 절반이 넘었다. 2015년 여성의사는 24.7%, 여성약사는 63.8%의 비중을 차지하였다.

그리고 얼마 전까지만 해도 남성중심의 조직사회에서 여성들이 중간관리자까지 올라가기만 해도 대단한 뉴스거리가 됐으나, 요즘은 아주 흔한 일상이 되어 버렸다. 이제는 중간관리자를 넘어 주요 기관의 장들이 여성으로 채워지는 그야말로 진정한 의미의 우먼파워시대가 오고 있다.

정치 분야에서 여성정치인의 파워가 강해지고 있음은 주지의 사실이다. 미국보다 먼저 여성대통령이 탄생하였고, 여성정치인들이 주요 정당의 대표로 활약하고 있다. 여성장관들도 다수 있다. 국회의원도 절반이상을 여성으로 채워야 하는 비례대표뿐만 아니라 다수의 지역구 의원들이 포진하고 있다. 또 그 어느 분야보다도 금녀의 벽이 특히 높았던

군에서도 2001년 첫 여성장군이 배출된 이래 10명의 여성들이 준장 계급을 달았다. 이제 여성 군사령관과 국방장관이 탄생할 날도 머지않아 보인다.

경제계 또한 전반적으로 여성CEO가 늘어나고 있으며, 재벌기업과 보수적 인사 관행이 강한 금융계에서도 고위직이 빠르게 증가하고 있다. 여성이 스스로 창업하여 사장이 되는 사례 또한 흔히 볼 수 있게 되었다. 공공기관 및 500인 이상 대규모 사업장의 여성관리자 비율은 2006년 10.2%에서 2016년에는 20.1%로 거의 2배나 증가한 것으로 나타났다.

스포츠와 예능 분야에서 우리나라의 여성파워는 가히 독보적이다. 여자 LPGA 골프는 우리 선수들이 우승을 휩쓸고 다니고 있으며, 음악계에서도 사라 장, 조수미 등 세계적으로 명성을 떨치고 있는 여성이 한둘이 아니다.

최근 갈수록 고조되고 있는 남녀갈등 현상은 그동안 우리 경제사회에 깔려 있던 가부장제라는 역사적·문화적 전통과 구조적 문제에서 비롯되고 있다. 더욱이 일자리 부족은 이를 한층 더 증폭시키고 있다. 따라서 남녀갈등 현상은 조만간 끝나지 않고 앞으로도 상당기간 지속될 것으로 보인다. 다만, 잠재된 분노보다는 드러난 갈등이 오히려 더 나을 수가 있다는 견해도 없지 않다.

이제 우리 경제사회가 보다 성숙해지고 또 지속적인 발전이 이어질 수 있도록 하기 위해서는 남녀갈등을 완화시켜 나가야 한다. 서구사회에서의 남녀갈등 완화 노력은 페미니즘feminism 사조의 진전과 맥락을 같이하여 왔다. 페미니즘이란 여성중심적, 여성지향적인 의식을 뜻하며, 20세기 초 여성참정권 운동에서 시작되었다. 이후 남성중심적인 가부장제로 인해 억압받고 있는 여성을 해방시키고자 하는 정치적 실천과 담론의 집합을 지칭하는 용어로 활용되고 있다.

　우리 또한 남녀갈등 완화를 위한 노력을 한층 더 강화해 나가야 한다. 이를 위해 남녀는 상대방의 입장을 서로 존중하며 상생과 공존할 수 있는 분위기를 조성해 나가야 한다. 특히 남성들의 인식 변화가 중요하다. 우먼파워가 커지고 있는 현상을 그동안 우리 사회가 지나치게 남성 위주로 돌아간 데 대한 반성과 함께 이를 정상화시켜 나가는 과정으로 이해해야 한다. 다시 말해 양성평등이란 가정과 사회에서 일어나는 일들을 남녀가 공동으로 책임을 지고 해결해나가는 과정을 뜻한다. 이를 통해 남성들은 그동안 자신이 주로 졌던 무거운 짐을 다소 덜 수 있게 된다. 이는 결국 남성과 여성이 함께 발전하는 상생의 길이 되는 것이다.

늘어나는 황혼이혼

남녀가 만나 사랑을 하면 둘이서 장래를 같이 하겠다는 표시로 결혼을 하게 된다. 이런 의미에서 결혼이란 남녀가 결합하여 사회가 인정하는 절차에 따라 부부가 되는 의식과 습속을 뜻한다. 즉, 결혼이란 배우자 양쪽의 선택에 대해 가족이나 사회가 승인했음을 말해주는 것이며, 배우자와 자녀의 행복에 평생 마음을 바쳐 힘쓰고 책임을 다하는 일에 따르는 어려움과 희생을 받아들인다는 것을 의미한다. 그래서 결혼을 '인륜지대사人倫之大事' 라고들 한다.

그런데 우리는 주변에서 이 사랑의 언약과 인륜지대사가 헌신짝처럼 파기되고 망가지는 것을 심심찮게 볼 수가 있다. 결혼생활 가운데 발생하게 되는 남녀간의 갈등은 마침내 결혼 상태를 무효화시키는 절차인 이혼으로 치닫게 하며, 그 결과 가정은 쑥밭이 되고 만다. 이런 세태를 빗대어 누군가 말하기를 결혼은 판단력이 부족해서, 이혼은 인내력이 부족해서, 그리고 재혼은 기억력이 부족해서 하게 된다며 일침을 놓기도 했다.

통계자료에 의하면 우리나라의 이혼 건수는 얼마 전 부터 점차 줄어들고 있다. 2015년 이혼은 10만 9,200건으로, 2014년의 11만 5,500건에 비해 5.5% 감소하였다. 그러나 이처럼 이혼 건수가 줄어든 이유는 기본적으로 결혼 건수가 줄어든 데 기인한다. 지난 십 수 년 동안 결혼하는 인구가 줄어들었고 이에 따라 이혼 건수도 줄어들 수밖에 없었다. 더군다나 지금의 이혼 건수는 2000년에 비하면 크게 늘어난 상태이며, OECD국가들과 비교하더라도 상대적으로 높은 이혼율을 보이고 있다.

시대가 변하면서 사회적 관계와 가치관도 달라져서 가족형태도 크게 변화하고 있다. 특히 '나 홀로 세대'가 늘어나고 있다. 결혼과 이혼에 대한 인식도 예전과 크게 달라지고 있다. 사회구성원들의 생각이 변화하듯이 이혼 사유 역시 점점 변화되고 있다. 1950~90년대에는 배우자의 외도와 배우자 직계가족과의 갈등이 중요한 이혼 사유였다. 그러나 1990년대 들어 이혼율의 증가와 함께 이혼 사유 또한 훨씬 다양화되어 갔다. 최근 우리나라 이혼 사유 1위는 '성격 차이'로 나타났으며, 경제 문제, 배우자의 부정, 가족간 불화, 정신적 · 육체적 학대와 건강문제 등이 그 뒤를 이었다.

그런데 최근의 이혼 행태 중 특기할 사항은 중장년에 접어들면서 배우자와 이별을 결심하는 사람들이 늘고 있다는 점이다. 이른바 '황혼이혼'이 빠르게 증가하고 있다. 이 황혼이혼을 결심하고 단행하는 이들은 자녀를 대학에 보내거나 출가시킨 이후 이혼을 하는 연령층이다. 특기할 만한 것은, 이들의 이혼 사유가 최근에 생긴 것이 아니라 오래 전부터 있어 왔으나, 이를 오래 참고 있다가 자녀들이 출가한 이후에 실행에 옮긴다는 점이다.

　일본은 우리나라보다 먼저 '황혼이혼'이라는 사회현상을 겪었다. 특히 일본의 중년부부들 사이에서는 '졸혼卒婚'을 택하는 사람들이 늘고 있다. 졸혼이란 '결혼을 졸업한다'는 말로, 법적으로 갈라서는 이혼 대신 서로가 별거하면서 집안의 대소사나 정해진 날에만 함께 하는 것이다. 결혼 유지 기간이 길어짐에 따라 생기는 부부간의 갈등을 해결하고 부담스러운 법적 절차 없이 이혼과 같은 효과를 얻을 수 있어서 황혼이혼의 대안으로 활용되고 있다. 이제 우리나라에서도 이 '졸혼' 현상이 나타나고 있다.

　우리나라에서도 남편 은퇴 후나 자녀 결혼 후부터 부부갈등 문제가 심각하게 표출되고 있는 상황이다. 통계청의 '2015 혼인·이혼 통계' 자료를 보면 이혼 부부의 평균 혼인 지속 기간은 14.6년이었다. 그리고 혼인 지속 기간 20년 이상인 부부의 이혼이 29.9%로 가장 많고, 다음으로 4년 이하 부부의 이혼이 22.6%를 차지하였다. 2011년까지는 결혼한 지 4년 이하인 부부의 이혼 비중이 가장 높았으나 2012년부터 결혼 20년 이상된 부부의 비중이 가장 높게 나타났다. 이는 황혼이혼이 늘어나고 있음을 나타내는 한 단면이라 하겠다.

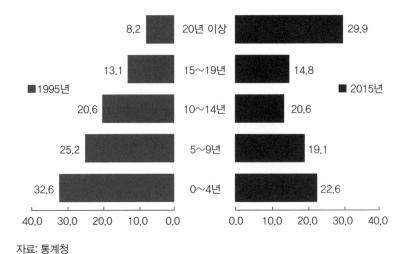

혼인지속 기간별 이혼 구성비(%)

	1995년	구분	2015년	
	8.2	20년 이상	29.9	
	13.1	15~19년	14.8	
	20.6	10~14년	20.6	
	25.2	5~9년	19.1	
	32.6	0~4년	22.6	

자료: 통계청

　황혼이혼이 증가하는 기본적인 이유는 여성의 권리의식 신장과 평균 수명 연장에 있다. 그동안 한국 사회에서 엄마나 아내의 삶은 곧 희생이란 단어와 동일선상에 있었다. 자녀의 좋은 대학 진학과 남편의 출세가 곧 여성의 지위를 나타내주는 풍토 속에 '나'란 존재가 없는 삶을 영위해 왔던 게 사실이다. 그러나 점차 남성 위주의 사회적 분위기가 변화하고 있고, 여성들의 행동반경이 넓어짐에 따라 황혼이혼이 증가하고 있다는 분석이다.

　여기에 100세 시대를 맞아 자녀들을 다 혼인시키고 나서 시간적 여유가 생김에 따라 자신을 위한 새로운 인생을 찾고 싶은 욕구들이 반영된 결과이다. 다시 말해 "나를 위한 삶을 살겠다"며 뒤늦게 황혼이혼을 택하는 노년층이 늘고 있는 것이다.

　이와 함께 은퇴 후 함께 지내야 하는 기간이 20년 이상으로 늘어난 것도 원인으로 꼽을 수 있다. 2015년 기준 우리나라 여성의 기대수명은 85.2세이고 남성은 79.0세로 나타났다. 기대수명은 갈수록 늘어나 2065년에는 남자 88.4세, 여자 91.6세로 전망되고 있다. 그만큼 부부가 같이 하는 시간이 늘어남에 따라 그동안 수면 아래 잠겨 있던 갈등요소들이 수면 위로 올라와서 충돌하게 된다는 것이다. 일반적으로 은퇴 후 부부가 함께하는 시간이 늘어날수록 갈등의 요소 또한 증가하기 마련이다. 일일이 남편 수발을 해야 하는 부인으로서는 잔소리가 늘어나게 되고, 반대로 남편은 이를 무시당하는 것으로 오해하기 십상인 것이다.

최근 들어서는 노년의 남성 중에서 이혼을 고민하는 사람이 크게 늘어나는 현상을 보이고 있다. 그동안의 황혼이혼 사례를 볼 때 부인이 남편을 상대로 소송을 제기하는 것이 대다수를 차지했다. 그러나 최근 남성들의 황혼이혼 관련 상담이 부쩍 증가해 이목을 끌고 있다. 한국가정법률상담소에 따르면 이혼 상담을 요청한 60세 이상 노년 남성은 2015년 524명에 달했다. 57명에 그쳤던 5년 전에 비해 10배 가까이로 늘어난 수치다. 같은 기간 노년 여성이혼 상담자도 254명에서 996명으로 네 배 가까이로 늘어났지만 남성의 증가 추세가 두드러졌다.

이는 은퇴 후 남편의 집안에서의 위상이 흔들리는 데 기인한다. 지금의 60대 남성들은 서열 위주의 사회에서 가부장적 권위를 누리고 살아왔던 터라 급변하는 사회 환경에 대한 막연한 두려움과 위기감을 느끼고 있다. 따라서 가정에서 위치가 흔들릴 경우 심한 좌절감을 가지게 된다. 그들은 은퇴 후 돈을 못 벌어온다고 무시당하는 기분과 느낌을 쉽사리 받게 된다. 가족을 위해 희생하느라 바쁘게 살아왔지만 결국엔 남는

게 외로움뿐이라는 허무함 때문에 괴로워한다. 경제권이 아내에게 넘어가 버린 상태여서 황혼이혼을 통해 재산분할을 받아서라도 다시금 내재산을 갖고 싶어 하는 심리도 작용할 수 있다.

가정의 화목은 우리 사회 전체 행복의 근원이 된다. 그리고 이혼의 만연은 사회 불안과 갈등을 확산시키게 된다. 따라서 이혼 방지를 위한 사회 차원의 노력이 필요하다. 부부교실 강좌 프로그램 운영, 부부문제 상담소 개설 등은 이러한 사례가 될 수 있다.

그러나 무엇보다 중요한 것은 당사자들의 마음가짐이다. 서로 소통하고 배려하면서 상대를 하나의 인격체로서 존중하고 신뢰하는 자세를 유지할 때 그 가정은 행복하고 평화로울 것이다. 작은 오해와 불신이 큰 불행을 부르는 법이다. 부부 간에는 끊임없는 대화가 이어져야 한다. 서로가 충분히 대화하고 소통하고 이해한다면 이혼이라는 불행을 피할 수 있다. 부부가 함께 할 수 있는 취미활동을 찾아서 시간을 보내는 방법도 행복한 결혼생활을 유지해 나가는 데 도움이 될 것이다.

7. 세대갈등과 고령사회

저출산 · 고령화와 후유증

우리나라 인구는 2015년, 5천만명을 넘어 51백만명에 달하는 것으로 조사되었다. 이는 세계 인구 74억명의 약 0.7%로 26위를 차지하고 있다. 그런데 통계청 전망에 따르면 우리나라 총인구는 2032년부터 감소하기 시작하여 2065년에는 43백만명으로 2015년보다 8백만명 가까이 감소할 것으로 예상되고 있다. 또 이런 추세가 지속될 경우 우리나라 인구는 2100년 2천만, 2135년 1천만, 2255년 1백만, 2380년 10만, 2500년 1만명으로 줄어들다가 2750년에는 한국인이 없어지게 된다는 계산이 나오게 된다. 그런데 이런 우려 섞인 전망은 다름 아닌 심각한 저출산 문제에서 비롯되고 있다.

세계는 한 세대 전까지만 해도 지속적인 인구 증가가 초래할 식량 위기, 인구 폭발, 환경 위협 등의 문제에 대비해 인구억제 정책을 펼쳐 왔다. 그러나 한 세대 만에 세계는 저출산 · 고령화 문제에 직면하게 된 것이다. 특히 우리나라에서 이 문제가 심각한 이유는 그 진행 속도가 상대적으로 매우 빠르고, 두 문제가 매우 깊게 연결되어 있다는 것이다.

우리나라는 낮은 출산율로 인해 합계출산율이 1.2명으로까지 떨어져

OECD에서 가장 낮은 수준이다. 가임기 여성 1명이 평생 낳는 아이 수를 뜻하는 합계출산율이 2001년 1.3명으로 떨어진 뒤 2015년까지 줄곧 1.3명 이하인 초저출산을 보이고 있다. 이는 기존 인구를 유지하는 데 필요한 출산율인 대체출산율 2.1명에 훨씬 미달하고 있어 조만간 인구 감소는 불가피한 실정이다.

이러한 저출산 현상과 함께 고령화 또한 급속히 진행되고 있다. 65세 이상 고령인구 비중이 2015년 12.8%에서 2025년 20%, 2037년 30%, 2058년에는 40%를 초과할 것으로 전망되고 있다. 특히 85세 이상의 초고령인구는 2015년 51만명에서 2024년에 100만명이 넘고, 2065년 505만명으로 2015년 대비 10배 수준으로 증가할 것으로 예상된다. 기대수명도 점차 늘어나고 있다. 1975년에만 해도 62.7세에 불과하던 수명이 2015년에는 82.1세, 그리고 2065년 90.0세로 늘어날 것으로 예상되고 있다.

국제사회에서는 전체 인구에서 65세 이상 노인인구의 비율이 7%를 넘으면 '고령화사회'aging society, 14%를 넘으면 '고령사회'aged society, 그리고 20%를 넘으면 '초고령사회' 또는 '후기고령사회'post-aged society라고 한다. 우리나라는 65세 이상 노인인구가 2000년에 7.2%를 넘어서서 고령화사회에 진입하였고, 2015년에는 13%에 육박하였다. 통계청의 미래인구 추계(2016년)에 따르면 2018년에는 65세 이상 노인인구가 전체 인구의 14%를 넘어서서 '고령사회'가 되고, 2025년에는 '초고령사회'가 될 전망이다.

이처럼 우리나라는 세계적으로 그 유례를 찾을 수 없을 정도로 짧은 기간인 18년 만에 고령화사회에서 고령사회가 되고, 또 7년 만에 다시 초고령사회로 진입하는 것으로 전망되고 있다. 이에 따라 오랜 기간에 걸쳐 인구 고령화에 대처해 온 선진국에 비해 그 충격이 클 수밖에 없다. 이와 더불어 1955년에서 1963년 사이에 태어난 710만명 정도의 베이비부머baby boomer 세대들이 노령자 층에 접어들기 시작하는 2020년부터 2028년 동안 고령화 인구는 특히 급증할 것으로 예상된다.

이제 나날이 심화되는 저출산 · 고령화 현상이 우리 경제사회에 미치는 문제점을 살펴보자.

첫째, 생산가능인구의 감소이다. 이와 같이 낮은 출산율로 인해 생산가능인구(15~64세 기준)가 2017년부터는 감소할 전망이다. 생산가능인구는 2016년 37백만명으로 정점을 찍은 뒤, 2020년부터는 매년 30만명 이상씩 급감하여 2065년에는 21백만명이 채 되지 않을 것으로 예상되고 있다. 생산가능인구 비중도 2015년 73%에서 2030년 64%, 2065년 48%로 하락하게 된다. 생산가능인구의 감소는 노동공급 부족 현상을 초래할 뿐만 아니라, 노동이동성을 줄여 직종 간 · 산업 간 · 지역 간 노동력 수급의 불균형을 초래하며 노동생산성도 저하시키게 된다.

둘째, 국가경쟁력의 약화이다. 노동공급의 감소, 소비와 투자 위축에 따른 자본스톡 증가율 둔화, 미래 납세자 축소로 인한 재정수지 악화 등으로 인하여 경제성장이 크게 둔화된다. 또 저축률이 감소하고 사회보장 확대로 인한 공공지출이 증가함에 따라 기업투자를 위한 자금의 공급은 상대적으로 그만큼 줄어들 것이다.

셋째, 사회부담의 증가와 경제사회 활력의 저하를 초래한다. 노인인구가 늘어나면 노년부양비를 증가시키게 된다. 노년부양비란 15~64세 생산연령인구 100명이 부담해야 할 65세 이상 피부양 노인연령 인구를 뜻한다. 우리나라의 경우 1975년의 노년부양비는 6.0명이었지만, 2005년 12.5명, 2015년 17.5명으로 늘어났다. 노년부양비는 앞으로 더욱 늘어나 2036년 50명을 넘고, 2065년 88.6명 수준으로 2015년 대비 5.1배 증가할 것으로 예측되고 있다. 이는 1975년에는 젊은 사람 17명이 노인 한 사람을 부양했지만, 2065년에는 젊은 사람 1.2명이 노인 한 사람을 부양해야 한다는 것을 의미한다.

넷째, 연금고갈 문제를 초래하게 된다. 노인인구 증가로 연금 수급자가 급격히 증가하게 된다. 반면 저출산의 영향으로 연금가입자의 증가율이 상대적으로 낮아, 향후 연금 지출액이 연금 수입액을 초과하면서 연금 고갈 문제가 초래될 우려가 커지고 있다. 이와 함께 재정수지 악화도 초래한다. 즉 저출산 및 인구 고령화는 경제성장을 둔화시켜 세입 기반이 잠식되는 반면, 노인인구 급증으로 인하여 연금 수급자가 증가하고 노인진료비가 증가하여 사회보장지출 부담은 크게 증가할 것이다.

그러면 저출산·고령화 문제에 보다 효과적으로 대응하기 위한 방안은 무엇일까?

첫째, 출산 친화적인 사회 환경을 조성해 나가는 것이다. 노인 정책이 아무리 완벽하게 준비되어 실행된다 하더라도 인구구조 개선의 열쇠는 출산율 제고에 있다. 이 출산율을 높이기 위해서는 출산과 양육이 부모들에게 큰 부담이 되지 않게 만들어야 한다. 이를 위해서는 무엇보다도 출산친화적인 사회 환경을 조성하고, 출산과 양육에 따른 사회·경제적인 압박과 심리적 불안감을 완화할 수 있는 대안들이 마련되어야 한다. 또 휴직 후 다시 노동시장으로의 복귀가 가능한 사회분위기를 만들어 나가야 한다. 이를 위해서는 선택적 근로시간제, 시간제근무, 재택근무제 등의 유연근무제를 확산시켜 나가는 것이 중요한 과제이다. 아울러 육아시설의 확충과 다자녀 가정에 대한 지원시책도 강화되어야 한다.

최근 아동수당 신설에 대한 논의가 이루어지고 있다. 일본과 프랑스 등 다른 저출산국들은 이미 제도를 운용함으로써 상당한 실효성을 거두고 있다고 한다. 따라서 우리도 이 제도의 도입을 전향적으로 검토할 필요가 있다. 다만, 기존에 시행되고 있는 여러 출산양육 수당들과의 연계성을 고려하여 보다 종합적이고 체계적으로 검토가 이루어져야 할 것이다.

둘째, 고령화사회에 부응하는 노인계층 지원 대책을 강구해야 한다. 이를 위해 우선 노인 일자리 창출을 확대하고 평생교육체제를 구축해 나가야 한다. 노인인구가 전체 인구의 20%를 차지하게 되면 노인들을 노동시장에 참여하도록 해야만 할 것이다. 노인인구 20%라는 것은 그만큼 생산가능인구가 줄어든다는 것을 의미하며, 이에 따라 이들의 노동력을 최대한 활용해야 하는 사회적 요구가 생기기 때문이다. 아울러 연금이 안정적인 소득원으로서 작동되도록 개혁해야 한다. 이는 국민연금의 개혁뿐만 아니라 다층적인 연금체계를 확보하는 문제까지를 포괄한다.

셋째, 정치시스템과 경제운용의 방향도 미래세대를 염두에 두고 바꾸어 나가야 한다. 이를 위해 정책결정 과정에 미래세대의 의견이 제대로 반영될 수 있도록 정치사회적 시스템을 새로이 정립해 나가는 노력이 필요하다. 그리고 경제운용에 있어서도 자원이 현세대와 미래세대간에 적절히 균형 있게 배분될 수 있도록 원칙을 세우고 이를 실천해 나가야 할 것이다.

젊음, 방황하는 우리들의 희망

지금 이 시대를 살아가는 우리 젊은이들은 많이 아파하고 힘들어 한다. 불투명한 미래를 불안해하며 방황하고 있다. 대학 진학과 취업에 아름다운 청춘의 열정을 탕진하고서 기진맥진해 하고 있다. 이들은 유년기 시절부터 학습열병에 시달리며 살아왔다. 고교시절은 하루 서너 시간 자면서 공부로만 채웠다. 천신만고 끝에 대학에 들어가도 그 기쁨은 잠시, 값비싼 등록금에 허리가 휜다. 아르바이트를 해보지만 그래도 여의치가 않아 카드빚을 내고 심지어 대부업체의 문도 두드려본다. 그러다가 덜컥 신용불량자로 전락하기도 한다.

이런 힘든 고비를 넘기고 졸업을 해도 고난은 끝이 없다. 취업은 대학 진학보다 어렵다. 본인이 원하는 직장에 취업하기란 그야말로 하늘의 별따기보다 더 어렵다. 경기부진과 함께 고용없는 성장이라는 성장패턴이 취업문턱을 더없이 높게 만들어 놓았다. 취업재수생이 부지기수다. 취업재수를 해보지만 그래도 취업의 기회는 쉬이 오지 않는다. 그래서 이십대의 태반이 백수라는 이른바 '이태백'이라는 슬픈 신조어가 생겨났다.

취직을 못해 힘든 세월을 보내다 보면 비정규직도 그저 고마울 뿐이다. 그런데 비정규직은 아직도 파리 목숨이라 구조조정의 일차 대상이다. 언제 쫓겨나게 될지 늘 불안하기만 하다. 다행히 정규직을 꿰어 찬 젊은이도 불투명한 장래에 늘 불안감을 가지고 살기는 마찬가지다. 치열한 경쟁에서 살아남기 위해 밤샘근무를 밥 먹듯이 한다. 빠듯한 봉급으로 저축은커녕 하루하루를 연명하는 데 급급할 뿐이다. 천정부지로 뛰어 올라있는 부동산 가격을 생각하면 가슴이 답답해지고 하늘이 노래질 뿐이다. 마이홈은커녕 전셋집 구할 형편조차 되지 않기에 결혼은 꿈꾸기 어려운 과제가 되었다.

그러다 보니 결혼은 저 먼 나라의 이야기처럼 들린다. 결혼을 한다 치더라도 이제는 육아문제가 커다란 부담으로 다가온다. 세계에서 가장 긴 근로시간과 아이를 마음 편히 맡길 곳이 없는 현실은 젊은 부부들이 아이를 가지는 데 커다란 벽이 되고 있다. 높은 교육비 부담은 둘째 낳기를 고민하게 만든다.

이들은 결국 연애, 결혼, 출산, 인간관계, 주택 구입, 희망, 꿈을 모두 포기한 '7포 세대'가 되거나, 혹은 저임금에 시달리는 비정규직생활 조차 감내해야 하는 '88만원 세대'가 되어갔다. 더욱이 갈수록 수명은 길어지는데 노후생활에 대한 보장은 막막하다. 청소년의 사망 원인 중 첫 번째가 자살일 정도로 현실에 대한 불만과 미래에 대한 불안이 억누르고 있다. 이것이 오늘을 살아가고 있는 많은 젊은이들의 서글픈 현실이다. 암담한 현실에 절망한 청년들은 자신이 사는 나라인 대한민국을 '헬조선'이라고 자조적으로 부르고 있다.

이러한 젊은층의 고통은 기본적으로 일자리 부족에서 비롯되고 있다. 우리나라 청년실업률은 전체 연령 평균실업률 4.5%의 2배 이상 높다. 특히 취업시즌에는 3배에 달하는 12~13% 수준에 달하고 있다. 이는 경제협력개발기구OECD 평균(2.1배)보다 높을 뿐만 아니라 일본보다도 2배 이상 높은 수준이다. 청년실업자 수는 공식통계에 의하면 50여만명으로 나타나고 있다. 그러나 이외에 실제로 취업상태에 있는 청년들, 즉 추가 취업 희망자와 잠재 구직자를 모두 더한 청년 취업애로 계층은 100만명을 훨씬 상회한다. 한마디로 청년 실업 100만명 시대에 놓여 있다.

더구나 비정규직 비중이 높아 고용불안은 가중되고 있다. 2016년 8월 기준 비정규직은 644만명으로 임금근로자 중 32.8%를 차지하고 있다. 더욱이 고용을 창출해야 할 기업은 경기부진으로 신규인력 채용을 기피하고 있을 뿐만 아니라 오히려 인력 구조조정까지 하는 상황에서 청년 실업 문제는 장기화 될 수밖에 없다. 이런 상황에서 2016년부터는 법정 정년연령이 60세로 늘어나면서 향후 3~4년간 청년고용이 한층 위축되는 '고용절벽' 사태까지 우려되고 있다.

이러한 청년실업 고착화는 성장잠재력을 잠식하게 되고 청년들이 불안정 노동계층으로 떨어질 수도 있다. 그리고 대학 졸업자가 대부분인 청년계층의 실업이 높으면 고급인력의 손실을 초래한다. 또 이들의 경제적 독립 시기가 늦어지면서 결혼이 늦어지고 출산율도 낮아지는데, 이는 사회의 활력 저하와 국가경쟁력 약화로 이어지게 된다. 아울러 청년들이 직장을 잡지 못해 방황할 경우 각종 범죄에 노출될 가능성도 커지게 된다.

청년실업이 이처럼 심각하게 된 원인은 무엇일까? 가장 큰 요인은 경기 둔화로 기업의 투자활동이 저조한 데 기인한다. 다음은 많은 시간과 비용을 들여 훈련시켜야 하는 신규인력보다는 채용 즉시 현장에 투입할 수 있는 경력직을 선호하는 기업의 인력수급 관행을 꼽을 수 있다.

대학 또한 기업이 요구하는 현장적응 인력을 제대로 양성하지 못하고 있다. 학벌선호주의로 인해 대학의 경쟁력은 상실되고, 그로 인해 고급 인력시장은 오히려 인력이 부족한 실정에 있다. 아울러 힘들고 어려운 직업을 기피하는 3D 회피의식, 중소기업 거부의식, 그리고 땀 흘려 노력해 자신의 인생을 스스로 설계해 나가겠다는 건전한 근로의식의 결여 등이 대졸자의 실업문제를 부추기고 있다.

이 청년실업문제 완화를 위해서는 무엇보다도 기업이 일자리 창출에 힘써야 한다. 아울러 정부는 기업의 투자활동에 걸림돌이 되는 규제를 완화하고, 또 고용흡수력이 큰 중소기업과 서비스산업의 육성에 힘을 기울여야 한다. 이와 함께 청년들은 대기업에만 목을 매지 말고 자신의 적성과 능력에 부합하는 직장을 구하여 거기서 최선을 다하는 자세를 견지하는 것이 중요하다.

그런데 우리 젊은이들은 참 신통하다. 이렇게 힘든 삶을 살아가면서도 그들은 우리나라를 빛내고 있으며 나아가 세상을 바꾸어나가고 있다. 그래서 우리 젊은이들이 참으로 대견하고 고마울 뿐이다. 이들은 거의 모든 면에서 세계 제일이다. 우선 학습능력에서 그렇다. 이들은 세계 수학과 과학 경시대회에서 항상 1~2위의 성적을 거두고 있다.

문화 · 예술 영역에서도 단연 두각을 나타내고 있다. 세계 콩쿠르대회에서 우리 젊은이들이 1~3위를 몽땅 석권하여 세계 음악계를 놀라게 하고 있다. 세계 클래식 연주계를 주름잡고 있는 독보적 존재들이 한둘이 아니다. 대중문화는 말할 것도 없다. 한류는 이제 아시아권을 넘어 유럽과 미주대륙 그리고 중동과 아프리카지역에 이르기까지 그 영향력을 넓혀가고 있다. 외국의 문화를 받아들이는 데 급급했던 우리가 이제 우리 문화를 해외에 전수하는 경지에 이르렀으니 그야말로 상전벽해桑田碧海를 실감하고 있다.

더욱이 스포츠계는 어떠한가? 축구, 야구, 골프 등 거의 모든 분야에서 빼어난 기량을 과시하고 있다. 심지어 그동안 불모지로 치부되어 왔던 수영과 피겨스케이팅에서까지 우리 젊은 선수들이 명성을 떨치고 있다. 우리 젊은이들은 다방면에서 하면 된다는 정신을 다시 한 번 일깨워 줌으로서 국민들에게 희망과 용기를 북돋아주고 있다.

또 우리의 젊은이들은 세계 제일의 인터넷 기술을 십분 활용함으로써 삶의 패턴까지도 송두리째 바꾸어 놓고 있다. 세상을 더욱 빠르게, 그리고 투명하게 만들어 가고 있다. 기존의 오프라인 세대가 더 이상 기득권을 가지고 안주하지 못하도록 자극을 주고 있다. 더욱이 이들은 소셜 네트워킹SNS을 통해 발언하고 토론하고 소통하면서, 기성 정치인들의 낡은 정치관행을 바꾸어 나가는 계기를 만들어 놓았다.

이와 같이 우리 젊은이들은 입시지옥, 치열한 취업전쟁, 숨 막히는 경쟁의 연속 등 온갖 시련과 어려움 속에서도 자기 몫을 훌륭하게 해내고 있다. 그리고 그들은 폭발적인 잠재력을 지니고 있다. 그러기에 기성세대들은 젊은이들을 신뢰하고 그들이 만들어 갈 대한민국의 밝은 미래에 희망을 걸고 있는 것인지도 모른다.

　기성세대는 오늘을 살아가는 우리 젊은이들이 굳건한 자긍심을 가지고 살아갈 수 있도록, 그리고 좀 더 원대한 꿈을 꿀 수 있도록 응원해 주고 이끌어주어야 한다. 젊은이들도 기성세대들이 보여준 좋지 않은 관행과 행태는 과감히 버리고 더 나은 사회를 만드는 데 앞장서야 한다. 어려움과 난관이 있더라도 용기를 잃지 말고 상식이 통하고 선한 의지가 승리하는 세상을 만들어 나가는 데 다함께 힘을 모아야 한다.

'한강의 기적' 세대들의 서글픈 노후

고령화 추세의 진행과 함께 우리나라 노인들의 삶이 갈수록 어려워지고 있다. 독거노인이 크게 증가하고 있다. 2015년 기준, 전국에 홀로 거주하는 노인 가구 수는 약 138만호로 전체 가구 수의 7.4%에 달한다. 이들은 나이가 들어갈수록 지인들과의 사별, 가족·세대간 갈등을 경험하게 되면서 우울 증상을 보이는 것으로 나타났다. 경제적 어려움을 겪고 있는 것은 두말할 나위 없다. 최근 3년간(2013~2015년) 가처분소득 대비 원리금 상환 비율이 가장 많이 상승한 세대는 60세 이상의 노년계층이다.

우리나라 노인 자살률은 세계 최고다. 2015년 우리나라 노인자살률은 인구 10만명당 60대가 57.5명, 70대가 104.5명, 80대는 159.4명으로 전체 평균 자살률의 2배 수준이다. OECD 평균 자살률 12.0명과 비교하면 5배에 가깝다. 2015년의 경우 다른 연령층의 자살률은 줄어든 데 비해 노인의 자살은 오히려 증가했다. 이처럼 노인 자살률이 높을뿐만 아니라 갈수록 증가하고 있는 것은 '외로움'과 '경제적 부담' 때문이다. 대다수의 중년들은 나이가 들어 직장에서 은퇴하게 되면 경제력이 급격히 떨어지게 된다. 자연히 가정에서뿐만 아니라 사회에서도 지난날에 비해 상대적으로 존재감이 엷어지고 발언권도 약해진다.

우리나라 노인의 소득 불평등 상태도 심화되고 있는 것으로 나타났다. 한국노동연구원의 '고령층 고용구조 변화와 소득 불평등' 보고서에 따르면 65세 이상 노인의 소득불평등지수 즉 지니계수는 0.422로, 칠레 (0.428)에 이어 OECD 회원국 중 두번째를 차지했다. 노인 근로자 10명 중 4명이 최저임금 이하 임금을 받는 등 극심한 저임금에 시달리는 노인들이 많은 탓이다.

연금이나 재산소득이 부족해 일을 해야만 생계유지가 가능한 노인들이 갈수록 늘어나면서 2015년 60세 이상 고령층의 고용률은 38.9%에 달했다. 그러나 고령층 근로자 중 최저임금 이하 근로자 비율은 37.1%에 달해 전체 근로자 평균(11.6%)의 3배가 넘었다. 이들은 경비, 청소, 가사 서비스 등 고용이 불안한 임시 · 일용직에 종사하면서 힘들게 삶을 꾸려 나가는 계층이다. 이런 현상을 두고 젊은이들의 '열정페이'에 빗대어 만들어진 용어인 '노인 열정페이'라는 말도 회자된다.

그러면 이처럼 고령화시대에 제대로 적응하지 못하고 있는 저소득 고령층의 안정적인 노후생활을 보장하기 위해 필요한 대책은 무엇일까?

무엇보다도 이들이 근로를 통해 안정적인 소득을 확보할 수 있도록 지원해야 한다. 이를 위해 노인들의 노동생산성이 시대의 흐름에 뒤처지지 않도록 정부 차원에서 직업관련 교육과 함께 평생교육체제를 뒷받침해 주어야 한다. 아울러 노인을 위한 사회적 일자리 창출에 투입되는 재정지출을 늘려나가야 한다.

그리고 젊어서부터 노후대책을 마련할 수 있도록 사회분위기를 조성해 나가야 한다. 노후에 대한 준비 중에서도 가장 중요한 것은 역시 생활비 문제다. 경제적 여유가 없다면 삶이 위축되기 마련이다. 매사에 자신이 없어지고 행동반경도 좁아진다. 주변을 돌아볼 여유가 없어진다. 점차 친구들 만나는 걸 피하게 되고 두려워지기조차 한다. 이 경제력은 나이가 들어갈수록 더 큰 위력을 발휘하게 된다. 실제로는 돈을 쓸 일이 그렇게 많지 않은데도 돈이 부족하다고 생각되면 왠지 불안해진다. 이는 아마도 인생을 살아가다보면 많은 돌발변수가 나타나기 때문일 것이다. 특히, 나이가 들어갈수록 이런 돌발변수는 더욱 많이 생기기 마련이다.

바람직한 것은 선진국의 노인들처럼 월 최소생활비 정도를 다층의 연금체계를 통해 받을 수 있도록 확보해두는 것이다. 이는 공적사회보장제도인 국민연금의 보장수준이 안정적인 노후 생활을 영위해 나가는 데 있어 크게 미흡하기 때문이다.

국민연금연구원 조사에 따르면 은퇴 후 적정 생활비는 퇴직 직전 소득의 60% 수준이지만, 국민연금의 명목소득대체율은 40% 수준에 불과하다. 더욱이 실질소득대체율은 이에 훨씬 못 미치는 20%대에 머무는 것으로 예상되고 있다. 반면 국민의 생애의료비 중 65세 이후 발생하는 비중이 50%를 넘을 정도로 노후에 의료비 지출이 집중되고 있다. 국민 1인당 생애의료비는 1억원을 상회하고 있지만, 이 중 건강보험에서 보장되는 수준은 62.5%에 불과하다. 이러한 연유로 노후보장을 위한 개인연금의 중요성이 부각되고 있다. 이 노후보장을 위한 대표적인 개인연금으로는 퇴직연금과 개인연금보험이 있다.

우리나라의 중·노년층 기성세대가 이처럼 현실 삶 속에서는 어려움을 겪으며 살고 있지만, 지나온 자신들의 삶에 대해서는 유달리 강한 자부심과 긍지를 지니고 있다. 그들은 지금의 대한민국을 만드는 데 주도적인 역할을 해왔기 때문이다. 그들은 우리 현대사에서 민주화와 산업화를 동시에 일구어낸 주역들이다.

6·25전쟁이 끝난 뒤 그들에게 남겨진 것은 아무것도 없었다. 거기다가 베이비부머라는 시대적 조류를 타고 식솔들까지 대책 없이 늘어났다. 그대로 있다가는 굶어죽기 십상이었다. 솔직히 당시 그들은 우리 경제를 살리겠다는 거창한 국가관보다도 당장 굶지 않기 위해 무엇이든 열심히 했다.

그들은 경제개발의 주역으로서, 수출의 역군으로서 밤낮없이 일과 함께 지내왔다. 자신의 건강과 젊음을 몽땅 일에 저당 잡히고 오로지 잘살아 보겠다는 신념 아래 청춘을 불살랐다. 자신의 일터가 바로 가정이었고, 업무는 자신의 희망이자 신념이었다. 아니 자신의 모든 것이었다. 그 결과 '한강의 기적'이라 불리는 한국경제의 성장을 이끌었다.

또한 그들은 산업화 못지않게 민주화가 중요하며, 산업화의 생명이 오래 지속되기 위해서는 민주화가 반드시 병행되어야 한다는 신념을 가지고 있었다. 그러기에 적지 않은 당시의 젊은이들은 민주화를 위해 자신의 모든 것을 희생하기도 했다. 그들 덕분에 민주화를 쟁취할 수 있게 되었다. 또 비록 우리가 산업화시대에는 한발 뒤쳐졌지만, 정보화시대를 열어가는 데 있어서만큼은 뒤쳐질 수 없다는 신념 아래 최선을 다했다. 그 결과 이제 우리는 IT산업과 인터넷 강국이 되었다.

이와 같이 지금의 중·노년층이 주축이 된 기성세대들이 젊은 시절 가정과 나라를 위해 바쁜 세월을 보내었기에 민주화, 산업화, 정보화를 동시에 일구어 낼 수가 있었다. 반면 정작 그들 자신의 삶을 돌볼 틈은 없었다. 그래서 이제 몸과 마음이 많이 지쳐있다. 그들의 육신은 지칠 대로 지쳐 자신도 모르는 사이에 서서히 망가져 가고 있었다. 그래도 젊을 때는 이를 느끼지 못하였다. 이제 나이가 들어갈수록 그 후유증들이 점차 나타나기 시작하는 것이다.

그들 중에는 세상의 변화에 제대로 적응하지 못한 채 방황하는 이들도 적지 않다. 이들은 거세게 몰아치는 세계화와 정보화의 급물살에 몸을 제대로 가누지 못하고 있다. 지금 세상은 무섭게 빠른 속도로 변하고 있지만, 그들은 이러한 변화를 두려워하거나 심지어는 거부하고 있다. 그들은 소위 아날로그 세대들이다. 그들은 새로운 디지털 개념에 익숙하지 못할 뿐만 아니라 오히려 스트레스를 받으며 살아가고 있다.

더욱이 기성세대들은 낀 세대로서의 회한을 가진 채 살아가고 있다. 그들은 늘어난 수명 탓에 본인 만큼이나 건강한 부모님을 봉양하며 살아가야 할 처지에 놓여 있다. 연로한 노인들이 살아계시니 아직도 집안의 어른으로 대접받기가 어렵다. 여기에다 집안에서의 발언권도 줄어들었다. 오히려 말이 통하지 않고 세상이 바뀐 걸 모르는 구닥다리로 여겨지기도 한다. 나이가 들어갈수록 안 끼워 주는 곳들도 점차 늘어난다. 회사에서도 빨리 그만두고 퇴직하기를 은근히 기대한다.

그래도 기성세대들은 지나온 삶에 대한 자존심과 긍지 그리고 보람을 지닌 채 살아가고 있다. 지금의 대한민국을 일으키고, 이를 후세들에게 물려줄 수 있게 되었다는 자긍심을 가지고 오늘도 자신의 주어진 삶에 최선을 다하며 묵묵히 살아가고 있는 것이다. 젊은 세대들은 이들이 있었기에 오늘의 대한민국이 있다는 사실을 인식하고, 그에 걸맞은 존경과 배려를 아끼지 말아야 한다. 또한 아버지 세대, 할아버지 세대의 연륜과 경험에서 우러나오는 지혜와 경륜에 귀 기울여 삶의 이정표로 삼는다면 자신의 삶에도 커다란 도움이 될 것이다.

꼰대와 아재의 차이

"요즘 젊은 것들은 버릇이 없다. 우리 땐 안 그랬는데……"

이 글귀는 5,000년 전에 만들어진 이집트 피라미드에 쓰여 있다고 알려져 있다. 이처럼 세대갈등은 아주 오래 전부터 이어져왔다. 세대갈등은 현실적이고 안정성을 중시하는 기성세대와 진취적이고 주관이 강한 젊은 층이 서로를 배려하지 못하는 한 항상 발생하기 마련이다. 통상 기성세대는 신세대가 버릇이 없고 말귀를 못 알아듣는다고 여기며, 신세대는 기성세대가 꽉 막힌 채 이해를 못한다는 생각을 가지고 있다.

그런데 지금 우리가 겪고 있는 세대갈등은 과거 어느 시대나 존재했던 그런 부류의 것이 아니다. 갈등의 정도가 보다 심각하고 근본적이라는 데 문제가 있다. 지금의 세대갈등은 단순한 나이 차이가 아니라 갈수록 심화되고 있는 양극화 현상과 경제상황 악화에서 비롯되고 있기 때문이다. 특히 일자리 부족이 근원적인 이유라 하겠다. 먹고 살기 힘든 현실 속에서 부모와 자녀가 '밥그릇'을 두고 경쟁하는 구도가 이런 갈등을 유발시켰다는 것이다. 희망을 잃어가는 청년이 늘어날수록 기성세대와의 갈등은 골이 깊어진다.

물론 살아 온 문화와 환경이 다르다는 것도 지금 겪고 있는 세대갈등의 커다란 요인으로 작용하고 있다. 한 시대와 다른 시대의 차이이며, 아날로그와 디지털의 차이다. 그러다 보니 자연스레 똑같은 상황에 대해서도 다른 반응과 해석이 나올 수밖에 없고, 서서히 틈이 갈라지게 된 것이다. 여기에 세대간의 소통 부족이 문제를 한층 더 증폭시키고 있다.

기성세대는 젊은 세대가 겪고 있는 문제가 그들의 의지력이 부족하거나 노력을 하지 않기 때문이라고 탓한다. 반면, 젊은 세대 입장에서는 이러한 현실이 기성세대가 제대로 된 제도와 시스템을 만들어 놓지 못했기 때문인데도, 젊은이들에게 책임을 미루고 부담을 준다고 생각한다. 또 요즘 젊은 세대는 개성과 수평적 인간관계를 중시하기 때문에 중년남성의 가부장적이고 권위적인 행태에 대해 강한 거부감을 느낀다.

옛말에 의하면 사람 나이 40은 불혹不惑, 50은 지천명知天命 그리고 60은 이순耳順이라고 했다. 이 나이가 되면 주위의 유혹에 흔들리지 않고 자신의 확고한 판단력에 따라 그리고 그 동안 쌓아온 사회에서의 입지를 누리면서 살아 갈 수 있다는 것을 의미한다. 그러나 지금 세태는 이나이에 속한 사람들이 그렇게 호의적인 분위기에서 지내는 것을 용인하지 않고 있다. 요즘 젊은 사람들은 중년남성을 가리키는 호칭을 사람에 따라 달리 한다. 일반적으로 '아저씨'라는 호칭으로 부르고 있지만, 때에 따라서는 '꼰대'라고도 하고 또 '아재'라고도 부른다.

같은 나이라도 누구는 고지식한 꼰대일 수 있고 누구는 친근한 아재일 수 있다는 것이다. '꼰대'란, 말이 잘 통하지 않고 고지식한 기성세대를 비하해서 부르는 호칭이다. 반면 '아재'라는 호칭에는 그나마 소통이 가능한 아저씨라는 느낌이 담겨 있다. 당연히 이 둘의 가장 큰 차이는 소통하려는 자세다. 명령하고 지시하는 대신 자신을 낮춰 상대와 소통할 준비가 됐다는 점에서, 아재는 꼰대와 다른 것이다.

한 설문조사에 의하면 젊은이들은, 아저씨와 기성세대들이 스트레스를 유발하는 행동 1위로 '자기 말이 무조건 옳다면서 젊은이의 의견을 무시하는 것'을 꼽았다. 이어 지나치게 간섭하거나 훈계하는 것, 나이가 나보다 많다고 무조건 반말하는 것, 성형·애인 유무 등 지나치게 개인적인 질문을 하는 것 등을 꼽았다. 이런 어른들이 바로 '꼰대' 유형에 속하는 아저씨와 기성세대들인 것이다. 반면, 젊은이들이 생각하는 이상적인 아저씨는 멘토와 같은 조언자, 젊은이들을 이해하려고 노력하고 존중하는 사람, 젊은이들에게 좋은 본보기가 되어 주는 사람이라는 응답들이 나왔다.

일상에서든 직장에서든 젊은이들이 피하고 싶은 존재가 꼰대다. 시중에 떠도는 소위 '꼰대 감별법'이 매우 흥미롭다.

우선 "내가 하는 말이 곧 만고불변의 진리"라고 우기는 유형이다. 이 유형에 해당하는 꼰대들은 자신이 대접받을 만한 사람이라는 걸 어떻게든 드러내고 싶어 안달하는 특성을 지닌다. "내가 누군 줄 알고!"가 가장 상투적인 접두사이다. 상대방이 자기보다 어리거나 직급이 낮으면 반말로 명령하듯 말하기 일쑤다. 식당 종업원이나 아르바이트하는 청소년들이 이런 유형의 꼰대들을 자주 접한다고 한다.

이런 꼰대들은 회의를 할 때 처음에는 자유로운 의견 개진을 요구하는 척하다가 결국 본인이 정답을 제시하는 특성도 가지고 있다. 꿀 먹은 벙어리가 된 부하직원을 답답해하며 "~란 ~인 거야"라는 진리명제 화법을 구사하는 식이다. "나 때는 말이야~"도 빠지지 않는다.

다음으로는 남이 하면 '오지랖', 내가 하면 '인생 조언'의 유형이다. 이런 유형의 꼰대들에겐 부하직원 인성교육도 자기 소관이다. 옷차림이나 머리 스타일, 각종 예절도 업무의 일환이니 가르치고 고쳐줘야 직성이 풀린다. 인생설계도 마찬가지다. 연애사와 자녀계획은 인생 선배로서 뼈가 되고 살이 되는 조언을 해 줄 분야라고 생각한다. 자녀를 낳지 않는 부하직원을 '걱정'하고, 결혼하지 않는 부하직원을 '안쓰러워' 하는 것이 무례를 다정으로 착각하는 이런 꼰대들의 특징이다.

그런데 '꼰대'와는 다른 유형의 아저씨들 즉 '아재'는 젊은 세대들에게 부담 없이 다가간다. 이들은 예의를 지켜야 할 자리에 점퍼나 등산복을 걸치고 나타나지 않으며 복장과 외모에 신경을 쓴다. 개성을 중시하는 여가생활을 향유하고 문화생활에도 투자를 아끼지 않는다. 젊은 세대와 아재개그 코드로 유머러스하게 소통하기도 한다. 이들 아재들은 자신들만의 문화와 스타일을 만들어 나가고 있다.

자신의 외모에 관심이 많고 꾸미는 남자 '그루밍족grooming', 멋진 중년을 뜻하는 '꽃 중년'이 '아재파탈'로 진화하고 있다. 치명적인 매력을 가진 4050세대 중년 남성을 뜻하는 '아재파탈'은 이제 대중문화를 읽는 대표적인 신조어로 떠올랐다. 이들 멋진 중년들이 밖으로 나오기 시작하면서 관련 산업도 성장세. 백화점에 남성들을 겨냥한 전용공간이

들어서고, 패션업계는 젊어지려는 중년의 눈길을 끌 만한 제품 출시에
열을 올리고 있다.

우리나라는 경제사회의 변화가 급속히 이루어진 까닭에 세대간의 이
질감 역시 상대적으로 큰 편이다. 4·19세대, 6·3세대, 386세대, X세대,
N세대 등에 이르기까지 새로운 개념의 세대가 수시로 탄생하고 있다. 그
만큼 한 세대의 폭이 짧아지고 있다는 의미다. 앞으로 IT가 발달할수록
세대 폭은 더 좁아질 가능성이 크다. 무엇보다 일자리가 줄어들고 있는
것이 세대간 갈등을 더욱 증폭시키고 있다. 고령화로 인해 정년이 연장
되고 연금 부담도 늘어나고 있다. 반면 젊은이들의 일자리는 4차 산업혁
명의 진전이 가세함에 따라 한층 더 줄어드는 추세이다. 이러한 현상들
로 인해 우리 경제사회는 세대갈등으로 인한 사회적 비용을 불가피하게
상당기간 더 치를 것으로 예견되고 있다. 그나마 비용을 조금이나마 덜
치르려면 세대간의 진정한 소통과 배려 그리고 협조가 필수적이다.

진정한 세대공감을 이루기 위해서는 기성세대가 먼저 손을 내미는 것
이 바람직하다. 왜냐하면 기성세대들은 굴곡진 삶을 살아오는 가운데
터득한 생활의 지혜, 사리를 분별하는 능력과 배려의 정신을 젊은 세대
들보다 좀 더 지니고 있기 때문이다.

윗세대는 아랫세대를 훈육하거나 질타하기 전에 왜 자신과 생각이 다
른지 이해를 하고, 또 그것을 '틀린 것'이 아니라 '다른 것'으로 이해하고
받아들이는 자세가 필요하다. 기존의 방법이나 가치관을 고수하여 무조
건 아랫세대에게 그것을 강요하기보다는 자신들 삶의 지혜와 경험을 아

랫세대에 자연스레 전수하도록 노력해야 한다.

아울러 기성세대들은 시대상황이 바뀌고 있다는 점을 인정하고 받아들일 줄 알아야 한다. 요즘 같이 실시간으로 바뀌는 시대에 적응하지 못하고 자신들의 시절에 안주하려고만 하면 세대 차이의 골은 더욱더 깊어지게 된다. 따라서 시대에 뒤떨어진 자신들의 잘못된 관습과 폐습은 버려야 한다. 대신 새로운 시대의 주인공들인 청년세대가 희망과 비전을 가지고 그들의 열정이 꽃을 피울 수 있도록 지원해 주어야 한다. 즉 글로벌시대에 걸맞은 국제적인 감각, 사회를 리드할 수 있는 도덕성, 공동체에 대한 책임의식을 갖출 수 있는 토양을 마련해주어야 한다.

물론 진정한 세대간의 소통을 위해서는 기성세대들의 노력만으로는 안 되며 청년들도 기성세대의 생각과 사고방식을 존중하고 수용하는 자세가 필요하다. '옛 말 틀린 것 하나 없다'란 말이 있듯이 윗세대는 삶을 통해 얻은 경험과 지혜를 아랫세대에게 들려주고 있다. 가끔은 아랫세대의 잘못된 행태를 질타하기도 한다. 따라서 청년세대는 '온고지신溫故知新'이라는 말처럼 기성세대의 가르침을 새겨듣고, 이를 통해 올바르게 살아가는 법을 터득해나가야 할 것이다. 아울러 역동적인 미래를 만들어갈 창조적인 능력을 스스로 갖춰 나가야 한다.

이렇듯 젊은 세대는 마음을 열고 기성세대는 젊은이들을 이해하면서 서로가 부족한 점을 채워준다면 세대갈등은 조금이나마 해소되지 않을까? 한마디로 기성세대의 경륜과 젊은이의 열정이 어우러진다면 환상적인 콤비가 될 것이다.

정년연장과 연금에 대한 시각차

오늘날 저출산·고령화 시대를 맞아 '정년연장'과 '연금개혁' 문제가 세대간 시각차가 가장 큰 대표적인 이슈로 등장하고 있다.

우선 정년연장의 문제이다.

세대갈등의 중심에는 일자리 문제가 있다. 직장에 대한 희망을 잃어가는 청년이 늘어날수록 기성세대와의 갈등은 골이 깊어진다. 따라서 일자리를 늘려나가는 것이 무엇보다 중요한 과제이다. 특히 청년들에게 일자리라는 기회를 제공해 그들의 열정이 꽃을 피울 수 있게 해야 한다. 그러나 저성장 추세와 고용없는 성장, 여기에 기성세대를 위한 정년연장이라는 현실은 청년들이 일자리를 얻을 기회를 더욱 어렵게 하고 있다. 더욱이 이제 4차 산업혁명시대까지 도래하면서 일자리 창출은 더욱 난망해지고 있다. 이러한 상황은 세대간 갈등을 더욱 심화시키고 있다.

우리나라 직장인들의 평균 정년은 55세로 알려져 있다. 물론 그동안에도 정년을 60세로 권고하는 규정이 있었지만 강제규제 사항이 아니어서 이를 적용하는 곳은 거의 없었다. 시중에는 45세가 정년이라는 뜻을 지닌 '사오정', 56세까지 직장에 다니겠다면 도둑이나 마찬가지라는 '오륙도' 등 자조적인 신조어들이 유행어가 되고 있다. 이는 그만큼 오랫동안 직장생활을 하기가 어렵고 정년이 짧다는 것을 풍자한 말들이다.

그리하여 통상 근로자들은 50세가 넘어가면 퇴직을 준비하는 게 일반적인 관행으로 되었다. 이 경우 정년 퇴직 후 연금수령 시기까지는 소득 공백기간이 생기게 된다. 국민연금 수령시기가 2013년 기준으로는 61세부터 개시되지만 앞으로 이 시기를 점차 늦춰 2033년부터는 65세가 되어야 수령이 가능하게 된다.

이러한 소득 공백기를 없애고 또 수명연장에 따른 노령층의 근로기회도 보장하기 위해 그동안 권고사항으로 규정돼 있던 정년 60세를 의무화하는 법안이 만들어졌다. 이른바 '정년연장법'으로 불리는 「고용상 연령차별금지 및 고령자고용촉진법」이 2013년 4월 개정되었다. 동법 개정에 따라 정년 60세가 의무화되었다. 우선 공공기관과 근로자 300인 이상 사업장은 2016년 1월 1일부터 우선적으로 시행하고, 300인 미만 사업장은 2017년 1월부터 시행하게 된다.

그러면 이와 같이 정년연장을 할 경우 제기될 수 있는 논점들은 무엇일까? 우선 일자리를 둘러싼 세대간의 갈등문제이다. 일반적으로 기존의 근로자들은 정년을 연장하여 오랫동안 직장에서 근무하기를 원할 것이다. 특히 고령화사회로 접어들면서 정년연장 제도의 도입이 불가피한 상황이다. 정년연장은 기성세대들에게는 반가운 소식이며 정부로서도 정년연장을 통해 고령화에 따른 인력부족 문제를 해결하고 사회보장비용 부담도 줄일 수 있게 된다.

그러나 이제 새로이 근로시장에서 일자리를 찾아야 하는 청년층은 취업 기회가 줄어들 수 있어 불리하게 된다. 그렇지 않아도 청년실업 문제가 심각한 상황에서 정년연장은 청년들의 일자리를 잠식하는 결과를 부를 것이라는 우려가 없지 않다. 그러나 일본이나 독일의 경우에서 보듯이 노년 일자리와 청년 일자리는 대체관계가 아니라 보완관계라는 주장도 있다. 이는 청년과 노년은 밥그릇 다툼을 할 상대가 아니라 서로에게 밥을 떠먹여 주는 상대라는 것이다.

또 다른 이슈는 노사간 갈등의 문제이다. 기업들로서는 정년연장이 숙련된 노동력을 계속 활용할 기회를 가진다는 장점이 있을 수 있다. 그러나 근로기간과 비례해 임금이 늘어나는 기존의 연공서열 방식을 그대로 둔 채 정년연장을 할 경우 기업은 임금지급 부담이 늘어나는 문제에 봉착하게 된다. 이 문제를 해소하기 위해 기업들은 일반적으로 '임금피크제'를 도입·활용해 나가고 있다.

'임금피크제'란 정년을 보장해 주는 대신 일정한 연령부터 근로자의 임금을 일정한 비율로 삭감해가는 임금제도로, 일자리 나누기work sharing의 한 형태이다. 이를 통해 기업은 인건비 부담을 완화하고, 근로자는 고용이 연장되므로 노사 모두에게 도움이 되는 임금제도이다.

다시 말해, 근로자는 정년 이후에도 상당기간 일할 수 있게 되고, 기업으로서도 노사갈등을 피하고 인건비를 줄이면서 훈련된 인력을 계속 사용할 수 있는 이점을 지닌다. 반면, 각 기업의 특성을 무시한 채 일률적으로 임금피크제를 적용할 경우 전반적인 임금수준을 하락시키는 편법으로 활용될 수 있다. 그리고 공기업의 경우 노령자 구제수단의 일환으로 악용될 수 있다는 것이 단점으로 지적된다. 이에 따라 노사 간에는 임금피크제를 어느 수준으로 가져 갈 것인지를 놓고 첨예한 대립과 갈등이 발생할 수 있다.

다음으로 연금개혁 문제를 알아보자.

연금은 기본적으로 수혜자가 지불한 비용 이상으로 소득을 받을 수 있도록 설계된 구조다. 따라서 만약 먼저 가입한 사람이 자신이 지불한 금액에 비해서 과다한 금액을 받아갈 경우 미래세대의 부담이 커지게 된다. 다시 말해, 연금 수혜자와 비용을 지불하는 사람이 다르기 때문에 연금 수령액을 얼마로 할 것인지를 두고 세대간 갈등이 유발될 수 있다. 만약 현행 연금제도가 지속될 경우 조만간 연금이 고갈되는 문제에 봉착할 것으로 예상되고 있다. 국회 예산정책처에 따르면 국민연금 적립금은 2023년 정점에 오른 뒤 점차 감소하여, 2053년에 가면 기금이 고갈될 것으로 예상되고 있다.

국민연금이 고갈되는 일이 없도록 하기 위한 방안으로 다음과 같은 몇 가지를 생각해 볼 수 있다,

첫째로는 출산율을 높이는 것이다. 우리나라의 연금 적립금이 줄어드는 가장 큰 이유는 낮은 출산율에 있다. 연금 시스템이 원활하게 돌아가기 위해서는 수요자인 노인인구층과 연금보험금 공급자인 청장년층이 어느 정도 균형을 이루어야 한다. 그런데 우리는 노인인구층과 장년층이 청년층이나 유아층보다 월등하게 비중이 높다보니 이런 문제에 봉착하게 되는 것이다. 그러나 지금으로서는 출산율을 획기적으로 높일 수

있는 방안이 없기 때문에 출산율 제고를 통한 해결방안은 기대하기가 어렵다.

두 번째 방안은 연금지출을 줄이는 것이다. 그러나 이 또한 쉽지 않다. 정부는 이미 2007년에 소득대체율(연금지급액/평생 평균임금)을 기존의 60%에서 연차적으로 40%까지 내리고, 지급시기도 만 60세에서 단계적으로 65세로 늦추는 연금개혁방안을 마련한 바 있다. 그래서 지금 현재도 연금 수준은 노후생활에 소요되는 실제 생활비에 비해 터무니없이 모자라는 형편이다. 그런 상황에서 연금을 더 깎는다는 것은 현실적으로 어렵다. 이런 관점에서 지난 2015년 공무원연금 개혁 시 국민연금의 소득대체율을 기존의 40%에서 50%로 오히려 제고해야 한다는 주장마저 제기되었다.

세 번째는 연금의 투자수익률을 획기적으로 제고하는 방안이다. 그러나 연금은 수익성 제고도 중요하지만 그 이상으로 안정성이 중요한 과제이기에 획기적인 투자수익률 제고에는 한계가 있을 수밖에 없다.

끝으로, 연금 수혜자가 보험료를 더 내도록 하는 방안이다. 이는 첫 번째 방안이 워낙 현실성이 적고 장기적인 과제인데다가 두 번째 및 세 번째 방안 역시 실현되기가 쉽지 않다보니 가장 현실적인 방안으로 간주되고 있다.

특히 베이비붐 세대가 은퇴하기 전에 보험료를 더 내는 것이 연금 수지 개선에 도움이 된다. 현재 우리나라 보험료율은 소득의 9%로 독일

(19.9%), 일본 (16.4%)과는 비교가 되지 않고, 미국 10.4%에 비해서도 낮다. 우리보다 보험료율이 낮은 나라는 보험료로 사회보험을 운영하는 26개 국가 중 이스라엘(6.9%)뿐이다.

우리나라는 보험요율을 지난 1998년 6%에서 9%로 인상한 이후 지금까지 15년 이상 동결하고 있다. 이는 건강보험과 실업연금의 경우 매년 보험료를 인상 해오고 있는 것과도 차이를 보이고 있다. 이에 따라 국민연금제도발전위원회는 지속가능한 국민연금을 위해 보험료를 단계적으로 소득의 13~14%까지 올려야 한다는 의견을 제시하고 있다.

국민연금이 고갈되는 상황을 미연에 방지하기 위해서, 그리고 미래 세대의 부담을 덜어주기 위해서 가장 합리적이고 현실적인 대안을 찾는데 지혜를 모아야 한다.

행복경제로
가는 길

제2부

1. 행복경제의 추구

행복이란?

행복을 측정하는 방법

대한민국의 행복지수

행복이란?

'행복'이란 무엇일까? 사전에는 '생활에서 기쁨과 만족감을 느껴 흐뭇한 상태'라고 되어있다. 이러한 상태에 도달하기 위해서는 물질적 풍요, 정신적 안정감, 가족들과의 사랑, 원만한 대인관계 등의 요소들이 만족할 만큼 충족되어야 할 것이다. 그러나 현실에서의 정답은 없다. 만족의 크기는 너무나 주관적이기 때문이다.

행복에는 만족, 기쁨, 즐거움, 재미, 웃음, 보람과 인정, 평온과 안정, 의욕, 희망 등의 여러 요소가 포함되어 있다. 이러한 요소들은 모두 일정하게 '좋다'라는 느낌을 포함하고 있다. 그러나 '좋다'라는 느낌이 모두 동일하지는 않고 나름대로 차이가 있다.

우선, '기쁨'은 좋다라는 느낌이 양적으로 강한 상태라고 할 수 있다. 예를 들어, 오래 소망해 온 일이 실현됐을 때는 좋다는 느낌을 강하게 받는다. 이는 단순히 좋다는 상태를 넘어서서 강한 만족감을 느끼는 기쁜 상태라 할 수 있다.

그리고 다양한 좋다라는 느낌이 서로 조화를 이루고 있는 상태를 '즐거움'이라고 할 수 있다. 커피를 마시고 음악을 듣고 다정한 이와 대화를 나눌 때는 기쁘다라기보다는 즐겁다라고 표현한다. 좋다라는 느낌에

긍정적인 가치평가가 더해질 경우 '보람'이나 혹은 '인정'으로 나타난다. 또 마음이 초조해지지 않고 원만하게 유지되는 상태를 '평온감'이나 '안정'이라고 표현한다.

이러한 다양한 좋은 느낌들이 모아질 때 우리는 행복하다고 말한다. 행복은 미래에 대해 좋은 상태를 꿈꾸고 그려보는 희망으로 나타나기도 하고, 단순히 자신이 좋아하는 상태를 마음에서 그려보는 상황에서도 얻어질 수 있다.

이처럼 '행복'은 개념이 모호하고 주관적이기 때문에 '행복은 이런 것이다' 하고 쉽게 정의를 내리기 어렵다. '행복'은 인류 역사의 시작과 함께 사람들에게 최고의 관심사였고 최고의 가치였기에 사람들은 행복의 본질을 찾고자 많은 노력을 기울여왔다.

고대 그리스 철학의 본류인 스토아학파Stoicism는 '마음의 동요를 완전히 제거해 어떤 간섭과 고통을 받지 않는 무정념의 상태apatheia'를 행복이라고 정의했고, 공리주의자 벤담은 사회적 공리共利를 중요시하면서 '최대다수의 최대행복'을 역설했다. 동양에서는 행복을 '비움'으로 풀이했다. 노자는 행복하려면 있는 그대로 모양을 짓는 물처럼 인위적으로 몸부림치지 말고, 완벽을 추구하지 말 것을 강조했다. 이렇듯 동·서양의 철학은 공통적으로 물질적 풍요보다는 내적인 평안에서 이상적인 행복의 개념을 찾고 있음을 알 수 있다.

우리나라에서는 언제부터인가 이 세상에서 가장 행복한 사람은 태어날 때 금수저를 물고 나온 사람들일 것이라고 생각하는 풍조가 생겼다.

그러나 실제로는 자녀들이 세상물정을 모르고 자라게 하거나 너무 많은 재산을 물려주는 것이 결코 바람직한 일이 아니라는 것을 우리 주변에서 심심찮게 보고 있다. 그것은 그들이 삶의 여정이라는 건축물을 차곡차곡 쌓아가는 데 어쩌면 걸림돌이 될 수 있기 때문이다.

물려받은 재산이 없었더라면 최선의 노력을 다해 스스로 삶의 길을 개척해 나갈 터인데, 물려받은 재산이 있기에 그냥 그 재산을 가지고 편안히 살 궁리를 하기 쉽다. 이 경우 인생의 참맛을 모르게 된다. 무언가 이루어나간다는 성취감을 느끼지 못한다.

대다수의 사람들은 경제적 풍요를 가장 중요한 요소로 생각하고 있는 것 같다. 특히 국민소득이 낮은 나라일수록 이런 경향이 더욱 강한 편이다. 어떤 사람이 "돈을 얼마나 가지고 있으면 행복할까?"라는 질문을 던졌더니 '다다익선多多益善' 즉 많으면 많을수록 좋다는 답변이 가장 많았다고 한다.

그러나 그 중에는 돈이란 자기가 살아가는 데 커다란 불편이 없을 정도만 있으면 이상적이며, 여기에 주변을 도와줄 수 있을 정도의 여유자금을 지니면 '금상첨화錦上添花'일 것이라는 답변을 내놓은 사람도 적지 않았다. 이들의 행복관은 주변에 선善한 영향력을 많이 떨치는 것이었다. 이러한 다양한 의견들을 종합해보면 돈이란 부족한 것보다는 풍족한 것이 더 낫겠지만, 그렇다고 해서 억지로 많이 모으려고 애를 쓸 필요는 없다는 결론이 나온다.

세계적으로 손꼽히는 부자이면서 투자의 귀재인 워런 버핏은 다음과 같이 말했다.

"당신이 좋아하는 일을 하라. 돈이 아니라 당신이 좋아하고, 사랑할 수 있는 일을 하라. 그러면 돈은 저절로 들어온다. 행복이라면 분명히 정의할 수 있다. 내가 바로 그 표본이기 때문이다. 나는 일 년 내내 좋아하는 일만 한다. 좋아하는 일을 좋아하는 사람들과 함께 할 뿐, 내 속을 뒤집어 놓는 사람들과는 관계할 필요조차 없다. 일을 하면서 유일하게 싫은 것이 있다면 3, 4년에 한 번씩 누군가를 해고해야 한다는 사실이다. 그것만 빼면 문제될 게 없다. 나는 탭댄스를 추듯이 일터에 나가 열심히 일하다가, 가끔씩 의자에 등을 기댄 채 천장을 바라보며 그림을 그리곤 한다. 이것이 내가 행복을 느끼는 방식이다."

세상의 모든 사람은 어쩌면 서로를 부러워하며 살아가고 있는지도 모른다. 이는 자신이 갖지 못한 것을 가진 상대를 부러워하지만 결국 자신이 가진 것이 가장 가치 있는 것이라는 사실을 깨닫지 못하기 때문이다. 삶이 불행한 것은 부러움이나 욕심 때문이다. 상대방의 지위와 부, 권력을 부러워하면서 늘 자신을 자책하기에 불행하다고 생각하게 된다. 가난한 사람은 부자를, 부자는 권력을, 권력자는 가난하지만 건강하고 화목한 사람을 부러워한다.

세상에서 최고로 아름답다고 하는 다이아몬드도 현미경으로 살펴보면 상처투성이라고 한다. 우리는 가진 게 많아 누리고 살아가는 사람을 보면서 부러워하고 행복할 것이라 생각하는 경향이 있다. 그러나 그들도 때로는 더 채우지 못해 때로는 말 못할 사연으로 고통을 안고 살아가고 있다고 한다. 행복이란, 결과가 아니고 살아가는 과정에서 만나는 것이기 때문에 스스로 처해 있는 현실을 어떻게 받아들이느냐에 따라서 행복하기도 하고 불행하기도 한 것이다. 행복이란 기다리고 있으면 누가 가져다주는 것이 아니라 내가 직접 찾고 만들어 가야 하는 것이다.

사실 행복의 요소들은 우리 생활 주변에 널려 있다. 그러나 우리는 이를 잘 인식하지 못하거나 대수롭지 않게 여기며 살아가고 있다. 그 하나하나는 매우 작아 보이기 때문이다. 아니 그보다도 우리의 욕심이 지나치게 크기 때문이다. 우리는 작은 행복 대신 커다란 행운을 찾아 헤매고 있다. 그래서 우리는 자칫하면 찰나의 행운을 잡기 위해 수많은 행복을 짓밟게 된다. 많은 사람들이 이미 행복이 넘쳐나는데도 그것을 알지 못한 채, 지금보다 나은 삶을 찾는다면서 있을지도 없을지도 모르는 행운을 뒤쫓으며 살아가고 있는 건 아닐까?

풀밭이나 들판에 나가보면 사람들은 네잎클로버를 찾으려고 노력하지만, 지천에 널려 있는 세잎클로버는 소중하게 여기지 않는다. 그런데 이렇게 지천에 널려 있는 흔하게 볼 수 있는 세잎클로버의 꽃말이 '행복'이라고 한다. 반면, 우리가 수많은 세잎클로버를 짓밟으면서 찾아 헤매는 네잎클로버의 꽃말은 '행운'이다. 그러니까 우리는 행운 하나를 찾겠다고 주변의 수많은 행복들을 마구 짓밟고 있지는 않은지 돌아볼 일이다. 아울러 우리가 추구하는 그 행복이 먼 훗날이 아닌 바로 지금 이 순간에 존재한다는 점을 놓쳐서는 안된다.

독일의 신학자 찡크Joerg Zink는 다음과 같은 이야기로 현대인의 문제점을 진단하였다.

어느 날 한 청년이 사하라 사막을 횡단하였다. 그는 많은 장비를 준비하였고, 무엇보다 중요한 식수를 준비했다. 그러나 길을 떠난 지 하루만에 식수가 바닥이 나버렸다. 그는 기진하여 쓰러졌고 마침내 실신하기에 이르렀다. 그리고 한참 후 그가 눈을 떠보니 눈앞에 야자수가 보였고 나뭇잎이 바람에 흩날렸다. 그는 이제 죽을 때가 되어 환각이 보이는구나 하고 애써 눈을 감았다. 잠시 후에는 귓가에 물소리와 새소리가 희미하게 들렸다. 그러자 이제는 '아, 이제 정말 내가 죽게 되는구나!' 하고 또다시 소리에 귀를 닫고 말았다.

그 이튿날 아침, 사막의 베두인이 어린 아들과 함께 오아시스에 물을 길으러 나왔다가 물가에서 입술이 타 들어가 죽은 청년을 발견하게 된다. 그 모습이 너무도 이상했던 아들이 아버지에게 물었다. '아버지, 이 사람은 왜 물가에서 목말라 죽었을까요?' 그러자 아버지가 대답했다. '애야! 여기 죽어 있는 젊은이가 바로 현대인이란다.'

많은 것들을 곁에 두고 다 써보지도 못하고 죽어가는 이상한 현대인, 미래의 노후대책 때문에 오늘을 행복하게 살지 못하는 희귀병에 걸린 현대인, 늘 행복을 곁에 두고도 다른 곳을 헤매며 찾아나서다 일찍 지쳐버린 현대인, 나누면 반드시 행복이 온다는 지극히 평범한 진리를 알고 실천을 못하는 장애를 가진 현대인...

행복을 측정하는 방법

오랫동안 한 국가의 경제규모를 파악하고자 할 때면 대표적인 경제지표로 GDPGross Domestic Product, 국내총생산를 활용해 왔다. 그러나 이 대표적인 총량지표인 GDP에 대한 비판 또한 끊임없이 제기되어 오고 있다. 국민소득을 통해 한 나라의 '경제력'은 측정할 수 있지만, '국민 생활의 질'이나 '행복' 등 보다 근원적인 부분에 대해서는 제대로 파악할 수 없다는 것이다. 그리고 모든 경제활동을 유효한 것으로 간주하기 때문에 국민들의 생활수준을 실제로 향상시키는 경제활동과 그렇지 않은 경제활동을 구분하지 못한다는 비판도 받고 있다.

다시 말해 실업과 빈곤퇴치를 위한 정부지출의 증가뿐만 아니라 무기 구입비용, 비만·흡연·마약 등으로 인한 의료비가 늘어나도 GDP는 증가하게 된다. 반면 소득 불평등, 여가 시간, 문화생활 향유, 환경오염, 자원고갈 등과 같은 문제는 국민들 삶의 질에 큰 영향을 미치는 요소이지만, GDP에서는 산정대상이 아니라는 것이다. 이러한 비판이 설득력이 있다는 인식 아래 국제사회에서는 고용, 보건, 교육, 환경 등을 포괄하는 새로운 '행복지수'의 개발을 위한 논의가 한창 진행되고 있다.

'국내총생산GDP'이 한 나라의 경제적 가치를 측정하는 지표라면, '국민행복지수'는 경제적 가치뿐만 아니라 삶의 만족도나 미래에 대한 기대, 자부심 등 인간의 행복과 삶의 질을 포함시켜 총체적으로 평가하는 지표이다. 우리나라는 각종 조사에서 행복지수가 낮게 나타나고 있는데, 이는 결국 우리나라 국민들이 행복감을 느끼지 못하고 있다는 것을 의미한다.

우리가 경제성장에 목을 매는 것은 성장이 일자리를 창출하고 생활수준을 향상시키기 때문이다. 그러나 최근에는 '고용없는 성장'의 추세가 나타나고 있다. 또한 성장의 과실이 모든 사람에게 골고루 나누어지지 못하고 있을 뿐만 아니라 성장에 부수되는 생태환경의 파괴라는 문제점까지 부각되고 있다. 이에 따라 기존의 경제성장 개념에 대한 회의가 일고 있다. 경제성장을 나타내는 지표인 GDP 증가가 결코 국민의 후생과 복지의 증진을 의미하지 않는다는 인식이 확산되고 있는 것이다.

그동안 국제사회에서 개발하였거나 논의가 진행 중인 주요 행복지수들은 다음과 같다.

첫째, 부탄의 '국민행복지수GNH, Gross National Happiness'이다. 1972년 부탄의 제4대 국왕인 지그메 싱기에 왕추크는 처음으로 GDP가 아닌 국민들의 행복지수를 기준으로 나라를 통치하겠다고 발표했다. 그는 GDP 대신 GNH 국민행복지수를 높이는 것을 국정목표로 삼고 웰빙과 건강, 생태계 보호 등 국민의 행복을 증진시키는 방법을 찾았다. 예를 들어보면, "삼림 면적은 영구히 국토의 60%를 밑돌지 않도록 해야 한다"는 조항을 헌법에서 규정하고 있고, 인접국인 인도가 수력발전에 필요한 댐을 만들어 주겠다고 해도 거절했으며, 외국 관광객의 입국도 제한하고 있다. 이런 조치들은 자연이 훼손되는 것을 막기 위해서이다.

이러한 정책 방향은 지금까지 지속되고 있으며 건강, 시간 활용 방법, 생활수준, 공동체, 심리적 행복, 문화, 교육, 환경, 올바른 정치 등 9개 분야의 지표를 토대로 GNH를 산출해 내기도 했다. 그 결과 부탄 국민의 97%가 스스로 행복하다고 느끼며 살고 있다. 이후 2012년 4월 개최된 제66차 UN총회에서 지그메 틴리 부탄 총리는 복지와 행복에 대한 회의를 주재하면서, 국가발전 정도를 GDP나 GNI가 아닌 GNH에 의해 측정할 것을 주장했다.

둘째, 'UN의 인간 개발 지수HDI, Human Development Index'이다. 이는 1990년에 국제연합개발계획UNDP이 인간다운 생활 수준을 가늠하기 위해 각국의 평균 수명과 교육 수준, 1인당 국민소득 등 모두 206개 지표를 토대로 작성되었다. 이에는 PPP구매력 평가기준 1인당 GDP, 소득불평등을 나타내는 지니계수, 이 밖에도 교육 수준, 문맹률, 기대수명, 의료 수준 등이 포함되어 있다.

또 유엔은 전 세계 157개 국가를 조사하여 『세계행복보고서World Happiness Report』를 매년 발표하고 있다. 유엔이 미국 컬럼비아대학 지구연구소에 의뢰해 발표하는 이 보고서는 여론조사 전문기관인 갤럽의 세계 여론조사와 유엔인권지수 등의 자료를 기초로 작성한다. '2016 세계행복보고서'에 따르면 우리나라는 58위를 기록했다. 2013년 41위, 2015년 47위에서 계속 하락하는 모습이다. 가장 행복한 나라는 2년 연속 1위를 차지한 덴마크였고, 스위스, 아이슬란드, 노르웨이, 핀란드 등 북서부유럽 국가들이 뒤를 이었다. 반면 가장 불행한 나라는 부룬디, 시리아, 토고 등 아프리카 국가들로 채워졌다. 전 세계 국내 총생산GDP 1위인 미국은 상위권인 13위에 올랐다.

셋째, OECD의 '행복지수BLI, Better life Initiative'이다. OECD가 창설 50주년을 맞아 2011년 시작한 이 행복지수BLI는 GDP만으로는 측정할 수 없는 인간의 가치에 주목하여 만들어졌다. 조사대상 영역은 주거환경, 소득, 일자리, 공동체 생활, 교육, 환경, 정치참여, 건강, 삶의 만족도, 치안, 일과 삶의 균형 등 11개 항목으로 각국의 점수는 경제지표 혹은 여론조사 등의 자료에 근거해 측정된다.

또 한 항목당 10점 만점으로 평가를 진행하며, OECD 회원 34개국과 브라질, 러시아 등 총 38개국을 대상으로 삶의 질 순위를 발표한다. 2016년에는 노르웨이, 호주, 덴마크, 스위스, 캐나다가 상위 1~5위를 차지했다. 일본은 23위였고 우리나라는 28위였다. 우리나라는 안전과 교육 영역에서는 높은 점수를 받았으나, 환경, 일과 생활의 균형, 건강, 삶의 만족도 등 대부분의 항목에서 하위권에 자리하였다.

넷째, 노드하우스Nordhaus와 토빈Tobin교수가 제시한 '경제후생지표MEW, Measure of Economic Welfare'이다. 이는 GDP에 추가적인 복지 요소들을 포함시켜 국민총생산에 내재된 약점을 보완하고자 시도한 것으로, 국민소득에 가사 서비스나 여가 등의 효용가치를 더하고, 공해 등 비후생적 요소들은 비용으로 공제해 산출한다. 그러나 이 또한 GDP처럼 생산물에 대한 질적 차이와 소득분배구조를 나타내지 못하고 객관적으로 수량화하는 데 어려움이 있다는 지적을 받고 있다.

다섯째, '포괄적 부IWI, Inclusive Wealth Index'와 관련된 지표이다. 이는 2012년 6월 브라질 리우에서 열린 유엔 지속가능발전 정상회의에서 제안되었다. 당시 노벨 경제학상 수상자인 조셉 스티글리츠Joseph E. Stiglitz 교수는 GDP와 같은 경제적 수치보다 삶의 질과 지속가능성에 대한 평가에 더 주목해야 한다며, GDP를 대체할 새로운 경제지표의 제정이 필요하다고 주장하였다.

'포괄적 부Inclusive Wealth'란 물적 자본, 인적 자본, 자연 자본, 지식, 인구 등 한 나라의 경제가 보유한 모든 자본자산capital asset의 잠재가치 shadow price의 합이며, 이를 2000년도 달러 가치를 기준으로 지수화한 것이다. IWI는 국가의 경제적인 부뿐만 아니라 자연환경 및 자원의 고갈 문제를 고려하여 장기적인 관점에서 지속가능한 성장을 예측하고 있다. 실제 1990~2008년 동안의 주요 국가 성장률을 보면 GDP, HDI가 성장한 것으로 나타나는 국가 중 25%는 IWI가 감소하였는데, 그 원인은 자연자본의 감소에 의한 것이다. 특히 러시아, 사우디아라비아 등 자연자본의 고갈이 심한 국가들은 마이너스 성장을 기록하였다. 다만, 이 새로운 부의 지표는 각국의 이해관계 불일치로 합의는 이루어내지 못하였다.

이처럼 국가의 부를 측정하는 데는 지속가능한 성장과 삶의 질이 동시에 고려되어야 한다는 공감대가 날이 갈수록 점점 커지고 있다. 국제사회에서는 기존의 GDP를 보완하는 지표를 만들기 위한 활발한 논의가 진행 중에 있으며 앞으로도 계속 이어질 것으로 예상된다.

대한민국의 행복지수

우리나라는 지난 반세기 동안 경제성장을 최우선 목표로 삼고 진력해 왔다. 덕분에 우리는 가장 빠르게, 성공적으로 경제성장을 일궈낸 국가로 기록되었다. 그러나 그 안에서 우리가 실제로 느끼는 행복감은 매우 낮은 수준이라는 분석이 나오고 있다. 이는 국제사회에서 조사하는 각종 행복지수에서도 잘 나타나고 있다.

통계청의 사회조사에 따르면 우리 국민들이 직업 선택 시 가장 중요하게 고려하는 요인은 수입, 안정성, 적성·흥미 등의 순으로 나타났다. 반면에 발전성·장래성, 보람·자아성취, 명예·명성은 덜 중요하게 생각하는 것으로 드러났다.

또 다른 한 설문조사에 의하면 우리나라 사람들이 생각하는 중산층의 요건 내지 행복해지기 위한 조건은 첫째도, 둘째도, 셋째도, 그리고 넷째도 모두가 경제력에 관한 것으로 나타났다. 즉 35평 이상의 아파트와 2,000cc급 승용차를 소유하고 있어야 하며, 은행 잔고가 수 억원에 달하고 또 1년에 최소한 한번 이상 해외여행을 할 수 있어야 한다는 것이다. 이에 반해 서구 선진국 사람들의 행복의 조건은 우리와는 아주 다르다. 페어플레이fair play 정신으로 살아가기, 정기적으로 토론과 대화를 나눌 수 있는 모임에 참여하기, 최소한 자신이 좋아하는 악기 하나는 다룰 줄 알기, 좋아하는 음식 요리하기 등이었다.

그러면 우리나라의 행복지수가 이렇게 낮게 나타나는 이유는 무엇일까? 이는 치열한 경쟁 속에서 감내해야 하는 각종 스트레스, 갈수록 벌어지는 빈부격차에서 느끼는 상대적 박탈감, 높아만 가는 청년 실업률, 고령화사회로 접어들면서 겪는 노후 불안 등 얽히고설킨 문제들이 우리 주변에 널려있기 때문일 것이다.

우리나라는 기본적으로 소득의 양극화 현상이 심각하다. 소득분배 상태를 나타내는 지니계수가 좋지 않은 수준인 0.3에 이르고 있다. 또 상위 20%가 하위 20% 평균 소득의 8.2배에 달하고 있다. 이러한 소득 불평등이 심화되는 가운데 우리 사회의 상당수는 상대적 박탈감을 갖고 있다고 한다. 재벌의 경제력 집중현상도 심화되고 있다. 계열기업 수가 80여개에 달하는 재벌이 있는가하면, 다수의 중소기업들은 을의 지위에서 대기업의 눈치를 보아야만 목숨을 부지할 수 있는 상황에 처해있다.

이토록 심각한 양극화 현상과 치열한 경쟁 속에서 사람들은 이루 말할 수 없을 정도의 정신적 불안과 스트레스를 겪고 있는 것이다. 한 연구 결과에 의하면, 한국인의 70% 이상이 조급증에 시달리고 있다고 한다. 이것은 가정이나 학교 직장 어느 곳을 막론하고 항상 잘해야 한다는 심리적 압박에서 오는 정신적 결함증세라는 것이다.

우리나라의 자살률은 세계 최고 수준이다. 우리나라는 한 해 인구 10만명 당 25.8명이 자살하는 것으로 나타나 OECD국가 평균 12.0명보다 2

배 이상 높다. 통계청의 '2015 사망원인통계'에 따르면 2015년 자살에 의한 사망자 수는 모두 13,513명으로, 하루 평균 자살 사망자 수는 37명이다. 인구 10만명당 자살자 수가 10년 전과 비교하면 1.8명 늘었다. 남자(37.5명)가 여자(15.5명)보다 2.4배 많았다. 특히 노인 자살률이 매우 높고 갈수록 증가하는 추세인데, 70대 104.5명, 80대는 154.9명에 달했다. 또 청소년의 사망 원인 중 첫 번째가 자살이라고 한다.

지금 이 시대를 살아가는 우리 젊은이들은 불투명한 미래에 불안해하며 방황하고 있다. 대학 진학과 취업에 아름다운 청춘의 열정을 탕진하고서 기진맥진해 하고 있다. '이태백'이라는 풍자적 신조어가 등장할 정도로 일자리 구하기가 어렵다. 청년실업률은 12~13%까지 치솟아 청년 실업자 수가 사실상 100만명에 달하고 있다. 그나마도 비정규직이 태반이다. 그 결과 많은 젊은이들은 꿈과 희망까지 포기하는 7포세대로 전락하였다.

우리나라 여성 1명이 가임기간 동안 낳을 것으로 기대되는 신생아 수는 1.24명으로 OECD 평균 1.74명에 크게 밑돌고 있는 실정이다. 높은 주택비와 양육 부담이 젊은 부부들의 출산을 머뭇거리게 하고 있다. 이로 인해 생산가능인구가 줄어들고 있으며 고령화의 속도 또한 세계에서 가장 빠르다. 산업재해로 사망하는 근로자의 수도 인구 10만명당 20.99명으로 OECD 국가 중 1위다.

근로시간도 세계 최고 수준이다. 2015년 기준 우리나라 사람들은 하루 평균 10시간 30분, 년간 2,113시간을 일했다. OECD 회원국 34개국 평균 1,766시간 보다 347시간 많았다. 하루 법정 노동시간 8시간을 기준으로 할 때 OECD 평균보다 43일 정도 더 일했다. 한 달 평균 22일 일한다고 가정했을 때 OECD 평균보다 두 달 더 일한 셈이다. 그리고 OECD 회원국 가운데 정년퇴직 후에도 가장 오래 일하는 나라이다. 2012년 기준으로 볼 때, 남성의 경우 노동시장에서 더 이상 경제활동을 하지 않는 나이를 가리키는 '유효은퇴연령'은 평균 71.1세였는데, 이는 멕시코(72.3세)에 이어 2위에 해당한다. 여성의 경우도 유효은퇴연령이 평균 69.8세로 칠레(70.4세)에 이어 2위로 나타났다.

또 우리는 툭하면 대형사고 소식에 직면하고 있다. 성수대교와 삼풍백화점 붕괴사건, 300여 명의 꽃다운 젊은이들의 생명을 앗아간 세월호 사건 등등... 모두가 우리들의 부주의와 비리와 탐욕이 가져온 인재人災였다. 사고로 가족을 잃게 된 사람들 중에는 스스로 목숨을 끊기도 하고 혹은 이나라가 싫어 이민을 떠나간 사람들도 있다.

이처럼 복지와 행복 등에 직접적으로 관련된 항목에서 우리는 여전히 최하위국 수준에 머물러 있다. 따라서 우리의 현실적 행복지수는 낮을 수밖에 없다. 실제로 우리 국민 상당수는 소득의 양극화, 불균형적인 여가시간, 불완전한 고용 등으로 고통을 겪고 있다.

이러한 부끄러운 통계 수치들과 사회현상들은 우리나라 사람들이 다른 나라 사람들에 비해 전반적으로 매우 힘들고 불안한 삶을 살고 있다는 것을 방증하고 있다. 우리가 과거에 비해서는 경제적으로 많이 여유로워진 것은 사실이지만, 경제적인 풍요 뒤에 가려진 사회적 불평등, 심각한 빈부격차, 강고한 계층간 장벽, 빈약한 사회안전망 등이 우리의 삶을 불안하게 만들고 있다는 사실을 보여주고 있는 것이다.

그러면 행복지수를 높이고 나아가 국민 모두가 행복한 나라를 만들기 위해서는 어떻게 해야 할까? 우선, 사회구성원들이 불필요한 갈등 없이 서로 배려하고 협동적인 인간관계를 형성해 나가야 한다. 그리고 우리 사회에 만연한 물질만능의 세태와 인명경시 풍조를 종식시켜야 한다. 이를 위해 무엇보다 필요한 것은 교육을 바로 세우고 인성교육을 강화해 나가는 일이다.

경제발전 모델을 모색함에 있어서도 이제는 기존의 불균형성장전략에서 벗어나 장기적이고 친환경적이고 지속가능한 발전 모델을 개발·운용해 나가야 할 것이다. 그리고 중산층을 육성해야 한다. 중산층이 부실하여 양극화 현상을 보일 경우 사회적 갈등이 심화될 것이다. 이는 중간에서 중재해주고 의견을 조율해 줄 중간 입장이 줄어들기 때문이다. 이와 함께 국민소득 3만 달러 실현을 눈앞에 두고 있는 우리로서는 추가적인 경제적 성취 못지않게 문화적 욕구를 충족시키는 문제에 대해서도 적극적인 대응책을 마련해 나가야 한다.

이러한 과제들이 제대로 실현된다면 우리 국민들은 현재보다는 더 행복한 삶을 누릴 수 있게 될 것이다.

2. 경제운영 프레임의 혁신

지속가능 발전 전략의 추구

동반성장과 공유경제의 확산

일자리 중심의 경제정책 운용

중산층 육성과 사회안전망 확충

사회복지의 내실화

지속가능 발전 전략의 추구

 세계의 건강한 미래는 사회 · 경제 · 환경이 조화를 이루는 개발이 이루어질 때 보장될 수 있을 것이다. 1972년 스웨덴 스톡홀름 회의에서 채택한 〈인간환경선언〉은 "인간은 그 생활의 존엄과 복지를 보유할 수 있는 환경에서 자유, 평등, 적절한 수준의 생활을 영위할 기본적 권리를 갖는다"라는 환경권을 선언했다. 또 지역개발은 생태계를 파괴하지 않는 범위에서 이루어져야 한다는 이른바 '생태학적 개발'이라는 개념을 정립하였다. 그리고 이 생태학적 개발은 이후 1980년 세계 자연보전 전략에서 '지속가능한 개발environmentally sound & sustainable development'이라는 개념으로 발전하였다.

 이후 '지속가능한 개발'이라는 용어는 다양한 분야에서 매우 광범위하게 사용되고 있다. 그러나 구체적인 의미는 개발대상이 무엇이냐에 따라 조금씩 다르게 정의된다. 그중에서 1987년 발표된 UN 보고서 「우리의 미래Brundtland 보고서」에서 정립된 개념이 가장 일반적으로 사용된다. 이에 따르면 지속가능한 개발이란 '미래세대가 그들의 필요를 충족시킬 능력을 저해하지 않으면서 현재세대의 필요를 충족시키는 발전'이라는 것이다. 다시 말해 '지속가능한 개발'이라는 개념의 핵심은 경제성장과 환경보전의 조화가 경제개발 자체의 지속성을 유지시키는 기반임을 명확히 인식하는 것이라 하겠다.

이 지속가능성의 개념은 원래 생물학적 논리에서 출발하였으나 이후 경제·복지·의료·문화예술 등 사회 전반의 문제로까지 확대되어 갔다. 이처럼 지속가능한 개발의 개념과 범위는 개발대상이 무엇이냐에 따라 여러 가지로 달라질 수 있다. 그러나 크게 자연의 재생능력의 범위 안에서 자연조건을 만족시키는 개발, 세대간의 자연자원 이용의 형평성이 보장되는 개발, 절대빈곤의 추방을 통한 사회정의 실현으로서의 개발 등으로 압축된다.

2015년 9월 개최된 제70차 UN총회에서는 2016년부터 2030년 기간 동안 전 세계의 지속가능한 발전을 위한 행동계획이자 목표로서, 〈세계의 변화 - 지속가능개발을 위한 2030과제Transforming our World- The 2030 Agenda for Sustainable Development〉를 채택했다. 이는 환경·사회·경제·국가 관리체계governance 전 분야에 걸쳐 17개의 목표Goal와 169개의 세부목표Target로 이루어져 있다. 이 2030과제는 2001년에 시작하여 2015년에 종료된 〈새천년개발목표MDGs, Millennium Development Goals〉가 빈곤퇴치 및 개도국 지원에 초점을 맞춘 것과는 달리 선진국과 개도국을 포함한 모든 국가에 해당하는 발전목표를 담고 있다.

17개 목표에는 가난 탈출과 기아해소, 건강한 삶, 양질의 교육, 양성평등, 위생적인 생활 등이 포함돼 있다. 또 지속가능한sustainable 경제성장과 산업화, 소비 및 생산이 선정됐으며 국가간 불균형 해소, 안전한 도시 만들기, 기후변화 적극 대응, 해양자원 보존, 평화 증진 등도 포함돼 있다.

우리나라도 「저탄소 녹색성장 기본법」에 의거 2006년부터 5년을 기간으로 하는 〈지속가능발전 기본계획〉을 수립·추진해 오고 있다. 2016년 1월 확정한 제3차 〈지속가능발전 기본계획〉은 '환경·사회·경제의 조화로운 발전'이라는 비전 아래 건강한 국토환경, 통합된 안심사회, 포용적 혁신경제, 글로벌 책임국가 등 4대 목표와 이를 실천하기 위한 50개 이행과제를 제시하고 있다.

4대 목표별 주요 이행과제는 다음과 같다.

첫째, 환경 분야는 '건강한 국토환경'을 목표로 10개 이행과제로 구성되어 있다.

고품질 환경서비스 확보를 위해 초미세먼지 대기환경기준을 세계보건기구WHO 기준에 맞게 단계적으로 강화하고, 환경오염배출 관리체계를 선진화한다. 이를 위해 친환경 자동차 보급을 확대한다. 또 우수한 생태계 보전을 위해 백두대간, 비무장지대DMZ 등 한반도 핵심 생태축의 연결성을 강화하고, 국립공원·산림보호지역 등 자연보호지역을 확대해 나간다. 농어촌지역 상수도 확충 등 물 순환체계도 강화한다.

둘째, 사회분야는 '통합된 안심사회'를 목표로 16개의 이행과제로 구성되어 있다.

서민과 중산층의 주거지원을 위해 행복주택 등 임대주택을 지속 공급한다. 여성의 경제활동 지원을 위해서는 청년층·경력단절 여성에 대한 특화프로그램을 운영하고, 직장 어린이집을 확충한다. 또 갈수록 관심이 증가하고 있는 건강 분야에 대한 정책을 강화하고, 사전 예방적 안전관리 강화 등을 통해 안전한 사회 구축에도 힘써 나간다.

셋째, 경제분야는 '포용적 혁신경제'를 목표로 12개의 이행과제로 구성되어 있다.

먼저 공공부문의 솔선수범, 기업의 청년고용 창출을 위한 재정지원, 혁신형 창업지원 등을 통해 일자리를 창출하고, 비정규직의 정규직 전환 지원 등 고용 안정성을 강화한다. 또한 친환경 순환경제 정착을 위해 자원순환 성과관리제와 폐기물 처분분담금, 재활용 네거티브negative제를 도입하는 등 자원의 재활용을 촉진한다. 지속가능하고 안전한 에너지체계를 위해서는 친환경 에너지타운 확산 등 신재생 에너지의 보급을 확대하고, 원전 운영과 방사성 폐기물의 안전관리를 강화해 나간다.

넷째, 국제분야는 '글로벌 책임국가'를 목표로 8개 이행과제로 구성되어 있다.

개도국에 대한 공적개발원조 비중을 확대하고, 유엔개발계획UNDP 등 국제기구와의 협력을 강화한다. 파리기후협약 이행계획을 수립하고 후속조치에도 능동적으로 참여한다. 또 온실가스 배출권거래제의 정착을 위해 배출권 거래시장의 안정적 관리와 참여기업에 대한 지원 확대 등을 추진한다.

마지막으로 지속가능발전 교육 활성화, 지속가능발전 지표에 따른 평가 강화 등 지속가능발전의 이행기반 강화를 위한 4개 이행과제를 추진한다.

이러한 목표와 구체적 이행과제를 차질 없이 추진해 나감으로서 경제와 환경이 조화되고, 현세대와 미래세대간의 갈등을 완화하며, 종국적으로 국민 모두가 행복한 경제사회가 만들어지기를 기대해 본다.

제3차 「지속가능발전 기본계획」의 목표

주요지표	2015년		2020년		2035년
초미세먼지 환경기준 (연평균 µg/㎥)	25	➡	20	➡	15
도시 생태휴식공간 조성면적 (만㎡)	109	➡	344	➡	1,034
자연보호지역 비율(%)	12.6('14)	➡	17.0	➡	20.0
국가 자생생물 목록화 수	42,756('14)	➡	60,000	➡	85,000
깨끗한 물 확보 수준	2등급 이상 79.8%('14)	➡	전국상수원 1등급 이상	➡	도심하천 2등급 이상
여성 고용률(%)	54.9('14)	➡	61.3	➡	61.3
어린이 아토피 질환 환자수(만명)	42('14)	➡	35	➡	30
유통화학물질 안전정보 확보율(%)	5	➡	50	➡	80
고용률(%)	64.7('14)	➡	70	➡	70
자원생산성(원/kg)	1,382('14)	➡	1,719	➡	3,500
재활용률(%)	83.2('13)	➡	90	➡	97
에너지 원단위(toe/백만원)	0.247('13)	➡	0.226	➡	0.180
신재생에너지 보급 비율(%)	4.08('14)	➡	5.0	➡	11
GNI 대비 ODA 비율(%)	0.13('14)	➡	0.20	➡	0.30
1인당 온실가스 배출량 (tCO2 eq/인)	13.83 ('13)	➡	–	➡	10.27 ('30)
실질GDP 대비 온실가스 배출량 (tCO2eq/10억원, '10년기준)	502.9 ('13)	➡	–	➡	254.1 ('30)

동반성장과 공유경제의 확산

1990년대 초반 공산주의가 무너진 이후 신자유주의 사조는 전 세계를 풍미하게 된다. 신자유주의가 취한 정책의 기조는 개인자유의 철저한 보장, 정부규제의 철폐 내지는 축소, 공공복지제도의 축소, 감세와 재정 규모의 축소, 자유화와 개방화·세계화 시책의 가속화, 노동시장의 유연화, 공기업과 정부업무의 민영화 등이다.

세계경제는 이 신자유주의 정책에 따라 경제의 발전, 물질적 풍요로움, 기술혁신, 자원의 효율적 이용이라는 긍정적인 측면을 누릴 수 있었다. 반면 환경파괴, 범죄의 다량 발생, 양극화 현상의 심화와 이로 인한 사회갈등 유발 등 각종 사회 부조리를 양산하는 후유증도 낳았다.

특히 글로벌 금융위기가 터지면서 세계경제는 걷잡을 수 없는 나락으로 떨어졌다. 이후 신자유주의에 대한 반성과 함께 새로운 경제체제와 사조의 도입에 대한 논의가 시작되었다. 그 결과 나온 산출물의 하나가 동반성장과 공유경제의 개념이다.

동반성장은 자본주의 체제가 앞으로도 지속해 나가기 위해서는 기존의 '성장'과 '발전'에서 '공생共生'과 '상생相生'으로의 패러다임 변경이 있어야 한다는 생각에서 비롯되었다. 즉 중소기업과 대기업, 실물산업과 금융산업, 국내 자본과 외국 자본들 모두가 균형있게 발전하는 구도를 만드는 것이 주어진 과제라고 할 수 있다. 특히 우리나라는 그동안 불균형 성장전략을 취해온 결과 양극화 현상을 비롯한 후유증이 심각하기에 동반성장에 대한 갈증이 더욱 강한 편이다.

원래 우리나라에서의 동반성장 개념은 중소기업과 대기업간의 갈등을 해소하고, 서로 협력하여 상생할 수 있는 길을 모색한다는 취지에서 탄생하게 되었다. 특히 2010년 '동반성장위원회'가 만들어지면서 더욱 주목을 받게 되었다. 그러나 이 동반성장의 개념만으로는 국민 모두가 행복해지는 새로운 시대를 열어가기에 너무 부족하다. 단순히 대기업과 중소기업의 공존과 상생만이 아니라, 수출과 내수, 제조업과 서비스업, 그리고 노와 사가 균형 있게 발전하고 상생하는 사회를 지향해야 한다.

우리나라는 그동안 수출 중심의 성장전략을 취해 옴에 따라 내수가 빈약한 실정이다. 그런데 우리의 수출 비중이 내수에 비해 지나치게 클 경우 환율 절상 압력이 커지고 통상마찰 또한 증가하게 된다. 또 내수산업이 발전되지 못하면 수출제품의 경쟁력 제고가 불가능하게 된다. 따라서 우리 경제의 지속적인 발전을 기대하기 어렵다. 더욱이 날이 갈수록 국제사회의 보호무역 장벽이 높아지면서 수출환경마저 어려워지고 있다.

내수산업은 일자리 창출에 기여하는 역할이 특히 크다. 무역장벽과 고임금을 피하기 위해 수출기지를 해외로 이전하게 되면 그만큼 국내 일자리가 줄어들고 조세수입 규모 또한 축소된다. 따라서 내수가 활성화되어야 더 많은 일자리를 창출하고 수출도 뒷받침하며 경제규모 또한 확대시킬 수 있다. 우리가 내수산업을 육성하고 중소기업의 경쟁력을 키워야 되는 이유가 바로 여기에 있다.

내수산업을 구성하고 있는 큰 부분은 서비스산업이다. 그런데 우리 나라 서비스산업의 경쟁력은 제조업과 비교해볼 때 아직도 많이 취약한 편이다. 우리나라 서비스산업의 생산성은 미국 서비스산업의 절반 수준, 그리고 우리나라 제조업의 절반 수준에 불과하다. 그동안 우리는 경제발전 과정에서 제조업 위주의 지원정책을 추진해 왔다. 이에 따라 서비스산업에 대한 지원이 상대적으로 부족했고 그 결과 경쟁력을 갖추지 못하였다. 물론 이러한 차별조치를 점차 완화해 오고는 있으나 차별은 여전하다. 앞으로 우리나라 서비스산업의 경쟁력 강화를 위해서는 이들에 대한 지원수준을 높이고 지원방식도 개선해 나가야 한다. 한마디로 서비스산업의 지원시스템과 경쟁력을 제조업 수준으로 강화하고 끌어올려야 한다는 것이다.

한편, 중소기업은 주로 대기업이 필요로 하는 원자재와 부품을 생산하거나 지원서비스를 제공하고 있다. 이들이 우수하지 못하면 대기업이 생산하는 완제품도 경쟁력을 가지기 어렵다. 중요한 핵심부품들은 아직도 국내 중소기업들이 생산하지 못하거나 기술수준이 취약하여 일본으로부터 수입을 하는 경우가 많다. 이에 따라 대일본 무역수지 적자가 줄어들지 않고 있다. 현실적으로 독일과 일본 등 산업경쟁력이 강한 국가들은 우수한 중소기업들을 보유하고 있다. 이에 비해 우리 중소기업의 경쟁력은 아직도 매우 취약한 편이다.

그럼에도 적지 않은 대기업들은 여전히 중소기업과 하청기업들이 경쟁력을 키울 수 있도록 지원과 협력을 하기 보다는 자기들 성장발전의 희생양으로 간주하고 횡포를 부리고 있다. 이를 견디지 못한 중소기업은 결국 도산하고 말 것이다. 이 경우 많은 근로자들이 길거리로 내몰리게 되고, 종국에는 대기업 자신에게도 부메랑이 된다.

이런 결과가 초래되지 않도록 대기업과 중소기업은 공동운명체라는 인식을 공유하고 상호 협력해 나가는 것이 중요하다. 이와 함께 노사도 한 팀이 되어 단합함으로써 기존의 대립과 갈등의 관계에서 상생과 협력 그리고 동반자적 관계로 나아가야함은 물론이다. 이는 무한경쟁시대에서 살아남기 위한 전제조건이다.

기존 자본주의 체제를 보완할 수 있는 또 하나의 대안으로 떠오르고 있는 것이 공유경제이다. '공유경제'란 물품은 물론, 생산설비나 서비스 등을 개인이 별도로 소유할 필요 없이 필요한 만큼 빌려 쓰고, 자신이 필요 없으면 다른 사람에게 빌려 주는 공유소비의 의미를 담고 있다. 공동체 경제와 나눔경제, 협동·협업 경제, 사회적 경제도 비슷한 의미다. 소비와 소유의 시대를 넘어 공유시대로 세상을 바꾸자는 것이다.

미래학자이며 「공감의 시대The Empathic Civilization」의 저자인 제러미 리프킨 미국 펜실베이니아대학 교수는 한계비용이 제로(0)에 달해 스스로 무너질 수밖에 없는 자본주의의 구원투수가 공유경제라는 논리를 펴고 있다. 공유경제의 개념은 2008년 글로벌 경제위기 이후 나타나기 시작했다. 당시 심각한 경기불황으로 합리적 소비문화가 확산되어 갔다. 때

마침 스마트폰 보급으로 소셜네트워크 서비스SNS가 확산되면서 공유경제의 기반인 모바일 플랫폼도 구축됐다.

공유경제의 대표 주자는 2008년 8월에 설립된 에어비앤비Airbnb다. 이는 자신의 빈 방이나 집, 별장 등 공간을 임대하려는 사람과 숙박을 원하는 사람을 연결해 주는 서비스이다. "낯선 도시에서 우리 집을 만나다!"라는 캐치프레이즈 아래 여행의 설렘과 집이 주는 편안함이 절묘하게 조합된 에어비앤비의 도발은 성공했다. 에어비앤비의 성공은 호텔 숙박료보다 싸게 여행지에서 잠자리를 구하려는 이들과, 자투리 공간을 활용해 부수입을 올리려는 이들의 수요가 절묘하게 맞았기 때문이다. 이와 함께 '집'을 통해 서로 다른 문화권의 사람들이 만나는 색다른 경험이 입소문을 타고 퍼지면서 인기를 끌고 있다.

차량 공유기업인 우버Uber도 성공사례의 하나이다. 스마트폰 앱으로 택시가 아닌 일반차량을 연결해 주는 교통중개 서비스다. 2010년 탄생한 우버는 전 세계에서 찬사와 비난을 받으며 사업을 확장했고, 공유경제의 아이콘으로 부상하게 되었다. 포브스가 추산한 기업가치가 무려 680억 달러에 달한다. 창업 5년 만에 107년 전통의 제너럴모터스(GM)의 기업가치를 넘어선 것이다. 창업 7년차에 기업가치 500억 달러를 인정 받은 페이스북보다 빠르다.

에어비앤비와 우버의 성공은 전 세계 창업자들에게 커다란 자극을 줬다. 창업자들은 공유할 수 있는 분야를 찾아 특화하며 기업을 설립했다. 미국 시장조사업체 매솔루션Massolution에 따르면 세계 공유경제 시장 규모는 2010년 8억 5천만 달러에서 2014년 100억 달러를 넘었다. 미국 컨설팅업체 PwCPricewaterhouseCoopers는 2025년까지 세계 공유경제 시장이 3,350억 달러 규모로 커질 것이라고 전망했다.

이제 공유의 대상도 단순한 물건이나 시간을 넘어 지식과 재능, 시간 등 무형의 자산으로 확장하고 있다. 사업의 영역도 개인의 노동력을 제공하는 데서부터 컴퓨터프로그래밍, 금융·회계 상담, 그리고 의료서비스 공유 기업까지 등장했다.

일자리 중심의 경제정책 운용

우리나라 잠재성장률은 1970년대 초에는 약 10%, 1970년대 중반부터 1990년대 초까지는 8~9%를 유지하였다. 외환위기 기간인 1998년에는 4%로 하락했다가 1999년 이후에는 IT산업이 호조세를 보임에 따라 5%까지 상승했다. 그러나 2004년 이후 잠재성장률은 다시 하락추세를 보이고 있으며, 2008년 글로벌 금융위기 이후에는 약 3%까지 하락했다.

이와 같이 잠재성장률이 하락한 원인은 총투자를 결정하는 요소들인 물적 자본투자생산설비, 인적자본투자인재양성, 연구개발투자과학기술개발 들 모두가 축소된 데 기인한다. 계층 간·산업간 격차 확대로 인한 갈등 구조의 심화도 산업 전반의 생산성과 경쟁력을 약화시키는 요인이 되고 있다. 잠재성장률 둔화에 따라 우리 경제는 3%가 채 되지 않는 저성장 국면에 처해 있으며, 이러한 추세는 앞으로도 지속될 전망이다. 더욱이 '고용없는 성장' 현상이 대세이다.

산업의 성장이 고용을 얼마나 창출하는가를 나타내는 지표로 '고용 탄성치'라는 게 있다. 이는 경제가 1% 성장했을 때 고용률이 얼마나 올라갔느냐를 나타낸다. 이 고용탄성치가 경제성장이 한창이던 시절에는

0.4 이상까지 올라갔다가 성장세가 둔화되면서 하락하기 시작했다. 그런데 묘하게도 2010년 이후 성장세가 둔화되고 있음에도 불구하고 고용탄성치는 올라가는 모습을 보이고 있다. 이는 통계수치가 주는 착시현상에 기인한다. 즉 경제성장률이 지나치게 큰 폭으로 하락함에 따라 고용이 상대적으로 증가하는 것처럼 보이는 것이다. 또 이 '성장없는 고용'으로의 전환은 성장이 뒷받침되지 않는 만큼 양질의 일자리가 좀처럼 만들어지지 않고 있다는 의미이기도 하다.

'고용없는 성장' 현상은 무엇보다도 기술발전에 따른 기계화와 장치시설의 확대가 가장 중요한 요인이다. 자동화 시스템의 정착으로 인력이 필요한 작업장이 줄어들고 있다. 즉 성장동력이 노동집약적 구조에서 점차 자본집약적이고 기술집약적 구조로 전환되고 있는 것이다.

대기업과 수출 중심의 성장전략도 고용없는 성장의 원인이 되고 있다. 원래 대기업과 수출기업은 중소기업과 내수기업에 비해 상대적으로 고용흡수력이 작다. 또한 비용절감을 이유로 비정규직 채용에 방점을 두는 성향이 있다. 거기다 이들은 인건비 절감을 위해 생산시설을 해외로 이전하고 있는데, 초기에는 중국이 대세였으나 최근에는 베트남·인도네시아 등 동남아지역으로 이전하는 추세를 보이고 있다.

더욱이 앞으로 진전될 4차 산업혁명은 이러한 추세를 더욱 확산시킬 전망이다. 2016 세계경제포럼World Economic Forum의 '미래고용 보고서' The Future of Jobs에 따르면 4차 산업혁명은 2020년까지 향후 5년간 200만 개의 일자리를 양산하겠지만, 710만 개의 일자리를 없앨 것으로 내다보고 있다. 결국 4차 산업혁명으로 인해 500만 개 이상의 일자리가 사라지게 된다는 것이다.

그러지 않아도 일자리가 부족한 상황에서 '고용없는 성장' 현상과 4차 산업혁명의 진전은 일자리 전망을 더욱 어둡게 하고 있다. 따라서 앞으로의 경제정책과 산업정책은 일자리 창출에 중점을 두어야 할 것이다.

첫째, 무엇보다도 잠재성장률 수준에 근접하는 경제성장률을 실현할 수 있도록 기업의 투자확충 노력을 강화해 나가야 한다.

이를 위해서는 규제완화 등 기업의 투자마인드를 고취하기 위한 노력이 중요하다. 그리고 기술력과 아이디어가 좋은 벤처기업의 창업을 활성화하고, 고용흡수력이 큰 중소기업과 서비스산업의 경쟁력 강화를 위한 정책적 지원이 필요하다. 또한 1인기업 창업에 대한 지원을 획기적으로 늘려 나가야 한다. 현재 전문성과 창의성을 지닌 1인 창조기업을 대상으로 기술개발 지원, 사무공간 제공 및 마케팅 지원 등이 이루어지고 있으나, 지원의 내용과 폭을 한층 더 보완·강화할 필요가 있다.

둘째, 성장이 고용을 유발할 수 있도록 고용친화적인 경제·산업 정책을 펴나가야 한다.

이를 위해서는 정부가 경제·산업 등 제반정책을 수립·추진해 나감에 있어서는 고용효과를 중요한 목표의 하나로 설정하여, 이를 점검하고 평가해 나가야 한다. 예를 들면 예산 편성과 집행 과정에 고용창출 효과를 중요한 평가기준으로 활용하고, 주요 국책사업을 중심으로 '고용영향평가' 대상을 단계적으로 확대해야 한다.

또 조세제도를 노동수요와 근로유인 효과를 높일 수 있도록 고용친화

251

적으로 개선하고, 일자리 창출 우수기업에 대해서는 포상 확대, 정부 조달 시 가점 부여, 근로감독 면제 등 인센티브를 확대하는 방안을 검토할 필요가 있다. 아울러 '사회적 기업'의 확충을 통한 사회적 일자리 창출에도 힘써야 할 것이다. 사회적 기업은 사회적으로는 유용하지만 수익성이 낮아 활성화되지 못한 영업활동을 정부의 예산지원 등을 받아 수행한다. 이 사업이 활성화된다면 노년층과 부녀자 등 취약계층의 일자리 창출에 도움이 될 것으로 기대된다.

셋째, 고용정책이 성장에도 기여할 수 있도록 취약인력을 적극적으로 활용할 수 있는 방안을 강구하고 직업능력 개발 사업을 강화해야 한다.

유능한 여성인력들이 가사와 육아 부담으로 경제활동 참여에 커다란 제약을 받고 있는 것이 현실이다. 이들 여성인력을 유인하기 위해서 육아휴직과 공공 및 직장보육서비스를 대폭 확대·강화해야 한다. 또한 노년층에 대한 퇴직 후 제2의 인생 설계를 지원하는 시스템도 구축해야 한다. 아울러 인력의 질적 향상을 위한 '평생 직업능력 개발체제'를 구축해 나가야 한다.

넷째, 일자리 나누기job sharing를 통한 고용증진을 위해 현재 세계 최고 수준인 근로시간을 점차적으로 축소해 나갈 필요가 있다.

이는 기존 근로자들의 근로시간을 단축시키고, 대신 이 부분만큼을 신규고용을 통해 채움으로써 일자리를 나누는 것이다. 다만 이것이 성공하려면 근로자들 상호간 상생을 위한 이해와 협조가 선행되어야 하고 노사 간에도 원만한 합의가 이루어져야 한다. 그렇지 않을 경우 기업의 원가부담을 키우고 경제 전체의 활력을 저하시킬 우려가 있다는 점을 충분히 감안해야 한다.

다섯째, 공정하고 역동적인 일터를 조성함으로써 고용정책이 복지증진에 기여하도록 해야 한다.

이를 위해서는 노동시장의 이중구조를 개선하고, 유연 근무제도의 확산 등 노동시장의 유연성을 제고하여야 한다. 또한 중소기업의 고용여건 개선과 비정규직 차별을 시정하도록 하여야 한다.

중산층 육성과 사회안전망 확충

'중산층'이란 전체 국민을 연간소득 순으로 한 줄로 세웠을 때 딱 중간에 있는 소득중위소득의 50~150%에 해당하는 계층을 의미한다. 사람으로 치면 허리에 해당하는 부분이다. 이 기준에 의한 우리나라 중산층의 비중은 국민 전체의 65% 수준에 이르고 있다. 따라서 중산층이 부실할 경우 국민 전체가 부실하게 되는 결과를 초래하게 된다. 만약 사회계층이 중간을 중심으로 안정적으로 분포하지 않고 양극화 현상을 보일 경우에는 사회적 갈등이 심화된다. 이는 중간에서 중재해주고 의견을 조율해 줄 중간 입장이 줄어들기 때문이다. 그 결과 사회의 중심적 가치와 문화도 올바로 정립되지 못하게 된다.

또한 중산층은 국가경제의 원동력이자 조세납부의 중추이다. 중산층의 삶이 팍팍해져 소비가 위축된다면 전체 경기가 부진해지고 조세수입이 떨어져 재정의 건전성도 부실해지는 악순환에 빠지게 된다. 따라서 경제의 안정적이고 지속가능한 발전을 위해서는 두터운 중산층의 확보가 필수적이다.

그런데 현실은 일자리 부족, 양극화 심화 등으로 날이 갈수록 중산층이 취약해지고 있다. 스스로를 중산층으로 여기는 비율도 떨어지고 있다. 통계청 '한국의 사회동향 2016' 자료에 따르면, "나는 중간층"이라고 답한 비율이 1994년에는 60.8%였으나, 2015년에는 53%로 떨어졌다. 반면에 스스로를 하층이라고 답한 비율은 37.9%에서 44.6%로 늘었다.

그러면 이들 중산층을 육성하기 위한 방안은 무엇일까?

첫째, 무엇보다도 일자리를 늘려야 한다. 이를 위해서는 매년 경제성장률을 잠재성장률 수준으로 유지해야 한다. 특히 서민들의 체감경기가 살아날 수 있도록 해야 할 것이다. 실효성 있는 소상공인 보호시책의 마련·추진은 이를 위한 중요한 방안이 된다. 소상공인은 전체 사업체의 80% 이상을 차지하는 서민경제의 근간이다. 그러나 이들의 경영환경은 매우 열악한 상황이다.

둘째, 물가안정을 기해야 한다. 물가의 안정은 서민생활을 영위해 나가는데 가장 중요한 전제요건이 된다. 소득이 일정한 상황에서 물가가 오르면 그만큼 실질소득이 줄어들어 가계수지에 주름살이 생기게 되기 때문이다. 특히 생필품 가격안정에 많은 노력을 기울여야 한다.

우리나라의 소비자물가는 저금리와 저유가 현상 등으로 1% 수준에서 안정되어 있다. 그러나 정작 서민들의 생활안정에 직결되는 생활필수품 가격과 장바구니 물가는 그렇지를 못해 서민들을 시름에 빠뜨리고 있다.

생활필수품 가격안정을 위해서는 수급조절, 할당관세·비축제도 강화, 담합규제 등 동원 가능한 정책조합을 강구해 나가야 한다. 아울러 제품의 유통 거품을 제거하고 소비자의 합리적인 소비생활을 도와주기 위해 유통구조의 개선 노력도 강화해 나가야 한다. 예를 들어 착한가격 업소를 발굴하여 이들에 대한 정보를 물가정보 공개 사이트에 공시하거나, 제품의 유통 단계별·업체별 가격 정보를 스마트폰 등 IT기술을 활용하여 실시간 비교 검색이 가능토록 하는 것이다.

셋째, 서민들의 주거안정을 위한 노력도 강화해야 한다. 부동산 투기 광풍 속에서 서민들의 주거생활이 불안하다. 연소득 대비 주택가격 비율을 PIRprice to income ratio라고 하는데, 국토교통부의 '2014 주거실태조사'에 의하면 저소득층의 PIR은 8.3배로 고소득층의 4.7배에 비해 2배 정도 높은 것으로 나타났다. 높은 주거비는 전세대란과 저출산의 원인이 되기도 한다.

그동안 우리 정부는 부동산을 갖고 있거나 구입할 능력이 있는 사람들을 위한 주택 공급 정책에 치중해왔다. 반면에 서민주택이라 할 수 있는 공공임대주택의 공급은 부족해, 이에 거주하는 가구비율은 2011년 기준 4%로 경제협력개발기구OECD 평균인 12%에 크게 미달한다. 최근 우리 사회를 강타하고 있는 전세대란 또한 공공임대주택 공급 축소와 급진적인 도시재생정책이 야기한 결과이다. 이에 더해 주택 및 상가건물 임대차 제도가 부실하여 서민들의 주거 안정성과 자영업자들의 영업 안정성을 위협하고 있는 실정이다.

앞으로 이러한 문제들을 해소하기 위해서는 공공임대주택을 확대 공급하는 한편 거주여건도 개선해 나가야 한다. 그리고 실효성 있는 전월세 대책의 마련·추진과 함께 주택 및 상가 임차인 보호제도도 정비해야 한다.

넷째, 서민금융도 활성화해야 한다. 이를 위해서는 무엇보다도 서민들이 보다 쉽게 필요자금을 공급 받을 수 있도록 접근성을 높여야 한다. 그리고 금융제도와 관행을 개선하여 서민들의 자금조달 비용도 지속적으로 경감해야 할 것이다. 역진적인 금융수수료체계, 꺾기 등 서민 금융소비자에게 불리한 금융관행을 시정하고, 중소상공인에 대한 카드 수수료도 지속적으로 낮춰야 한다.

끝으로 사회안전망Social Safety Nets을 확충해야 한다. 사회안전망은 광의로 볼 때 모든 국민을 실업·빈곤·재해·노령·질병 등의 사회적 위험으로부터 보호하기 위한 제도적 장치로서, 사회보험과 공공부조 등 기존 사회보장제도에 공공근로사업, 취업훈련 등을 포괄한다. 이러한 사회안전망의 목적은 모든 사회적 위험으로부터 국민의 재산과 생명을 보호하고 국민의 기본 복지수요를 보장하는 데 있다.

우리나라에서 사회안전망에 대한 논의가 본격화된 직접적 계기는 1997년 경제위기 당시 IMF 및 세계은행으로부터 구제금융의 조건으로 사회안전망의 확충을 요구받으면서 부터이다.

현재 우리나라의 사회안전망은 크게 1·2·3차로 구축되어 있다. 1차 안전망은 일반국민을 대상으로 하는 공적연금, 의료보험, 산재보험, 고용보험 등 4대 사회보험으로 이뤄져 있다. 1차 안전망에 의해 보호받지 못하는 저소득층을 위한 공공부조인 기초생활보장제도와 보완적 장치인 공공근로사업을 2차 안전망으로 운용하고 있다. 마지막 3차 안전망으로는 재난을 당한 사람에게 최소한의 생계와 건강을 지원해주는 각종 긴급구호제도가 있다.

그런데 우리나라의 사회안전망은 아직까지 여러 가지 면에서 미흡한 상황이다. 우선 사회보험 가입률이 뚜렷한 양극화 현상을 나타내고 있다는 점이다. 통계청이 발표한 2015년 4월 기준 사회보험 가입 현황에 따르면, 400만원 이상 임금근로자는 국민연금에 96.7%, 건강보험에 97.6%, 고용보험에 95.6% 가입했다. 반면 100만원 미만 근로자의 가입률은 국민연금 12.7%, 건강보험 17.9%, 고용보험은 17.1%에 그쳐 극명한 대조를 보이고 있다.

또 소득이 정확하게 파악되지 않아 사회보장 혜택의 수급대상자 선정에도 어려움을 겪고 있다. 여기에다 복지서비스가 정형화되어 있어 개별 수요자에게 적합한 사회보장 혜택이 주어지지 못하는 실정이다. 이로 인해 재정의 낭비뿐만 아니라 복지혜택을 꼭 받아야 할 사람이 제대로 수혜를 받지 못하는 결과를 초래하게 되는 것이다.

이를 시정하려면 기본적으로 사회적 안전망을 보다 확충하고 내실화해야 한다. 그리고 수급대상자 선정이 제대로 될 수 있도록 개인의 재산과 소득의 정확한 파악 등 제도개선이 뒤따라야 한다. 이와 함께 공급자 위주의 복지정책에서 수혜자가 실제로 필요로 하는 수요맞춤형으로 전환해야 한다. 아울러 참여자의 능력과 유형에 따른 다양한 자활근로사업과 창업을 위한 지역자활센터 활용 등 자활지원 사업도 내실화해야 할 것이다.

중산층의 붕괴는 희망의 붕괴와 같다. 계층상승의 사다리가 끊기게 된다. 아무리 열심히 일해도 소용이 없을 것이라는 좌절감에 빠지게 된다. 도전의욕을 잃게 된다. 도전이 없는 사회에 활력이 생길 리 없다. 이는 결국 우리 경제사회의 붕괴로 이어질 수밖에 없다. 중산층을 육성해야 하는 이유가 바로 여기에 있는 것이다.

사회복지의 내실화

복지문제에 대한 논쟁이 뜨겁다. 정치인들은 경쟁적으로 복지공약을 쏟아내고 있다. 복지수혜 계층을 특수계층에 한정해야 한다는 선별적 복지관과 모든 계층이 골고루 누려야 한다는 보편적 복지관이 대립하고 있다. 그런데 복지를 늘리는 것을 무조건 환영할 수만은 없다는 데 문제의 심각성이 있다. 우리는 1980년대 후반 4대 국가보험을 도입한 이후 그동안 꾸준히 복지증대를 위해 노력해오고 있다. 특히 건강보험 수준은 그 어떤 나라보다 훌륭한 편이다. 복지재정도 대폭 확충해 나가고 있다. 2017년도 정부 예산안에 따르면 전체 예산 400조원 가운데 복지예산 규모가 130조원에 이른다. 이는 전체 예산에서 30% 이상을 차지하여 비중 면에서 가장 크다.

그럼에도 계층간 소득격차는 갈수록 커져만 가고 서민들의 삶은 점점 더 어려워지고 있다. 이러다가는 지속적 성장이 불가능한 것은 물론이고 당장 우리 사회가 커다란 혼란에 빠질 우려도 없지 않다. 이런 상황에서 복지담론이 쏟아져 나오게 된 것이다. 가계가 느끼는 극심한 불안과 불만을 달래기 위해 '개발' 대신 '복지' 담론이 등장하게 된 것이다.

날로 심각해지고 있는 양극화 현상을 시정함과 아울러 우리 경제사회구조를 건전하고 지속발전이 가능하게 하려면, 다른 OECD 국가들에 비해 열악한 사회안전망과 복지 인프라를 확충하는 작업이 필수적 과제임에 틀림없다. 선제적으로 이 같은 예방적 복지 인프라를 구축하지 않으면 향후 복지 비용 지출은 훨씬 더 커질 수 있다. 특히 저출산·고령화의 충격을 완화하기 위해서는 전략적으로 복지 인프라를 구축해가는 작업을 서둘러야 한다.

그런데 사회안전망 확충과 복지증진 과정에서 재원조달 문제와 인프라 확충의 방법론에 대한 심각한 고민이 전제되어야 한다. 어떤 식이든 복지재원 문제에 대한 구체적인 계획이 없는 한, 그것은 공허하거나 재정악화 등 커다란 문제를 낳을 수밖에 없다.

그러면 복지증대를 현실적으로 뒷받침할 우리 재정상태는 어떠한가? 복지재정을 늘리려면 다른 부문의 재정을 줄이거나 아니면 세입재원을 더 늘리거나 혹은 빚을 내어 충당하는 수밖에 없다. 그런데 다른 부문의 재정을 줄인다는 것은 결국 재정의 우선순위를 조정하는 문제로 연결된다. 물론 이를 통해 상당부분은 해결이 가능하겠지만, 현실적으로는 어려움이 많고 한계가 있다.

다음으로 세입을 늘리는 방법이 있다. 그러나 이 또한 쉽지가 않다. 기본적으로 세수증대에는 국민들의 거센 저항이 따른다. 또한 저성장기조가 지속되고 저출산·고령화의 여파로 세수증대가 난감한 상황이다. 물론 여지는 남아있다. 역외 탈세를 줄이는 등 징세행정을 보다 과학화함으로써 탈루세원을 줄여나가는 것이다. 여차하면 부자증세와 법인세 인상을 중심으로 증세를 추진할 수도 있다.

그러나 이러한 세입증대와 재정지출 우선순위 조정은 현실적으로 매우 어렵다. 그래서 결국은 국채를 발행하여 재원을 충당하는 방법을 택하게 될 것이다. 이 경우 자칫하면 나라를 온통 빚더미에 올려놓게 될지도 모른다. 그리고 그 빚더미를 고스란히 후손들에게 떠넘겨 그들이 무책임한 아버지 세대와 할아버지 세대를 원망하게 만들 것이다. 만약 그 규모가 지나치게 클 경우 당장 국가채무 불이행, 즉 디폴트사태가 일어날 수도 있다.

아직까지 우리의 국가채무 상황은 상대적으로 여유가 있는 편이다. 국제통화기금IMF 자료에 따르면, 우리나라 부채비율은 주요 선진국들에 비해 상대적으로 낮다. 2017년 정부 예산안에 따르면 우리 국가채무는 683조원으로, 국내총생산GDP 대비 비중은 40.4%에 달한다. 이 비중만 보아서는 일본의 220%, 미국과 OECD의 110%와 비교할 때 비교적 재정건전성이 좋은 셈이다. 이 때문에 IMF나 경제협력개발기구OECD에서도 우리가 양호한 재정상황을 보이고 있다고 평가하고 있다.

그러나 국가채무 증가세가 지나치게 가파르다는 데 문제가 있다. 지난 10년 동안의 증가속도는 OECD 31개 국가 중 최고이다. 더욱이 국민연금, 공무원연금, 군인연금, 사학연금 등 4대 공적연금을 비롯해 기초노령연금, 건강보험 등 인구 고령화 관련 지출이 세계에서도 유례를 찾을 수 없을 정도로 빠르게 늘어나고 있다. 이에 더해 공기업 채무까지를 포함할 경우, 국가채무는 1,000조원을 훌쩍 넘어서게 된다. 이렇게 볼 때 우리의 재정 문제도 결코 마음을 놓을 상황이 아니다.

이와 같이 재정지출 수요는 급증하고 재정수입은 고령화로 인해 둔화

됨에 따라 현행 재정체계로는 국가채무가 급속히 증가할 수밖에 없다. 여기에다 남북통일 같은 불확실성이 더해지면 국가채무는 감당하기 힘든 수준까지 치솟게 된다. 통일비용이 수백조원에 이를 것이라고 추정되고 있는 상황에서 재정상태를 더 탄탄하게 해놓지 않으면, 어느 날 불현듯 닥쳐올 통일 앞에서 속수무책이 될 게 뻔하다.

새삼 재정의 건전성이 중요함은 두말할 나위가 없다. 우리는 그동안 기업부채와 가계부채 문제를 경험했고 지금도 진행 중에 있다. 정부의 재정위기는 없었다. 오히려 두 차례에 걸친 경제위기에서 빠른 속도로 헤쳐 나올 수 있었던 가장 큰 이유를 재정의 건전성에서 찾을 수가 있다. 재정이 안정되어 있었기에 큰 무리 없이 민간부문에 자금을 지원함으로써 유동성 부족과 구조조정을 동시에 해결할 수가 있었던 것이다.

한편 우리가 지향하던 복지국가 모델인 서구유럽 국가들의 최근 사정은 어떠한가? 그동안 복지천국을 구가하던 대다수 유럽 국가들의 재정은 이미 바닥이 났고, 그리스, 스페인 등 다수의 남부유럽 국가들은 국가부도 사태에 내몰리기까지 했다. 이들은 재정위기를 계기로 오히려 복지수준을 줄여나가려 하고 있다. 또 재정의 건전성을 높이기 위하여 부자들이 더 많은 세금을 내야 한다는 '부자증세론'이 힘을 받고 있다. 미국에서 시작된 이 바람은 현재 프랑스·독일·이태리 등 거의 모든 유럽 국가들로 확산되고 있다.

현대사회에서 노령·실업·산업재해·결손가정·질병 등 다양한 사회문제에 대처하기 위해 복지는 반드시 필요하다. 또한 사회적 약자를 배려하고, 사회적 안전망을 구축하는 것은 국가의 당연한 의무이며 국민의 권리이다. 그러나 복지만능주의는 오히려 사회의 활력을 저하시키고 국가의 재정위기를 초래할 가능성이 있다. 더욱이 한번 달콤한 복지 맛에 길들여지면 이를 줄이기가 거의 불가능할 정도로 어렵다는 점도 잊지 말아야 한다. 그리고 서민들이 당면한 민생고 문제는 복지강화 시책만으로 해결되는 것은 결코 아니다. 저축하면서 살면 내 집 마련이 그리 어렵지 않고, 공교육이 충실해져서 사교육비 지출을 안 해도 되고, 내 능력에 맞는 일자리를 가질 수 있고, 부정과 반칙이 없는 공정한 경쟁규칙이 작동하는 그러한 건전한 사회경제 구조를 만드는 것이야말로 더 중요하고 근본적인 해법이라 할 것이다.

우리 사회에는 국민들의 욕구에 편승하여 재원이 뒷받침되지 않은 채 복지정책을 남발하는 '복지 포퓰리즘populism'현상이 갈수록 심화되고 있다. 이와 같이 복지 포퓰리즘이 확산된 이면에는 우리네 보통사람들의 공짜심리도 기여를 했다고 볼 수 있다. 사람들은 대책 없는 무상복지 시리즈를 공약하는 정치인에게 환호하면서 기꺼이 표를 던진다. 나중에 생길 후유증이나 후손들이 짊어질 부담은 안중에도 없다. 정치인들은 당선만 되면 그만이고 아무런 책임도 지지 않는다. 유권자인 국민들이 복지 포퓰리즘에 휘둘리지 않고 깨어 있어야 할 이유이다.

무상복지를 감당하기 위해 들어간 돈은 누군가는 갚아야 할 빚이다. 결국은 우리가 갚아야하는 빚이고, 우리 세대가 감당하지 못하면 우리의 후손들이 짊어져야 할 빚인 것이다. 이 시점에서 우리는 다시 한 번 상기해야 한다. 결코 공짜점심은 없다는 것을!

3. 사회 시스템의 선진화

신용사회의 구현

현대 경제사회에서 국가경쟁력을 좌우하는 핵심적 투입요소는 지식과 기술이다. 그러나 이보다 더 중요한 기본적인 요소는 '사회적 신뢰'라 할 것이다. 사회적 신뢰 수준이 낮은 국가는 경제사회 문제를 효율적으로 해결할 수 없다. 고속도로나 통신망 등과 같은 물질적 인프라가 경제사회 활동의 효율성을 높이는 것과 마찬가지로 사회적 신뢰는 사회구성원간의 협력을 가능하게 하여 경제사회 문제 해결의 효율성을 높이는 역할을 한다. 이러한 의미에서 사회적 신뢰는 '사회적 자본social capital'이라고 불린다.

사회적 자본이 부족한 사회는 기초가 부실한 건물과 같다. 상호간의 신뢰가 부족할 경우 사회구성원들은 서로의 선의를 믿지 못하기 때문에 사회적 갈등이 증폭되기만 할 뿐 해결의 실마리를 찾지 못한다. 이와 같이 신뢰 부족은 사회적 갈등을 증폭시켜 국가적으로 엄청난 비용을 초래한다. 정부가 국민의 신뢰를 얻지 못하면 사람들은 정부 발표나 전문가의 이야기보다도 인터넷에 떠도는 소문이나 근거 없는 주장에 더 귀를 기울이게 된다. 이로 인해 결국 국가 전체의 효율성과 경쟁력이 떨어지게 된다.

특히 금융은 신뢰를 기본으로 하는 비즈니스이다. 우리는 최근에도 고객의 정보가 대량 유출되는 사고나 거액의 부정대출 사건 등 금융의 신뢰가 흔들리는 현상을 적지 않게 경험하였다. 그런데 신뢰를 기반으로 하는 금융산업이 신뢰를 잃으면 금융거래 및 서비스가 위축되기 때문에 경제 전반에 부정적인 영향을 미치게 된다. 경제 전체가 마비될 수도 있다. 우리는 이러한 사실을 이미 두 차례의 글로벌 금융위기라는 비싼 비용을 치르면서 알게 되었다.

오늘날의 사회를 흔히 '신용사회'라고 한다. 신용사회란 개인의 신용이 공정하고 정확하게 평가되고, 이를 바탕으로 거래가 투명하게 이루어지는 사회를 의미한다. 신용사회에서는 신용이 없으면 경제생활뿐만 아니라 일반적인 사회생활 자체가 불가능하게 된다. 신용사회에서의 신용이란 개인의 재산 유무를 떠나 신뢰관계에 근거해 형성되는 사회적 신뢰이며, 그에 따른 책임을 동반한다. 사회적 신뢰가 부족한 사람들은 항상 자신들이 빠져나갈 구멍만 찾고 사회적 책임을 회피하려 한다.

이와 같이 법과 제도의 허점을 악용한 이익 추구, 자기책임을 소홀히 하는 태도, 집단이기주의 등의 현상을 '모럴 해저드'라고 하며 우리말로 '도덕적 해이'로 번역해서 쓴다. 원래 '모럴 해저드moral hazard'라는 용어는 미국 보험업계에서 나온 것으로, 정보를 가진 쪽이 정보를 가지지 못한 쪽의 이익에 반하는 행동을 하는 것을 말한다. 예를 들면, 불이 나더라도 보험회사가 보상해줄 것이기 때문에 화재보험 가입자가 화재 예방에 최선을 다하지 않는 경우가 바로 모럴 해저드인 것이다. 이 개념이 확장되어 사람들이 자신의 편익만을 좇아 행동함으로써 주변이나 사회에 장기적인 손실을 초래하는 것을 뜻하기도 한다.

공자는 정치에 있어 가장 중요한 요소는 신의信義라고 했다. 그는 위정자爲政者가 나라를 다스리는 데는 먼저 백성들을 배불리 먹이고食糧, 외적으로부터 백성들의 재산과 생명을 지키며軍隊, 마지막으로 백성으로부터 확고부동한 믿음을 얻는 것信義 등 3가지 조건이 필요하다고 하였다. 공자는 이 세 가지 중에서 굳이 둘만 취하라면 군대를 버릴 것이요, 둘 중 다시 한 가지만 선택하라고 한다면 식량을 버릴 것이라고 했다. 그의 눈에는 신의가 먹고 사는 것 보다 더 중요하였다. 위정자가 신의를 잃으면 바로 설 수가 없고 결국에는 정치를 수행할 수가 없다는 이유에서였다.

신의를 목숨보다 귀하게 여긴 역사적 사례도 있다. 프랑스 대혁명 당시의 일이다. 프랑스의 왕 루이 16세와 왕비 마리 앙투아네트가 시민 혁명군에 포위되었을 때 궁전을 마지막까지 지킨 것은 프랑스군이 아닌 스위스 용병들이었다. 시민혁명군이 퇴각할 수 있는 기회를 주었지만 스위스 용병들은 끝까지 왕과의 계약을 지키기 위해 싸우다가 장렬하게 전사했다. 당시 한 용병이 가족에게 보내려 했던 편지에는 이렇게 쓰여 있었다. "우리가 신용을 잃으면 후손들이 영원히 용병을 할 수 없기 때문에 우리는 죽음으로 계약을 지키기로 했다."

이것이 오늘날까지 스위스 용병이 로마교황청의 경비를 담당하는 전통의 배경이다. 이 스위스 용병의 신화는 스위스은행의 신화로 다시 이어졌다. 용병들이 피 흘려 번 돈을 관리하는 스위스은행의 금고는 그야 말로 목숨을 걸고 지켜야 되는 것으로 여겨졌다. 그 결과 오늘날 스위스 은행은 안전과 신용의 대명사가 되었다.

사회심리학과 게임이론에서 많이 인용되는 '죄수의 딜레마prisoner's dilemma' 이론에서도 신뢰의 중요성을 엿볼 수 있다. 이는 두 사람의 협력적인 선택이 둘 모두에게 최선의 선택임에도 불구하고, 자신의 이익만을 고려한 선택으로 인해 자신뿐만 아니라 상대방에게도 나쁜 결과를 야기하는 현상을 말한다.

두 공범자가 서로를 신뢰하고 협력해 범죄 사실을 숨기면 증거 불충분으로 두 사람 모두 형량이 낮아지는 최선의 결과를 누릴 수 있다. 그러나 상대방을 믿지 못하는 상태에서는 상대방의 범죄 사실을 말해 주면 형량을 감해 준다는 수사관의 유혹에 빠져 상대방의 죄를 고발함으로써 둘 다 무거운 형량을 선고받게 된다. 대부분의 사람들은 자신의 이익만을 고려하여 '서로'가 아닌 '자신'에게 최선이라고 생각되는 것을 선택한다. 그래서 서로를 배신하지 않고 협조했을 때의 결과보다 나쁜 결과를 맞게 된다.

물론 이 '죄수의 딜레마' 이론은 게임이론에서 비롯되었지만, 사회적 현상에서 반면교사로 광범위하게 적용될 수 있을 것이다. 즉 어떤 딜레마 상황에 처하게 되면 서로의 신뢰만이 최악의 결과에서 벗어날 수 있는 해결책이 된다는 점을 우회적으로 가르쳐 주고 있다.

미국의 프랜시스 후쿠야마 교수도 그의 유명한 저서 『신뢰Trust』를 통해 국가 발전에 있어 신뢰의 중요성을 역설하였다. 그는 우리나라를 신뢰도가 낮은 국가로 분류하였다. 사실 우리는 이미 선진국을 능가하는 수준의 IT 인프라를 보유하고 있고 경제력 또한 세계 10위 내외에 이르는 국가이다. 그러나 신뢰인프라가 제대로 구축되어 있지 못한 탓에 국가경쟁력은 여전히 선진국 수준에 미치지 못하고 있다.

우리가 살고 있는 이 신용사회에서 사회적 갈등을 극복하기 위해 필요한 자세와 덕목은 무엇일까? 우선 무엇보다 서로 이해관계가 다를 수 있다는 점을 인정하고 자신과 이해관계를 달리하는 사회구성원을 존중하는 자세, 사회 전체의 이익을 위해 조금씩 양보하는 자세가 필요하다. 그리고 사회구성원간의 신뢰 구축이 필요하다. 사회적 신뢰는 사회구성원들이 '사회적 문제'를 '우리의 문제'로 인식토록 함으로써 복잡한 사회적 갈등을 원만하게 해결할 수 있도록 하기 때문이다.

이와 함께 사회적 신뢰를 손상시키는 행위에 대해서는 반드시 사회적 제재가 가해져야 한다. 예컨대 허위공시, 허위보고, 허위보도, 위증에 대한 처벌이 강화되어야 한다. 그리고 언론의 잘못된 보도, 속칭 찌라시와 인터넷 상의 유언비어 등 '아니면 말고'식의 풍토도 바로잡아야 한다.

끝으로 사회구성원들이 서로 신뢰할 수 있는 사회를 만들기 위해서는 개개인이 모두 정직해야만 가능하다. 내가 정직하고 다른 사람들도 정직하다면 그 사회를 살아가는 사람들은 서로 신뢰할 수 있을 것이다. 그런데 작은 모임이든, 사회든, 그 구성원들이 정직하지 않다면 연대감이나 공감대를 형성하기가 어렵고 따라서 건강한 조직으로 발전할 수 없다.

결국 우리 사회를 신용사회로 만들거나 혹은 신뢰의 분위기가 가득한 사회로 만들어 나가기 위해서는 개개인 모두가 정직해야 한다는 결론이 나온다. "정직은 최상의 방책이다Honesty is the best policy"라는 속담이 있듯이 정직이야말로 세상을 살아가는 데 있어 가장 중요한 덕목이자 방책이 아닐까?

맑고 투명한 사회 건설

우리 사회에는 아직도 비리와 부패가 독버섯처럼 자라고 있다. 남의 눈을 피해 은밀하게 하는 정당하지 않은 거래를 뜻하는 뒷거래와 관련된 사건들이 여전히 여기저기서 불거져 나오고 있다. 이 뒷거래 관행의 매개체는 검은돈이다.

'검은 돈'이란 일반적으로 뒷거래를 할 때 뇌물의 성격을 띠거나 그 밖의 정당하지 못한 방법으로 주고받는 돈을 일컫는다. 기업의 비자금이나 탈세 혹은 각종 뇌물 등을 통해 얻은 돈들은 검은 돈의 대표적인 사례가 된다. 돈이 아니더라도 부정한 거래를 위한 향응이나 물건 또는 그에 따른 대가 같은 것도 검은 돈의 범주에 들어간다.

어떤 거래를 체결하고자 할 때, 양 당사자 간에는 항상 '갑'과 '을'이란 위치관계가 형성된다. 을은 갑에 종속되거나 아니면 매우 불리한 위치에 놓여 있다. 갑이 자신의 우월적 지위를 암묵적으로 또는 직접적으로 행사하기 때문이다. 을은 계약을 꼭 성사시키기 위해 여러 가지 방법을 동원하게 되는데, 이 과정에서 음성적 뒷거래가 이루어지기도 한다. 부정한 뒷거래는 법으로 금지되어 있으나, 현실사회에서는 광범위하게 이루어지고 있다. 이 뒷거래 관행은 우리 사회를 부정부패의 늪으로 끌어넣어 결국 망조가 들게 하는 악습 중의 악습이라고 할 수 있다.

이러한 음성적인 뒷거래 관행으로 우리나라의 지하경제 규모는 GDP의 16~18% 수준에 이르고 있다. 이는 OECD 회원국 평균 14%에 비해서도 상대적으로 높은 편이다. 그만큼 우리 사회에 부정과 부패, 비리의 소지가 많이 남아 있다는 것을 방증하고 있다. 검은 뒷거래는 결국 부메랑이 되어 우리 자신에게 되돌아 온다는 사실을 잊어서는 안된다. 뒷거래에 들어간 비용을 메우기 위한 시도는 우리 경제사회의 총체적 부실을 초래하고 경쟁력을 훼손시킨다. 우리 제품과 서비스에 대한 평판이 나빠지게 된다. 더 나아가 우리나라의 이미지와 브랜드에 엄청난 악영향을 끼치게 된다. 때로는 대형 사고를 유발하여 국가사회의 재앙을 불러오기도 한다.

1970년대 와우아파트 붕괴, 대연각호텔 화재, 1990년대 성수대교와 삼풍백화점 붕괴, 그리고 2014년 300여 명의 꽃다운 젊은 학생들의 목숨을 앗아간 세월호 사고에 이르기까지 일일이 꼽을 수 없을 정도다. 이를 두고 혹자는 한국을 '사고공화국'이라고 비아냥댔다. 이들 사고들은 대부분 복합적인 연유에 기인하지만, 검은 뒷거래가 그 중에서도 가장 큰 요인이라는 사실이 밝혀지고 있다.

이처럼 검은 뒷거래는 인간의 양심과 존엄성마저 갉아먹는 무서운 바이러스이다. 이를 퇴치하기 위해서는 엄정한 법집행과 함께 의식개혁이 동반되어야 한다. 무엇보다도 기본과 원칙에 충실하고, 부정부패 없는 맑고 투명한 사회 환경을 정착시키는 데 힘을 모아야 한다.

1997년 「금융실명거래 및 비밀보장에 관한 법률(금융실명법)」이 제정됨으로써 금융거래의 정상화와 과세의 공정성을 확보할 수 있는 토대가 마련되었다. 그러나 차명거래를 통한 범죄수익 은닉, 비자금 조성, 조세 포탈, 자금 세탁, 횡령 등 불법·탈법 행위가 광범위하게 이루어졌다. 그러자 정부는 2014년 법 개정을 통해 차명거래 자체를 금지하였다. 그럼에도 불구하고 우리 사회에는 법망을 빠져나가는 비정상적인 금융거래와 비리가 여전히 성행하고 있다.

이는 지하경제 규모가 다른 선진국에 비해 크고, 국제투명성지수가 OECD국가들 중에서 꼴찌 수준이라는 데서 잘 나타나고 있다. 국제투명성기구Transparency International가 밝힌 2016년 우리나라의 부패인식지수CPI: Corruption Perceptions Index는 전체 조사대상국 176개 국가 중 52위, OECD 35개 국가 중에서는 29위에 불과했다. 10위권에 속한 국가들은 덴마크, 뉴질랜드, 핀란드, 스웨덴, 스위스, 노르웨이, 네덜란드, 캐나다, 독일, 룩셈부르크, 영국 등 선진국들이었다. 한마디로 소득수준이 높은 선진국일수록 청렴도 역시 높았다. 이는 부패가 단순히 사회에 악영향을 미칠 뿐만 아니라 경제를 후퇴시키는 요인으로 작용하고 있다는 것을 입증하는 것이다. 2016년 9월부터 「부정청탁 및 금품 등 수수의 금지에 관한 법률」, 소위 '김영란 법'이 시행되었다. 이를 통해 우리 사회와 사람들의 살아가는 방식이 좀 더 맑고 투명하게 바뀌어 나가기를 기대해본다.

한편, 우리나라 사람들은 선천적으로 유난히 정情을 강조하며 또 정에

약하다. 그리고 혈연, 지연, 학연 등의 연緣을 매우 중시한다. 이에 따라 옳고 그름을 논리와 이성으로 판단하지 않고 자기와의 친소관계에 따라 온정적으로 판단하는 경향이 나타나고 있다. 사람을 평가하는 기준 또한 이 온정주의에 입각해서 이루어지는 것이 일반적이다. 이처럼 논리와 이성을 흐리게 하여 합리적 판단을 못하게 하는 것이 인화를 중시하는 온정주의 문화다. 같은 종친끼리 결속하고 동향이다, 동문이다 해서 서로 뭉치고 도와주고 하는 일들이 마치 바람직한 문화인 것처럼 인식되고 있다.

이 때문에 어떤 중요한 판단과 결론을 내려야 할 위치에 있는 사람이 업무를 처리할 때, 합리적이거나 논리적으로 접근하기보다는 감정이나 온정에 기대어 결정을 내리는 경우가 적지 않다. 다시 말해 지금 우리 사회에는 합리성이나 원칙, 상식이나 규범보다 연고주의, 온정주의가 횡행하고 있는 것이다.

기업에서의 온정주의는 기업의 비용을 증가시키고 효율을 떨어뜨리게 된다. 우수한 직원 채용을 어렵게 하고, 성과주의에 입각한 임금시스템을 정착시키기가 힘들게 되며, 또 납품비리와 부실공사를 유발하는 등의 폐해를 부른다. 협력회사와의 관계에서도 연줄이 없으면 차별을 받게 된다.

공직사회에서도 온정주의 문화가 여전히 수그러들지 않고 있는 것 같다. 공직사회에서 제 식구 감싸기 차원에서 비리를 저지른 직원에게 솜방망이 처벌을 하다가 문제가 되어 여론의 뭇매를 맞는 사례가 한둘이 아니다. 물론 온정주의는 적당한 선을 유지하면 사회를 따뜻하고 아름

답게 유지할 수 있다. 하지만 선을 넘어서면 문제가 발생하며, 또 그 특성상 대부분 선을 넘어서게 된다. 불합리를 눈감아 주고 소신을 말할 수 없게 되며, 다수 의견에 적당히 맞추어가게끔 유도하기도 한다. 결국 명철한 판단이 불가능해지며, 대충 때우고 넘기는 적당주의가 만연하게 된다. 이로 인한 비용은 고스란히 국가와 국민이 부담하게 된다.

또 하나의 부정적인 온정주의 현상은 파벌주의로 나타난다. 우리는 주변에서 흔히 '줄 잘서!', '줄 잘못서면 인생 망쳐!', '인생은 줄이다. 능력 있으면 뭐해 줄을 잘 서야지! 까짓것 능력 그거 아무 소용없어!' 등의 자조 섞인 말을 자주 들으면서 살고 있다. 모두가 연줄의 중요성을 빗대어 하는 말이다. 그리고 패거리문화와 파벌주의를 개탄하는 뜻에서 생겨난 이야기들이라 하겠다. 그런데 말도 안 되는 이런 말들이 현실에서 엄연히 벌어지고 있다는 데 비극이 있다. 2016년 중반의 대우해양조선 사태에서 밝혀진 정·관계와 재계 그리고 언론계의 검은 커넥션은 또 한 번 우리를 허탈하게 만들었다.

이러한 파벌주의 문화가 우리 사회에 남기는 폐해는 무엇일까?

우선 국가의 분열을 조장하여 상생과 공존을 방해한다는 점이다. 파벌주의의 특징은 팔은 안으로 굽는다는 속담처럼 끼리끼리 뭉친 뒤, 자신들 밖의 집단에 대해서는 이를 배척하거나 거부하고 소외시키는 이기주의적 풍조를 보인다. 다시 말해 갈등과 분열주의를 조장하게 된다. 그래서 이너서클inner-circle에 들지 못한 사람들은 겉돌 수밖에 없다. 따돌림을 받거나 불이익을 받게 된다.

다음으로는 인사의 공정성을 해치게 된다는 점이다. 인사가 공정하게 이루어지지 않고, 누가 더 많은 안면과 좋은 학연·지연을 갖고 있는지 여부가 중요한 척도가 되고 있다. 이는 결국 국정운영의 질이 떨어지는 지름길이기도 하다.

우리 사회 곳곳에는 이 온정주의와 연고주의 그리고 파벌주의 문화가 도사리고 있다. 또 실제로 그 폐해로 인해 우리 사회가 몸살을 앓고 있다. 그러나 기본을 소홀히 하고 절차를 무시하면 큰 화를 부른다. 장기적인 안목으로 가정과 기업, 그리고 국가를 운영해 나가지 못한다. 그저 당장 눈앞에 보이는 이득 챙기는 데만 급급할 따름이다. 우리가 온정주의와 연고주의 그리고 파벌주의를 불식시켜야 하는 이유도 여기에 있다.

이제 우리 모두는 온정주의 대신 '합리주의'를, 개인이익 중심의 연고주의나 패거리 파벌문화 대신 공공의 이익을 중심으로 하는 '공동체 문화'를 지향해야 한다. 아울러 우리는 한시 바삐 적당주의와 검은 뒷거래를 불식할 수 있도록 빠진 너트들을 찾아 다시 조이는 사회시스템 정비 작업을 추진해 나가야 한다. 그리고 무엇보다도 기본과 원칙에 충실하고, 맑고 투명한 사회분위기를 조성·정착시키는 데 힘을 모아야 한다. 이것이 전제되지 않으면 우리가 지향하는 선진경제사회는 영원한 구두선에 불과할 것이다.

공정사회와 법치주의 실현

2016년 9월, 대법원장과 검찰총장의 대국민 사과가 있었다. 일명 스폰서 검사와 법관들의 비리가 연이어 터져 나오자 검찰과 사법부 수장들이 국민들에게 고개를 숙인 것이다. 그렇지 않아도 국민들의 법에 대한 불신이 높은 상황에서 이 사건들은 법 집행기관들의 권위와 신뢰를 크게 손상시켰다. 그 이후 벌어진 '최순실 게이트'를 조사하는 과정에서도 국민들은 검찰에 불신의 눈초리를 보냈고, 결국 특검 수사로 이어졌다.

한 나라의 질서와 기강은 일관성 있는 법치에 있다. 그러나 지금 우리 사회에는 법치주의의 마지막 보루 역할을 해야 할 법조계에 대한 국민의 불신이 팽배해 있다. 법률소비자연맹의 조사에 따르면 우리 국민 10명 중 8명이 우리 사회에는 '유전무죄, 무전유죄有錢無罪 無錢有罪' 현상이 존재한다고 생각하는 것으로 나타났다. 법은 모든 사람에게 동등하게 적용되어야 함에도 돈 있는 사람은 죄가 있어도 빠져나간다고 인식하고 있는 것이다. 그리고 응답자 절반 이상이 법이 지켜지지 않는 이유를 법보다 배경이 효과적이기 때문이라고 답했다.

전반적인 우리 사회의 법에 대한 조소 섞인 인식은 이렇다. "우리는 지금 돈이 법 위에서 군림하는 사회 속에 살고 있다. 권력과 돈만 있으면 안 되는 일도, 못할 일도 없다. 모든 것은 권력과 돈이 해결해주는, 가진 자에게만 유리한 사회가 되어가고 있다..." 이렇게 우리 사회에서 법을 다루는 사람들에 대해 부정적인 인식이 확산된 데는 여러 이유가 있겠지만, 무엇보다도 법 적용에 있어 형평성이 없고 법 집행이 엄정하지 못하다는 데서 그 원인을 찾는 사람들이 많다.

우리 사회가 공정한 사회가 되려면 법 앞의 평등이 무엇보다 중요하다. 법을 어떤 때는 적용했다가 어떤 때는 적용하지 않는 상황이 반복되고, 때로는 특권층을 위한 도구로 사용한다면 평등한 적용이라고 할 수 없다. 전관예우나 고무줄 양형에서 비롯되는 '유전무죄 무전유죄' 논란이나, 특정인을 위한 특혜성 사면 논란 등이 대표적인 사례다. 이런 악습을 청산하지 못하는 사이 '법은 지키면 지킬수록 손해'라는 잘못된 법 인식이 국민의 뇌리 깊숙이 자리 잡았다.

'나와 내 주변에는 관대하게, 그러나 남에게는 엄격하게'라는 법과 원칙을 적용하는 사회는 선진국이 될 수 없다. 우리나라가 공정한 법치사회가 되려면 법 적용의 이중성을 타파하는 것이 무엇보다 중요하다. '내가 하면 로맨스, 남이 하면 불륜'이라는 우스갯소리가 있다. 권력자든, 부자든, 그릇되고 잘못된 일을 하면 예외 없이 처벌받는 사회가 바로 선진사회인 것이다.

흔히들 사회적 관심이 특히 큰 대형 소송사건이 생기면 이를 두고 '쩐錢의 전쟁'이라고 부른다. 이는 재판 당사자 중 누가 더 많은 돈을 지불하고 더 영향력 있는 변호사를 고용했느냐에 따라 재판 결과가 달라진다는 뜻에서 생긴 이야기이다. 그런데 영향력 있는 변호사란 자질이 월등한 사람이기도 하겠지만, 실제로는 현직을 떠난 지 얼마 안 되고 힘쓰는 자리에 있었던 변호사라고 보는 것이 더 정확할 것이다. 물론 인지상정인지라 법조계에서도 전관예우가 있을 수 있다. 그러나 법과 정의를 뛰어넘는 봐주기 식의 전관예우는 법조계는 물론 우리 사회 전체에 대한 불신을 초래하게 된다는 점을 다시 한 번 되새겨야 한다.

변호사 수임료가 비싼 것도 문제이다. 서민들은 소송에서 지게 되면 막대한 소송비용 부담으로 인해 알거지가 되기 십상이다. 설령 이긴다고 해도 배상금의 대부분을 변호사가 성공보수금이라는 명목으로 가져가버린다. 그래서 소송을 해서 변호사 좋은 일만 시켰다는 푸념이 나오기도 한다.

이와 함께 변호사 단체에 대한 개혁도 뒤따라야 한다. 우리나라의 변호사집단은 일부 대형 로펌을 중심으로 형성되어 있다. 이들이 법률시장을 독점함으로써 여러 가지 문제가 야기되고 있다. 전관예우 관행을 뿌리뽑는 것이야말로 그 중에서도 가장 중요한 핵심과제이다. 그동안 전관예우를 근원적으로 차단하지 못했던 것은 우리나라 법조계를 이루고 있는 판사, 검사, 변호사는 모두 한 뿌리인 사법고시 출신이고, 판사 및 검사는 사임하더라도 언제든지 변호사라는 안정되고 선망의 대상인 일터가 기다리고 있다는 제도적인 문제점에 기인하고 있다. 법률시장 개방 논의가 본격화되어야 하고 사법개혁이 중단 없이 지속적으로 실효성 있게 추진되어야 하는 이유도 이런 배경 아래 있다.

검찰의 수사관행도 문제다. 표적 수사나 신상털기식 수사, 그리고 별건 수사 관행 등이 지양되어야 한다. '별건 수사'란 검찰이 본래 수사하고자 했던 사건에 대한 혐의가 풀리면 수사를 중단해야 함에도 이 건과 관계없는 일을 들춰내서 성과를 올리려는 수사 관행을 말한다. 그동안 검찰은 무리한 수사로 국민의 기본권을 침해하고, 간혹 피의자를 죽음으로까지 몰아넣는 경우도 없지 않았기에 많은 비판을 받아왔다. 정치 검찰이란 낙인도 찍혀있다. 표적·편파수사 등의 논란도 일으켰다. 이와 같은 행태를 시정하고 견제하는 방안이 한시바삐 마련되어야 한다.

사법개혁의 필요성은 어느 누구보다도 국민들이 절실하게 느끼고 있다. 국민들은 자신의 권익을 보장받고 법 앞에서 차별받지 않는 공정한 사회가 구현되기를 원한다. 그리고 국민 위에 군림하는 사법권이 아니라, 국민에게 공정한 법률 서비스를 제공하는 검찰과 법원으로 다시 태어나기를 바라고 있다. 더욱이 검찰의 부정과 비리까지 연이어 터져 나오자 사법개혁에 대한 공감대는 한층 더 확산되고 있다. 따라서 사법개혁은 중단없이 계속되어야 한다. 그리하여 더 이상 피의자를 죽음으로 몰아넣는 일이 없어야 하고, 대한민국의 암울한 법 현실에 환멸을 느껴 이민을 떠나는 사람이 생기지 않도록 해야 한다.

최근 들어 검찰개혁을 요구하는 목소리가 더욱 커지고 있다. 현재 검찰이 독점하고 있는 수사권과 기소권을 분리해야 한다는 것이 가장 핵심적인 부분이다. 기소권뿐만 아니라 수사권까지 한쪽에서 움켜쥐고 있는 한 수사의 공정성을 담보하기가 어렵기 때문이다. 또한 견제받지 않는 권력은 늘 부패하고 권력남용의 유혹을 받기 마련이다. 그래서 '공직자비리수사처 (공수처)' 신설 문제 또한 전향적으로 검토해야 할 것이다.

재벌총수들에 대한 사면을 두고도 설왕설래 말이 많다. 물론 그들이 우리 경제발전에 기여한 것은 사실이다. 그러나 범법행위를 한 사람들을 처벌하지 않고 특별대우를 해주는 것은 '만인은 법 앞에 평등하다'라는 원칙에 어긋나는 일이다. 물론 재벌이라고 해서 오히려 역차별을 받아서도 안 되겠지만 그렇다고 해서 그들이 특혜를 받는 일이 있어서는 안 된다.

과거 우리는 재벌들에게 많은 특혜를 주어왔다. 그래서 그들은 기업을 키울 수 있었고 또 일자리 창출과 경제발전에 이바지한 것은 숨길 수 없는 사실이다. 그러나 그들에 대한 지나친 관용은 그들을 더 큰 범법자로 만들 소지가 없지 않을 것이다. "내가 없으면 기업이 돌아가지 않고 그렇게 되면 결국 국가경제에 어려움이 생길 것이다. 그러니 내가 법을 좀 위반한다고 해서 나를 형사처벌까지 할 수 있겠느냐!"라는 배짱심리가 작용할 여지가 생기게 된다. 이러한 배짱심리가 '대마불사'라는 믿음을 낳게되어 1997년 외환위기를 초래하는 커다란 원인이 되었다는 점을 우리는 결코 잊어서는 안 될 것이다.

국민들이 권력과 돈에 휘둘리지 않고 법 집행이 공정하고 엄정하게 이루어진다고 믿을 때, 그리고 사회적 약자에게 법은 따뜻한 보호막이 되어준다고 믿을 수 있을 때, 비로소 공권력은 정당성을 확보할 수 있다.

인간성 회복을 위한 교육 혁신

한국의 교육열은 가히 세계적이라 할 만하다. 대학 진학률이 70%를 넘어서고 연간 지출하는 사교육비도 20조원을 훨씬 넘어서고 있다. 외국인으로서 미국 대학에 적을 두고 있는 유학생의 수는 인구 대국들인 중국, 인도에 이어 세 번째로 많다. 또 주기적으로 개최되는 세계 과학 및 수학 경시대회에서는 한국 학생이 언제나 1~2위로 상위권을 차지하고 있다.

이러한 높은 교육열이 우리나라의 성장 발전을 이끈 동력이 된 것은 사실이다. 그렇지만 여러 가지 사회적 부작용을 초래하고 있다. 나아가 교육의 내용과 방법 면에서도 매우 잘못되어 있다는 비판을 받고 있다.

무엇보다 심각한 것은 과도한 학력인플레로 자원을 낭비하고 있다는 점이다. 자신이 처한 여건이나 자질은 전혀 고려하지 않은 채, 너나 할 것 없이 누구나 대학에는 꼭 가야 하는 것으로 여기다보니 시간적으로나 비용 면에서나 엄청난 낭비가 일어나고 있는 것이다.

지나친 사교육비 부담으로 저출산 풍조가 확산되고 있는 것도 큰 문제다. 교육비 부담이 워낙 크다 보니 아이를 하나 이상 낳기가 겁이 난다. 쥐꼬리 봉급으로 교육비를 충당하다 보면 내집 마련이라는 꿈은 저 멀리 사라지고 하루하루 생활이 그저 피곤할 따름이다. 자칫하면 빚더미 위에 올라앉았을지도 모른다.

그리고 과잉 교육열로 어린아이 때부터 과외교습에 내몰리면서 건강을 해치고 압박감과 스트레스로 고통받고 있다. 더욱이 경쟁에서 낙오된 아이들은 절망감에 빠져들어 빗나가기도 하고 심할 경우 자살로까지 이어진다. 또 숨 막히는 경쟁심리는 타인에 대한 배려가 없는 이기적인 사회를 만들고 사회 전반에 갈등을 심화시키고 있다.

교육의 방식과 내용도 백년대계百年大計의 관점에서 개혁되어야 한다. 유태인의 경전 「탈무드」에 '가난한 사람에게 물고기 한 마리를 주는 것보다 고기 낚는 법을 가르쳐 주라!'는 이야기가 있다. 돈을 쥐어주기보다는 돈 버는 법을 가르치라는 교훈이다. 그런데 우리나라는 이와는 전혀 동떨어진 방식으로 교육이 이루어지고 있다. 오로지 대학 진학만을 염두에 둔 암기식 내지 주입식 교육, 취업을 위한 스펙 쌓기 등 보여주기식 교육이 주류를 이루고 있다.

그러다 보니 창의력과 상상력을 키우는 데는 소홀했다. 그 결과 우리 젊은이들의 학습능력은 세계 최고 수준이라고들 하나 아직도 전문분야의 노벨상 수상자는 단 한명도 없다. 노벨상은 차치하고 우리의 삶을 좀 더 자유롭고 풍요롭게 하기 위해서라도 창의력과 상상력, 문화적 감수성을 키워주는 방향으로 교육의 내용과 방법을 바꾸어 나가야 한다.

우리 경제사회에 심화되고 있는 갈등을 완화하고, 인간존중의 분위기를 확산시켜 나가기 위해서는 올바른 인성교육을 실시하는 것이 무엇보다 중요하다. '인성人性'이란 사람의 성품 즉 특정한 개인이 생각하고 느끼고 행동하는 데 있어 기본이 되는 마음가짐을 가리킨다. 그리고 인성교육이란 마음의 바탕이나 사람의 됨됨이 등 성품을 함양시키기 위한 교육으로, 지知, 정情, 의意를 조화롭게 발달시키는 것을 목표로 한다. 이는 나아가 개인적인 자아실현을 위한 가치교육이자, 사회생활을 하면서 더불어 살아가기 위한 도덕교육이기도 하다.

이 인성교육은 가정과 학교에서부터 시작되어야 한다. 참다운 인성을 갖춘 사람으로 키우는 데는 어렸을 때부터 가정에서의 밥상머리 교육이 무엇보다 중요하다. 행복한 삶의 근원은 '가정'이기 때문이다. 그런데 최근 여러 가지 이유로 가정이 파탄나는 경우가 늘어나고 있다. 또 우리 아이들이 사회생활의 기본을 배우고 미래를 준비해야 할 학교에서는 진학에 필요한 지식교육에 중점을 두고 있다. 여기에 갈수록 교권이 실추되고 학교폭력이 난무하고 있다.

지금 우리 사회는 정의로운 사회, 공정한 사회, 신뢰할 수 있는 사회와는 거리가 멀다고 인식하는 사람들이 많다. 우리 사회에 퍼져 있는 이러한 부정적 요소들이 복합적으로 작용하면서 우리 공동체의 삶이 행복하지 못하다. 이러한 문제가 발생하는 것은 인간의 관계성이 제대로 정립되어 있지 않은 데서 비롯되고 있다.

따라서 관계성을 결정짓는 인성을 키우는 노력을 강화해야 한다. 문화적 안목과 감성을 키우는 일도 인성을 바르게 함양시켜 행복한 삶을 살아가고 따뜻한 사회를 만들어 나가는 데 커다란 도움이 된다. 이는 문화와 예술은 사람의 감정을 순화시키고 안정감을 더해주는 기능을 가지고 있기 때문이다.

　서구사회의 인성교육은 부모가 자원봉사하는 모습을 보여준다거나 자녀들에게 스포츠나 문화·예술 활동에 참여하도록 권장하는 것을 통해 이루어지고 있다. 자원봉사 활동은 서구인 특히 미국인의 생활 깊숙이 뿌리 내려져 있다. 부모들이 일상생활 혹은 직장에서 자원봉사하는 모습을 보인다면 자녀들은 저절로 자원봉사정신을 배우게 되는 것은 물론이고 부모를 더욱 신뢰하고 존경하게 된다. 그들은 보편적으로 봉사활동을 시민의 의무라고 생각하며, 또 훌륭한 지도자란 남의 아픔에 공감할 줄 아는 사람이라는 믿음을 갖고 있다.

　스포츠나 예술·문화 활동 또한 인성교육을 함양하는 데 크게 기여하고 있다. 이는 스포츠 활동을 통해서 페어플레이fair play 정신과 상대편에 대한 배려정신을 배울 수 있기 때문이다. 그리고 폭넓은 문화생활을 통해서는 마음의 안정과 삶의 가치를 존중하는 태도를 길러나갈 수가 있게 된다.

　교육의 중요성은 아무리 강조해도 지나치지 않다. 그것이 곧 국가경쟁력이기 때문이다. 다만, 지나친 교육열로 파생되는 여러 가지 문제점을 해소하고, 교육의 내용과 방법을 개선해 나가야 한다. 가장 중요한 것은 교육의 본질적인 내용을 바로잡는 것이라고 할 수 있다. 정의롭고 따뜻하며 행복한 경제사회를 만들기 위해서는 사회구성원들이 협동적인 인간관계를 형성해 나가야 한다. 이를 위해서는 어릴 때부터 인간존중의 정신을 배양시켜 주는 것이 최우선 과제이다.

자기 스스로 삶의 가치를 안다면 자존감도 높아지고 정서가 안정되며, 긍정적인 생각으로 사회생활을 할 수 있게 된다. 그리고 사회가 안정이 되어야 불신과 갈등이 줄어들게 된다. 선악을 분별하는 능력인 도덕성이 날로 희박해지는 오늘의 세태를 바로잡기 위해서는 참다운 인간을 양성하는 바른 교육이 절실하다.

풍성한 삶을 위한 문화 융성

우리는 지난 1960년대 초반 이후 '기적'이라고 불릴 만큼 괄목할 만한 경제성장을 이룩하였다. 그러나 다른 한편으로는 너무 빠르게 달성한 물질적 풍요와 함께 효율 제일주의와 물질 만능주의의 거센 파도 속에서 방황하고 있다. 즉 우리 모두는 커다란 조직의 일개 부품처럼 되어 불확실한 미래와 불안한 인간관계를 유지하며 정신없이 바쁘게 일상을 살아가고 있다.

이처럼 우리의 삶이 몰개성적으로 변해 가고 하루하루를 쫓기듯 살아가다보니 과연 "누구를 위한, 그리고 무엇을 위한 경제발전이었던가?"라는 의문을 갖지 않을 수 없다. 경제성장이나 발전의 목적은 분명히 사람들의 행복한 삶 즉 복지수준을 높이는 데 있다. 그런데 사람들이 복지와 풍요를 느끼지 못하고 행복하지 못하다면 이는 목표와 수단이 바뀐 격이라고 할 수 있다.

사회가 선진화되기 위해서는 경제적 발전만으로 충분한 것이 아니고 반드시 문화적 성숙이 수반되어야 한다. 또한 문화적 발전을 동반하지 않은 경제발전은 그 자체로도 한계가 있다. 우리는 1960년대 이후 세계가 놀라워할 정도의 경제적 성과를 거두지만 그러나 문화적으로나 정치적인 면에서는 아직도 선진국에 비해 많이 낙후되어 있는 것이 사실이다. 더욱이 최근 들어서는 경제마저도 발전이 정체되는 상황에 처해 있다.

어떤 사람들은 최근 우리 경제가 당면하고 있는 어려움의 커다란 원인 중의 하나가 바로 이러한 정치적·문화적 발전의 후진성이라고 주장하기도 한다. 프랑스의 세계적인 문명 비평가 기 소르망Guy Sorman은 "한국이 직면한 위기의 본질은 경제문제가 아니라 세계에 내세울 만한 한국적 이미지 상품이 없는 문화의 위기다"라고 말했다.

경제와 문화는 서로 강한 의존관계를 지닌다. 경제발전이 문화발전을 뒷받침한다는 사실은 우리가 익히 잘 알고 있다. 과거 문화강국이었던 이집트와 그리스의 경우, 그들의 문화유산이 다른 나라에 수탈당하거나 오늘날 폐허가 되어 흔적만 남아 있음을 보게 된다. 이는 경제발전이 뒤따르지 않아 문화보전이 제대로 이루어지지 않았기 때문이다.

세계를 다녀보면 수많은 이집트의 오벨리스크가 프랑스, 영국, 미국 등의 대도시 중앙광장에 버젓이 세워져 있음을 발견하게 된다. 그리고 그리스의 파르테논 신전이나 올림포스 신전이 볼품없이 초라한 모습을 하고 있음에 놀라기도 한다. 이처럼 경제가 어려움에 처하게 되면 문화유산의 보전도 힘들어지게 되는 것이다.

21세기는 문화의 시대라고 한다. 문화는 경제를 선순환시키는 기능도 한다. 문화적 가치나 문화적 토양이 사회발전이나 경제성장을 가능케 하는 기반이 되고 있다는 뜻이다. 문화는 창의성을 기반으로 형성되므로 창조적 발명과 참신한 아이디어의 원천이 된다. 때문에 경제발전의 핵심요소인 기술혁신을 위해서도 그 중요성이 강조되고 있다. 즉 앞으로는 문화적 기반 없이는 기술발전이나 경제성장을 기대하기 어렵다는 것이다.

전통적으로 경제발전을 위한 투입요소는 자본과 노동, 그리고 기술수준이었다. 그중에서도 갈수록 기술수준이 차지하는 비중이 커져왔다. 그런데 오늘날과 같이 소비행태가 고급화·다양화되고 있는 추세에서는 더 이상 기술수준에만 의지하기가 어렵게 되어가고 있다. 아직도 나라마다 기술수준의 차이가 많이 나기는 하지만, 기술수준은 시간이 지남에 따라 그 격차가 점점 좁혀지고 있다. 선진국이라 하더라도 이미 개발된 기술만을 가지고는 경쟁력의 우위를 계속 유지하기가 힘들다.

이에 따라 선진국을 중심으로 많은 국가들은 이제 기술뿐만 아니라 기술 외적인 요인을 갖고 상품이나 산업의 경쟁력을 향상시키려는 노력을 강화해 나가고 있다. 이 중 가장 중요한 것이 바로 문화라는 새로운 차원의 생산요소이다.

창조적 경제사회에서는 아이디어가 중요한 자원이자 생산요소가 된다. 그리고 이러한 창조적 아이디어는 튼튼하고 풍부한 문화적 기반에서만 기대할 수가 있다. 이와 함께 산업도 문화적 요소가 많이 부가된 감성집약적 산업이 주도할 것으로 예상된다. 상품의 가치 또한 종래와 같이 단순히 그 기능에 의해서만 평가되는 것이 아니라 상품에 내재된 문화적 가치가 더 중요하게 여겨질 것이다. 이는 산업이 필수적으로 문화와 접목되지 않으면 안 된다는 것을 의미한다.

이와 함께 문화는 그 자체적으로도 매우 커다란 경제적 가치를 지닌다. 영화 '타이타닉'의 흥행수익이 현대자동차가 소나타 40만대를 수출하는 금액과 같았다는 이야기는 문화 콘텐츠가 가지는 경제적 가치가 얼마나 큰지를 보여주는 단적인 사례다.

그리고 문화산업은 서비스 및 제조업 등 다른 산업에 미치는 전후방 파급효과도 매우 크다. 특히 관광산업에 미치는 효과는 지대하다. 이는 우리의 '한류'가 중국과 동남아 관광객 유치뿐만 아니라, 화장품·의료·식품산업의 수출 증진에도 크게 기여하고 있다는 사실에서도 잘 나타나고 있다. 아울러 문화산업은 일자리 창출 면에서도 제조업 등 여타 산업들과 비교할 때 월등한 효과를 나타내고 있다.

이처럼 문화가 경제발전에 미치는 영향은 갈수록 커지고 있다. 경제발전 또한 문화발전을 위한 필수 전제요건이 되고 있다. 문화의 가치는 경제발전의 원천이 된다는 측면뿐만 아니라 문화적 감수성 고양을 통해 세파에 무뎌진 인간성을 회복시켜주는 역할도 한다는 점에서 한층 더 빛을 발한다. 즉 문화적 감수성이 치열한 삶의 경쟁 현장에서 상처받고 무너진 사람들을 위로해 주고 치유해 주는 역할을 한다는 것이다.

사람들은 흔히 마음이 우울하거나 힘든 상황을 잠시라도 잊고 싶을 때 음악을 듣거나 미술작품을 감상하거나 영화를 본다. 이러한 예술작품들이 갖는 힐링healing 기능을 통해 사람들은 위로받고 치유를 받게 되며, 이로 인해 사람과 사람 사이의 갈등이 줄어들고 결국 사회적 갈등도 줄어들게 된다.

그러므로 우리 경제사회가 지속적으로 발전해나가고 아울러 국민들이 행복한 삶을 추구할 수 있도록 하기 위해서는, 문화의 중요성을 인식하고 문화에 대한 관심과 이해를 높여나가야 한다. 아울러 문화의 혜택을 일부 소수집단만이 아닌 모든 사람들이 고르게 누릴 수 있도록 해야 한다. 이는 문화란 소유하는 자의 것이 아닌 향유하는 모든 사람의 것이기 때문이다.

흔히 21세기는 '문화의 시대'라고 한다. 우리 주변에 어느 하나 문화와 관련되지 않은 것이 없다. 그동안 우리는 성장 위주로 달려오다 보니, 상대적으로 문화 발전을 통한 삶의 질을 높이는 데는 소홀하였다. 이제 국민소득 3만 달러 실현을 눈앞에 두고 있는 우리로서는 추가적인 경제적 성취 못지않게 문화적 욕구를 충족시키는 문제에 대해서도 적극적인 대응책을 마련해 나가야 한다. 나아가 문화융성을 통해 정체된 경제를 회복시키고, 제2의 경제기적을 실현하는 데도 온 국민이 지혜와 힘을 모아야 할 것이다.

4. 새로운 시대정신의 구현

- 경쟁에서 협력의 시대로

  윤리경영과 인간존중의 문화 정착

  대화와 소통을 통한 사회통합

  나눔과 배려의 정신문화 확산

경쟁에서 협력의 시대로

자본주의 체제의 근간이 되고 있는 시장경제는 그 기본원리를 경쟁에 두고 있다. 그러나 현실경제에서는 이 경쟁의 원리가 제대로 작동되지 않거나 오히려 오작동됨에 따라 많은 후유증을 불러오고 있다. 이에 따라 경기가 곤두박질치고 거시경제 운용에 많은 어려움을 겪고 있다. 어떤 사례들이 있는지를 살펴본다.

우선 정부가 인허가 규제를 통해 진입장벽을 침에 따라 원천적으로 경쟁이 제한되는 경우이다. 그나마 이는 시장의 혼란을 사전에 방지하기 위해 불가피한 측면이 인정될 수도 있다. 문제는 다른 데 있다. 원래 시장은 기업의 규모나 능력의 차이를 전혀 고려하지 않은 채 무차별적인 경쟁을 강요하고 있다. 쉽게 말해 체급이나 중량이 다른 대기업과 중소기업이 동일한 조건 아래 경쟁을 하라는 것을 뜻한다. 이 경우 결과는 뻔하다. 물론 정부가 공정거래 제도를 마련하여 이를 중재하고는 있으나 한계가 있을 수밖에 없다.

또한 과다출혈 경쟁이란 것도 있다. 이는 말 그대로 너무 많은 경쟁자들이 나타나 손실을 보면서까지 과도한 경쟁을 하는 현상을 뜻한다. 특히 해외수주를 놓고 이런 사태가 벌어지게 되면 문제는 더욱 심각해진다. 우리 기업끼리의 과도한 가격인하 경쟁으로 인해 제대로 된 보상을 받지 못하는 사례도 종종 나타나고 있다. 또 경쟁에 뒤처진 기업들은 마땅히 시장에서 퇴출되어야 하나 실제로는 그렇지 않고 연명을 해나감에 따라 시장질서가 어지럽혀지는 경우도 큰 문제이다. 이는 '대마불사大馬不死'의 배짱심리가 아직도 작용하기 때문일 것이다.

또 다른 경쟁의 후유증은 시장의 실패에서도 나타나고 있다. 과도한 경쟁에서 뒤처진 계층들과 가진 것 없이 태어난 수많은 이 땅의 흙수저 젊은이들은 갈수록 심화되는 양극화현상에 허탈해하거나 좌절하고 있다. 여기에 기득권층이 부를 축적하는 과정이나 지출하는 행태 또한 그 정당성과 합리성에 의문을 갖게 한다.

경쟁은 보통 제한된 자원을 가진 환경에 공존하는 생물 사이에서 자연스럽게 일어난다. 경쟁은 발전의 원동력이 된다. 스마트폰 시장에서는 지금도 계속해서 기술력이 성장하고 있으며 최신제품들이 나오고 있는데, 이는 경쟁이 있기에 가능한 것이다. 더 많은 매출실적을 내기 위해서 치열한 경쟁을 하는 것이다. 공산주의가 멸망한 사실에서도 경쟁의 필요성이 나타나고 있다. 공산주의 사회에서는 일을 잘하든 못하든, 성과를 내든 못내든, 똑 같은 보수를 받으니까 굳이 열심히 할 필요도, 성과를 낼 필요도 없다. 경쟁이 없으니 작업효율도 높아지지 않고 발전 또한 없는 것이다.

그렇다고 해서 경쟁이 무조건 좋은 것만은 아니다. 과도한 경쟁은 인간관계를 파괴하고 사회를 냉혹하고 살벌한 투쟁의 장소로 만들기도 한다. 경쟁의 본성은 결과지향적인 것이기 때문에, 욕망으로부터 벗어난 자유스러운 행동이 없다는 것이다. 그리고 상대의 실패와 패배를 전제로 이루어지는 승리감과 성취욕에 대한 집착이다. 그런데 집착은 인간에게 경쟁 없이는 세상을 살아갈 수 없는 굴레가 되며, 다른 사람과 비교하면서 느끼는 성취나 쾌락은 다시 상대적인 위치에서 좌절감과 고통으로 변한다. 이처럼 과도한 경쟁은 긴장과 갈등으로 가득 찬 사회를 만들게 된다.

지나친 경쟁으로 인한 폐해는 일본 소니의 추락 사례에서도 나타나고 있다. "저희 집에는 소니의 전자기기가 35개 있습니다. 배터리 충전기도 35개 있고요!" 동일한 회사 소니에서 만든 제품들이 서로 다른 크기와 모양의 충전기를 가지고 있었다. 이런 부서간 이기주의와 과잉 경쟁심은 소니라는 세계 초일류 기업이 몰락한 결정적인 이유가 되었다.

여기서 협력의 중요성과 필요성이 대두된다. 기업이나 조직에서는 팀워크를 통해 남을 이해하고 공존하며 같이 나아가는 것을 배울 수 있고 업무 분담을 통해 각자의 전문성과 개성을 살려나갈 수도 있다. 이처럼 사람들이 각자의 자리에서 협력을 통해 서로 다른 다양한 가치를 존중하고 공동으로 성취해가는 과정을 함께 한다면, 우리 사회 전체에서 갈등과 다툼의 소지는 현저히 줄어들 것이다.

협력의 중요성은 대기업과 중소기업 간에서도 예외일 수 없다. 무한경쟁시대의 글로벌 경쟁력은 혼자가 아닌 협력업체와의 네트워크 경쟁력에서 나온다. 이제 우리 대기업들도 외국 선진기업들처럼 중소기업을 동반자로 생각하고 이들의 경쟁력 강화와 인재육성, 동반성장에 기여하는 다양한 경영지원플랜을 만들어 실천해야 한다.

때에 따라서는 경쟁기업 상호간의 협력도 필요하다. IBM과 도시바는 경쟁기업이다. 그러나 노트북의 핵심기술인 LCD를 생산하기 위해 협력관계를 유지하고 있다. 휴대폰 업계의 라이벌rival 삼성과 애플도 필요한 경우 기술적인 협력을 하고 있다. 비즈니스 용어 '콜라보레이션collaboration'이란 원래 서로 다른 업종을 영위하는 기업들의 공동작업으로 탄생한 작품을 뜻하였다. 그러나 이제는 경쟁기업 상호간의 협력으로까지 영역이 넓어지고 있다. 이처럼 아군이 아니면 적이었던 비즈니스의 세계에 새로운 물결이 흐르고 있다. 이러한 기업간 협력은 비용을 절감하고 매출 또한 극대화할 수 있다는 점에서 하나의 추세로 지속될 것으로 보인다.

노사간의 협력 또한 중요하다는 것은 두말 할 필요가 없다. 작금의 글로벌 경제전쟁시대는 근로자와 기업주 양자가 한가로이 싸우는 상황을 용납하지 않는다. 근로자와 기업이 한 팀이 되어 즉 동반자로서 함께 싸워도 승자가 될 수 있을까 말까한 엄혹한 상황인 것이다. 글로벌경쟁력은 노사의 단합된 힘에서 나온다. 이를 위해 기업은 근로자를 기업경쟁력을 키우는 가장 중요한 인적자원으로 인식해야 하고 나아가 인격체로 대우해야 한다. 근로자들 또한 오늘날과 같이 어렵고 불확실성이 큰 시대에는 결국 노사간의 상생과 공존이 경쟁력이라는 사실을 인식해야 할 것이다.

이와 같이 협력과 공조는 미래 경제사회를 바르게 이끌어 가는 데 매우 중요한 요소이다. 그렇지만 인간의 속성을 고려할 때 무조건적인 협력이 존재하기란 거의 불가능하다. 또 설사 존재하더라도 지속되어 나가기가 어려울 것이다. 세상에는 완전경쟁과 완전협동은 있을 수 없다. 따라서 현실적인 대안으로 협력에 바탕을 둔 경쟁을 추구하는 것이 바람직하다. 이러한 인식 아래 생겨난 것이 바로 협력과 경쟁의 장점을 결합시키는 전략적 비즈니스 게임이론인 '코피티션co-opetion'이다. '협력cooperration'과 '경쟁competion'을 합성해 만든 신조어이다.

지금까지 기업간 경쟁은 승자와 패자로 뚜렷이 구분되는 제로섬 게임으로만 여겨졌다. 그러나 코피티션은 반드시 패자가 있어야 한다는 도식적인 논리를 부정하고 참가자들 모두 승리자가 될 수 있다고 주장한다. 비즈니스는 고객, 납품업자, 보완제품 생산자, 경쟁자 등 수많은 관계로 이루어져 있으며, 이들은 한 순간 경쟁자가 되기도 하고 협력자가 되기도 하지만, 상대와 협력할 때 최대의 성과를 거두는 수가 많다. 즉, 비즈니스는 경쟁하는 게임임에는 분명하지만 서로 협력함으로써 파이를 더욱 크게 만들 수 있는 것이다.

2016년 리우올림픽에서 우리는 매우 감동적인 장면을 접할 수 있었다. 다름 아닌 여자 육상경기 도중 넘어진 두 선수가 서로 격려하며 완주하는 모습이었다. 여자 육상 5,000m 예선에서, 뉴질랜드 선수가 넘어지면서 뒤따르던 미국 선수도 함께 넘어졌다. 미국 선수는 바로 일어났지만, 뉴질랜드 선수는 트랙 위에서 몸을 일으키지 못했다. 미국 선수는 "일어나, 끝까지 달려야지. 올림픽이잖아. 끝까지 달려야 해!"라고 말을 건네며 뉴질랜드 선수를 일으켜 세웠다.

그러나 얼마 못가 이번에는 미국 선수가 무릎 부상으로 주저앉아 버렸다. 이에 뉴질랜드 선수는 달리기를 멈추고 다가가 미국 선수에게 손을 내밀었다. 서로 격려하며 끝까지 달린 두 선수는 결승점을 통과한 뒤 뜨겁게 포옹했다. 두 선수는 참다운 스포츠정신과 함께 아름다운 상생과 배려의 정신을 세계인의 가슴에 새겨 주었다.

이제 우리는 서로 협력하고 존중하는 가운데 경쟁을 해 나감으로써 더 바람직한 성과를 만들어내고 모두가 행복한 경제사회를 만들어 나가야 한다. 여기서 중요한 것은 경쟁이란 사람과의 경쟁이 아니라 일과의 경쟁이어야 한다.

윤리경영과 인간존중의 문화 정착

'기업윤리'가 중요한 기업경쟁력으로 대두되고 있다. 이에 기업들은 저마다 윤리경영을 표방하고 나서고 있다. 미국의 저명한 비즈니스 잡지 『포춘Fortune』지가 선정한 세계 500대 기업의 95% 이상이 윤리경영을 도입하고 있다는 조사 결과도 있다.

윤리경영이란 회사경영 및 기업활동에 있어 '기업윤리'를 최우선 가치로 생각하며, 투명하고 공정하며 합리적인 업무 수행을 추구하는 경영정신이다. 물론 이익의 극대화가 기업의 목적이다. 그러나 경영성과가 아무리 좋아도 기업윤리 의식에 대한 사회적 신뢰를 잃으면 결국 기업이 문을 닫을 수밖에 없다. 다시 말해 기업에서 사전에 윤리경영에 입각한 적절한 조치를 취하지 않으면 사회적으로 커다란 저항에 부딪치게 되고, 결과적으로는 그 기업에 더 큰 손실을 가져오게 된다. 나아가 기업이 비윤리적인 경영을 할 경우 정부는 기업활동을 제한하는 새로운 규제를 부가할 가능성이 있다.

기업이 윤리경영을 시행함에 따라 거두는 실익은 실로 다양하다. 우선 대외적인 기업이미지 향상으로 브랜드 가치가 높아지고, 주주와 투자자, 소비자들로부터 신뢰를 확보하게 된다. 또 노사간 신뢰를 바탕으로 하는 바람직한 노사문화를 형성하고, 종업원의 애사심과 주인의식을 이끌어내어 생산성과 품질 향상을 가져오게 된다. 이와 함께 국내외 경영환경 변화에 따른 위험에 대비하고, 전반적인 기업경쟁력을 높일 수 있게 된다.

미국은 1976년부터 「해외부패행위법foreign corruption practice act, U.S.A」 등을 통해 국제거래 관계에서 윤리경영을 중요한 거래기준의 하나로 제시하여 왔다. 이는 결과적으로 윤리라운드Ethics Round로 발전해 모든 기업이 윤리강령을 갖도록 하는 데 영향을 미쳤다. OECD에서도 1992년 외국 공무원 뇌물방지협약을 발효했으며, 2000년에는 국제 공통의 기업 윤리강령을 발표하는 등 윤리경영을 가장 중요한 국제거래 기준의 하나로 삼고 있다. 환경오염 방지를 위한 투자확충 또한 윤리경영의 중요한 부분이다.

우리나라에서도 윤리경영 확산을 위해 노력 중에 있다. 1999년 2월, 전경련은 기업윤리강령을 발표하였다. 또 '사회적 책임투자지수Socially Responsible Investment Index'라는 지수도 활용하고 있다. 사회적 책임투자란 도덕적인 기업, 투명한 기업, 환경친화적인 기업만을 투자 대상으로 삼는 것을 뜻한다. 그리고 사회적 책임투자지수는 환경, 사회, 지배구조 등 기업의 지속가능성에 영향을 미치는 요소들을 비재무적 관점에서 평가한 후 우수기업을 대상으로 산출한 지수이다. 이 지수는 2009년부터 한국거래소가 매년 사회적 책임을 다하고 경영 투명성이 높은 상장회사들을 편입해서 만들고 있다.

그러나 이러한 외형적인 노력에도 불구하고 국민들이 느끼는 우리 기업들의 윤리경영 수준은 대단히 낮다. 앞으로 우리나라 기업들은 윤리경영을 정착시키기 위한 노력을 강화하여야 한다.

무엇보다도 기업들이 탈세와 비자금 조성 등 불법적이며 음성적인 거래관행에서 벗어나야 한다. 이러한 부정·불법 행위를 저지르는 기업들은 소비자들로부터 신뢰를 잃고 외면당할 게 뻔하고 기업생명 또한 길게 유지될 수 없다. 이는 기업의 존폐 문제에만 그치지 않고 사회적으로 또는 국가적으로 심각한 파장을 끼치기도 한다. 기업들의 이러한 행태가 국민들이 기업을 신뢰하지 못하게 하는 결정적 이유이기도 하다.

다음으로는 대기업과 모기업들의 하청업체에 대한 소위 '갑질 행위'를 근절시켜야 한다. 이러한 악덕행위는 하청업체의 정상적인 발전을 저해할 뿐만 아니라 결국 대기업 자신에게도 부메랑이 되어 돌아오게 된다. 대기업과 하청업체가 정상적인 관계를 유지하지 못할 경우 그런 과정에서 정상적인 상품이 생산되기를 기대하기가 어렵다. 결국 소비자의 신뢰를 잃게 되어 모기업과 하청업체 모두 공멸을 자초하는 결과를 맞게 될 것이다.

이와 함께 기업내부 경영활동에서 인간 존중의 정신을 뿌리내릴 수 있도록 해야 한다. 기업이란 이윤획득이란 공통 목표를 가진 사람들의 협동체이다. 그런데 현실 기업경영에서는 늘 사람을 이윤획득의 도구로만 생각해 왔지, 소중한 인격체라는 점에 대한 배려에는 소홀했다. 그래서 경영진들은 경쟁과 통제의 시스템을 주로 활용해 왔으며, 조직은 계층구조를 선호해왔다. 그것은 위계질서를 통한 통제와 분배를 편리하게 해주었기 때문이었다. 그러나 이러한 조직운영과 경영철학은 갈수록 계층의 단절을 가져오고 갈등을 초래하여, 오히려 기업의 생산성이 떨어지는 문제를 초래하게 되었다.

이러한 문제를 극복하기 위해서라도 이제는 사람을 자원이 아닌 인격체로 복원시켜야 한다. 그래서 경영자는 구성원의 아픔을 이해하고 나누며, 그들이 즐거이 일할 수 있도록 배려해야 한다. 그리고 경쟁과 통제보다 협력과 자율을 더 중시하는 경영철학을 가지고 경영을 해나가야 할 것이다. 또 수직적인 조직 체계를 수평구조화하고 구성원들이 직장을 자기실현의 장으로 여기는 새로운 문화를 창조해 나가는 것이 바람직하다.

이런 차원에서 유연근무제의 활성화가 매우 시급한 과제로 떠오르고 있다. 유연근무제란 일정한 시간과 장소 등을 요구하는 정형화된 근무제도에서 탈피해, 개인의 특성에 맞는 다양한 방식을 도입함으로써 생산성을 높이고 기업조직 운영에 유연성을 부여하는 제도를 뜻한다. 이의 유형을 좀 더 구체적으로 살펴보자.

첫째, 탄력적 근로시간제 Averaging Work System이다. 이는 일감이 많을 때는 근로시간을 늘리고 일감이 적을 때는 줄이는 제도로, 일감의 계절적 변동이 큰 업종에서 활용하기 좋다. 기업은 수요가 많을 때 초과근로수당을 줄이고 근로자는 수요가 적은 시기에 여가시간을 더 많이 확보할 수 있다.

둘째, 선택적 근로시간제 Flex-time System이다. 이는 일정한 기간 동안 총 근로시간의 범위 내에서 개별 근로자가 원하는 대로 출·퇴근 시각을 조정하는 제도이다. 다만 반드시 근로하여야 할 시간대 등은 노사가 협의해 정할 수 있다.

셋째, 시간제 근무제 Part-time System이다. 이는 전일제 근무와 달리 개인 사정이나 본인 필요에 따라 근무시간을 지정하여 일하고 그 근무시간에 비례해 보수를 지급받는 제도이다. 그리고 재택근무제는 회사에 출근하지 않고 집안에서 회사의 업무를 보는 것을 말한다.

유연근무제도는 미국과 일본 등은 활용률이 50% 이상에 달하고 독일과 영국 등에서도 크게 활성화되어 있다. 그러나 우리의 경우 활용률이 10%가 채 되지 않는다. 우리나라에서도 1997년 제도를 도입하여 공무원을 대상으로 운용을 시작하였으나, 민간기업에서는 아직 활성화되지 못하고 있다.

이와 같이 유연근무제 활용률이 저조한 이유는 그동안 우리나라의 고용구조가 '남성·풀 타임full-time·정규직 근로자' 중심으로 이뤄져 왔기 때문인 것으로 풀이된다. 그러나 앞으로는 장시간 근로에 따른 노동생산성 하락을 방지하고 근로자의 자기계발을 도와주기 위하여 제도운용을 장려하고 활성화시켜 나가야 한다. 무엇보다도 출산장려 차원에서 일과 가정의 양립을 원하는 여성들의 경제활동 참여를 유도하는 방안으로 이 제도를 적극 활용할 필요가 있다.

대화와 소통을 통한 사회통합

최근 우리 사회에 혼자서 밥을 먹고 혼자서 술을 마시며 또 혼자 노는 사람들이란 뜻의 '혼밥족', '혼술족', '혼놀족'이란 용어가 등장해 자주 사용되고 있다. 그리고 실제로 이런 부류의 사람들이 빠르게 늘어나고 있다. 또 홀로 사는 1인 가구가 급속하게 늘어나면서 우리나라에서 가장 흔한 가구 형태가 되었다. 정부의 '2015 인구주택 총조사'에 따르면 1인 가구는 520만 3천 가구로 전체의 27.2%를 차지했다.

혼자 사는 사람이 가장 힘들어하는 것은 무엇일까? 아마 그것은 고독감일 것이다. 혼자서 끼니를 때우고 설거지와 빨래를 하는 것도 쉬운 일은 아닐 것이다. 그러나 정말로 견디기 어려운 것은 아무도 없는 텅 빈 집에 혼자 들어설 때 훅 끼쳐오는 쓸쓸하고 냉랭한 공기가 아닐까? 그래서 고독은 죽음에 이르는 병이라고 하지 않는가!

우리 주변에 반려동물을 키우는 사람이 빠르게 늘어나고 있다. 이들이 애완견을 키우며 데리고 다니는 이유는 주인을 향해 무한한 충성과 애정을 보여주는 애완견이 사랑스럽기도 하지만, 이들을 반려자로 삼아 고독을 달래려는 이유도 없지 않을 것이다.

누군가 곁에 있을 때는 그의 존재가 너무나 당연한 것으로 받아들여지지만 막상 그가 떠난 뒤에는 그의 무게와 위치를 실감하게 된다. 더욱이 그가 자신에게 중요한 사람이라면 그에 대한 그리움이 폭풍우처럼 밀려올 것이다. 연인이나 배우자가 있는 사람이 더 건강하게 오래 살고, 또 짝이 있으면 심리적 안정감뿐만 아니라 사회적인 안정감을 느끼게 된다는 연구결과도 있다. 사랑하는 사람과 기분 좋게 대화를 나눌 때는 물론이고, 말다툼 끝에 서로 한마디의 말도 주고받지 않고 냉전 상태를 유지하고 있을 때도 서로 같이하고 있다는 그 자체가 위안이 되고 따뜻한 유대감을 느낄 수 있다.

사람은 사회적 동물이기에 주위 사람들과의 소통과 교류가 끊임없이 이어져야 한다. 사회와의 관계 단절은 결국 죽음을 뜻하는 것인지도 모른다. 원활한 소통을 위해서는 따뜻한 언어와 격려, 사랑이 필요하며, 베풀고 배려하는 마음가짐이 중요하다. 무엇보다 상대방의 의견을 귀담아들어주는 자세가 첫 번째 취해야 할 덕목이다. 귀로 듣고 마음으로 들을 때 우리는 상대방을 이해하게 된다. 이해한다는 것은 공감한다는 것이고, 공감한다는 것은 상대방의 입장이 되어 느끼는 것이다. 즉 자신의 생각을 내려놓고 상대방의 입장에서 생각하고 느끼는 것이다.

조직은 의사소통에 의해 움직인다. 의사소통communication은 사람과 사람 사이의 정보, 의사, 감정이 교환되는 것을 말한다. 즉 의사소통은 두 사람 이상이 언어, 비언어 등의 수단을 통하여 의견, 감정, 정보를 전달하고 피드백을 받으면서 상호 작용하는 과정이다. 우리는 이 의사소통을 통해 우리에게 주어진 문제를 공유함으로써 개인과 직장의 갈등과 문제, 그리고 세대간 갈등이나 국가간의 어려운 문제들을 풀어나갈 수 있을 것이다.

주요 기업들에서 '소통경영'의 바람이 불고 있다. 서로 말이 통하지 않는다고 느껴지면 작은 모임일지라도 깨지고 마는 것처럼, 이익창출을 위한 기업에서 소통의 중요성은 아무리 강조해도 지나치지 않다. 기업의 성과가 소통에 달려 있다고 해도 과언이 아니다. 서로가 하는 말을 못 알아듣거나 이해하지 못한다면 기업활동 자체가 불가능하다. 업무를 지시하거나 보고하는 수직적 소통, 정보를 공유하고 새로운 아이디어를 제안하는 수평적 소통, 그리고 조직원 상호간 원활한 인간관계를 유지하는 정서적 소통 등이 조화롭게 어우러질 때 기업성과는 극대화 될 것이다. 잭 웰치 전 GE 회장은 "1,000명의 직원을 둔 리더는 모든 직원과 대화하고 설득할 각오를 가지고 있어야 한다"고 말하며 직원간의 소통을 강조했다.

국가경영 차원에서는 소통의 중요성이 더욱 커진다. 기업보다 더 많은 이해관계자들의 마음을 움직여야 하기 때문이다. 정부 정책이 소기의 성과를 거두기 위해서는 국민들을 설득해서 이해와 협조를 구하는 것이 필요하다. 국민들의 공감대를 이루어내지 못할 경우 아무리 좋은 정책이라도 성공하기가 어렵다. 특히 이해관계가 상충하거나 국민들이 고통을 감내해야 하는 과제일 경우에는 더욱 그러하다.

의약분업 문제와 동남권 신공항 설치 문제가 국민들을 설득하고 이해시키지 못한 대표적인 사례이다. 의약분업은 이해가 상충하는 양 당사자들을 제대로 이해시키고 설득하지 못한 탓으로, 결국 제도가 수용

307

되어 시행되기까지 10년 이상의 오랜 시간이 걸렸다. 동남권 신공항 설치 계획은 두 차례에 걸쳐 시도되었으나 결국은 다 좌절되고 말았다. 신공항을 유치하려는 지역간의 첨예한 대립을 조정하기 위한 설득 노력과 소통 부족이 커다란 이유 중의 하나였다.

개혁과제 또한 그렇다. 개혁은 시간이 지나면 국민들에게 도움이 될지 모르나 지금 당장은 고통이 수반된다. 개혁은 무척 고통스러운 과정이다. 많은 비용이 수반되며 일부 계층의 희생이 뒤따라야만 하는 경우도 생길 수 있다. 자연히 이해당사자들의 거센 반발이 있게 마련이다. 따라서 강력한 의지 없이는 성공하기가 어렵다. 또한 개혁은 정부 혼자 할 수 없다. 국민 모두 위기의식을 공유해야 가능하다. 그러기에 국민의 협조를 끌어내기 위한 설득 작업이 개혁성공의 중요한 관건이 된다.

"백악관에서 해야 할 일이 많지만, 국민에게 내가 그들의 말을 잘 듣고 있다는 확신을 심어주는 게 중요하다는 것을 깨닫게 됐다."

오바마 미국 대통령이 중간선거 패배 기자회견에서 자성의 어조로 한 말이다. 오바마는 친화적인 외모, 뛰어난 언변, 진지하고 솔직한 태도, 강한 자신감을 바탕으로 국민들과의 원활한 소통을 통하여 대통령에 당선되었다.

그는 대통령에 당선된 이후에도 소통을 통해 어려운 정책 과제들을 성사시켰다. 지금껏 여러 대통령들이 시도했지만 실패를 거듭해온 난제인 의료보험 개혁 문제를 해결하기 위해 여야 의원들과 끊임없이 대화했다. 월가의 부적절한 관행을 고치는 금융개혁도 다수 여론에 바탕을 둔 것이다. 그리고 평상시에는 대국민 연설과 기자회견, 인터뷰, 대중집회 참석 등을 통해 국민들에게 자신의 생각을 알리고 국민의 목소리를 들었다. 그런데도 소통이 부족했으며 더 많이 백악관 밖으로 나가겠다고 하니 그가 얼마나 소통을 중시하는지를 잘 알 수 있는 대목이다.

2016년 우리나라 헌정사상 최대의 정치스캔들인 최순실 게이트도 그 내막을 들여다보면 대통령과 국민들간의 소통 부재에서 비롯된 것이라는 생각이 든다.

날이 갈수록 우리 사회는 개인의 입장과 영역이 중시되고 있어, 자칫하면 무관심과 냉담, 비정함으로 얼룩진 사회로 치달을 수 있다. 이를 방지하기 위해서라도 소통을 위한 노력이 한층 더 강화되어야 할 것이다. 소통의 방식도 일방적으로 자신의 생각과 주장을 전달하는 일방통행이 아닌, 다른 사람의 말을 경청하고 그들의 입장을 이해하려고 노력하는 진정한 의미의 소통이 이루어져야 한다. 그런 가운데 이루어지는 진심이 담긴 대화는 어려움을 겪고 있는 이들에게 위안과 용기를 줄 것이다. 나아가 우리의 가정과 직장, 그리고 사회는 건강하고 따뜻하고 살기 좋은 그런 공간으로 변화될 것이다.

나눔과 배려의 정신문화 확산

1998년 하버드대학 연구팀이 흥미로운 실험 결과를 발표했다. 사람의 침에는 면역항체가 있는데 일반적으로 근심이나 긴장이 계속되면 침이 말라 이 항체가 줄어들게 된다. 연구팀은 하버드대학생 132명의 항체 수치를 확인한 후 테레사 수녀의 다큐멘터리 영화를 보여줬다. 결과는 놀랍게도 학생들의 면역항체 수치가 50%나 증가했다. 선한 행동을 직접 하지 않고 보거나 생각하는 것만으로도 면역력이 높아진다는 사실이 입증된 것이다. 이후 이러한 현상을 두고 '마더테레사 효과The Mother Teresa Effect'라고 부르고 있다.

나눔은 주위에 끊임없이 따뜻한 관심을 가질 때 가능하다. 나눔은 관심으로부터 시작되어 실행으로 옮겨지기 때문이다. 그런데 나눔이란 꼭 돈이 많아야 가능한 것은 아닐 것이다. 만약 돈을 많이 벌어야만 나눌 수 있다고 생각한다면 어쩌면 우리는 평생 나누지 못할지도 모른다. 나아가 꼭 돈으로만 나눌 수 있는 건 아니다. 자신의 지식, 경험이나 갖고 있는 재능을 나눌 수도 있다. 그리고 시간을 나눌 수도 있고, 시선을 나눌 수도 있고, 생각을 나눌 수도 있고, 마음을 나눌 수도 있다.

기부는 남을 위해서 베풀 수 있는 최고의 사랑이며, 조건 없는 사랑의 표현이다. 미국에서는 그동안 역사적으로 록펠러에서부터 빌 게이츠에 이르기까지 많은 기업가들이 자선재단 등을 만들어 교육이나 사회복지, 빈곤퇴치 등을 위해 노력해왔다.

특히 빌 게이츠는 워런 버핏 회장과 함께 2010년부터 '기빙 플레지The Giving Pledge'라는 기부 캠페인을 펴기 시작했다. 이는 억만장자들이 자기재산의 절반 이상을 공익재단이나 단체에 기부하겠다고 공개적으로 선언하는 것이다. 이 운동에는 오라클의 창업자인 래리 엘리슨, 갑부 뉴욕시장인 마이클 블룸버그, CNN의 창업주 테드 터너, 페이스북 창업주 마크 저커버그 등 유명 인사들이 대거 참여하고 있다.

세계 최고의 부자로 꼽히는 워렌 버핏은 한 자선행사에서 다음과 같이 설파하였다. "그동안 저를 포함한 제 가족들은 이 사회에서 특별한 대우를 받고 살아왔습니다. 한마디로 행운아들이죠! 제가 만약 다른 시대에 태어났더라면 맹수의 점심거리가 되었을지도 모를 일입니다. 또 제가 만약 미국이 아닌 다른 먼 곳에, 다른 먼 장소에 떨어졌더라면 그야말로 하찮은 존재로 살아왔을지도 모를 일입니다. 제가 이 자리에 서게 된 것은 저를 둘러싸고 있는 이 위대한 사회 덕분이며, 그 속의 한부분에 제가 잘 적응했기 때문입니다…" 그는 이와 같이 자신의 성공 이유를 전적으로 사회시스템으로 돌리고 있다. 그러기에 그는 자신의 재산 대부분을 사회에 돌려주는 것을 당연시하는 것 같다.

2015년이 저물어 갈 무렵, 페이스북Facebook의 설립자 겸 최고경영자

CEO인 마크 저커버그 부부는 딸의 출산을 계기로 자신들이 보유한 페이스북 지분 99%를 생전에 기부하기로 약속했다. 기부 약정 규모는 무려 450억 달러에 달한다. 기부 금액의 규모도 놀랍지만 기부 취지 또한 매우 감동적이다. 이들이 새로 태어난 딸아이에게 띄우는 편지에는 "모든 부모들처럼 우리는 네가 지금보다 더 나은 세상에서 자라기를 바란다. 이는 너를 사랑해서이기도 하지만, 다음 세대 모든 어린이를 위한 우리 세대의 도덕적 의무이기도 하다"는 내용이 담겨 있었다. 딸에 대한 사랑을 인류사회에 대한 공헌으로 승화시키고 있다.

이처럼 거액의 기부행위도 값지겠지만 기부금은 아주 적은 금액이어도 값지다. 특히 우리의 경우 지금까지 국가나 사회에 기부금을 낸 분들을 보면 돈이 많아서 기부한 것이 아니라는 사실을 알 수 있다. 경제적으로 어려운 가운데서도 푼푼이 모은 돈이거나 여유가 있더라도 검소한 생활을 통해 절약한 돈을 기부하는 경우가 훨씬 더 많았다. 그래서 더욱 감동적이다.

사회봉사활동 또한 바람직한 나눔의 한 유형이다. 살아오는 과정에서 축적된 다양한 지식과 경험, 능력들을 사회에 환원할 수 있는 길이 있다면, 노후생활이 얼마나 보람되고 행복하게 느껴질까? 이는 비록 현역에서는 은퇴해 뒷전으로 물러나 있지만, 사회봉사활동을 통해 그래도 자신의 존재감이 여전하다는 것을 확인 할 수가 있기 때문이다. 그리고 사회봉사활동은 중년세대가 후배세대들에게 남겨놓은 미완의 과제들을 해결해 나가는데 기여하는 방편도 될 수 있다.

개발도상국에 대한 원조援助도 늘려나가야 한다. 우리 주변에는 아직도 우리가 다른 나라를 원조하는 것에 대해 부정적 인식을 가진 사람이 없지 않다. 우리나라에도 헐벗고 못 먹는 사람이 많은데 외국에 원조를 하는 건 가당치 않다는 것이다. 그러나 이는 그렇지가 않다. 지난날 우리나라가 전쟁의 폐허에서 헐벗고 굶주리고 있을 때 미국을 비롯한 여러 나라가 원조의 손길을 뻗어주었다. 그것을 발판으로 우리는 이제 세계 10위권의 경제대국으로 부상하였다. 과거 우리가 받았던 그 사랑과 은혜에 보답하기 위해서라도 이제는 이를 돌려주어야 한다.

더욱이 원조란 반드시 공짜로 주는 것만은 아니다. 원조는 장기적인 투자이기도 하다. 우리가 원조를 주는 나라와의 무역을 확대할 수가 있고 자원협력 증진을 기할 수도 있다. 그리고 경제뿐만 아니라 정치·사회·문화 등 모든 면에서 우리의 성실하고 진지한 협력파트너로 삼을 수가 있다. 결국 원조를 통해 전 세계에 우리의 얼과 이미지를 심고 있는 것이다.

1912년 4월 14일, 호화 여객선인 타이타닉호가 침몰할 당시 인간이 가진 다양한 심성과 모습이 연출되었다. 이기심과 비열함, 용기와 배려심 등등... 그중에서도 특히 자신의 모든 것을 희생하면서까지 보여준 양보와 배려의 정신은 참으로 위대하고 감동적이다. 어떤 한 남성은 자신에게 돌아온 보트의 자리를 여성에게 양보한 뒤, 그녀에게 "내 아내에게 내가 정정당당하게 행동했다고 전해 달라!"고 부탁하면서 죽어갔다고 한다.

또 월래스 하트레이가 지휘하던 8명의 악단 연주자들은 공황상태에 빠진 승객들의 마음을 안정시켜주기 위해 배가 침몰할 때까지 음악연주를 계속하였다. 결국 그들은 침몰하는 배와 함께 바닷물 속에 가라앉았다. 그들은 어린이와 여자 등 약한 이들과 수많은 승객들을 위해 기꺼이 의로운 죽음을 택한 것이다.

배려는 인간성을 형성하는 데 있어 가장 으뜸 되는 덕목이다. 배려의 기본 속성은 상대방의 입장에서 생각하고 행동하는 데 있다. 배려가 부족한 사람의 가장 큰 특징은 자기중심적이라는 것이다. 서로 대화를 할 때도 배려할 줄 모르는 사람은 상대방의 말에 귀를 기울이지 않고 자신의 말만 늘어놓는다. 경청하려는 마음가짐이 부족하다. 우리가 마음으로 들을 때 비로소 상대방을 이해할 수 있게 된다.

또한 나 자신과 모습이 다르고 생각이 다르고 취향이 다르다고 해서 미워하거나 싫어하는 것은 곤란하다. 우리 민족은 동질성 의식이 강해 이런 경향이 농후한 편이다. 다문화가정과 가족을 비하하거나 조롱하는 태도, 세대간의 문화와 취향이 다른 것을 이해하려 들지 않고 오로지 자신만의 생각을 강요하고 고집하는 태도는 바람직한 자세가 아니다.

우리는 바쁘다는 핑계로 다른 사람이 양보하기를 강요하며 살아간다. 기다리면 손해를 본다는 생각에 젖어 있는 사람들에게는 작은 배려도 기대하기가 어렵다. 그러나 행복은 작은 배려로부터 시작된다는 것을 잊어서는 안 될 것이다. 배려는 사소한 관심에서 출발한다. 역지사지의 자세로 상대방의 입장을 헤아리다 보면 배려의 싹이 탄생하게 된다.

우리가 일상생활을 해나가는 데 있어서도 배려가 필요한 분야가 적지 않다. 앰뷸런스 차량이 긴박하게 사이렌을 울리며 다가오는 데도 길을 비켜주지 않는 사회는 선진화된 사회라고 할 수 없다. 주차를 할 때도 배려가 필요하다. 남의 차선을 침범해서 차량의 문을 열기도 어렵게 만들거나, 주차공간 두 개에 걸쳐 차를 세워놓아 남에게 피해를 끼치는 일 등은 삼가야 한다.

배려의 또 다른 속성은 포용의 정신에서 비롯된다. 포용은 원수와 적의 마음도 녹인다. 자기편으로 만드는 기술이며 리더십이다. 미국의 링컨 대통령은 오늘날 포용과 설득의 정치인으로 추앙받고 있다. 링컨이 대통령으로 재임 당시 미국의 정치적 상황은 남북으로 갈라서고 백인과 노예로, 보수와 진보로 갈기갈기 찢겨져 있었다. 그러기에 그의 포용의 정치는 더욱 빛을 발하였다. 링컨 포용정치의 정점은 남북전쟁을 이끌 국방장관에 최고의 정적 스탠튼을 기용한 것이다. 윌리엄 스탠튼은 같은 변호사 출신이면서 10여 년 동안 그를 끝없이 괴롭히고 비하한 원수 지간이었다. 참모들의 극렬한 반대에도 링컨은 "스탠튼 만한 인물을 데려오면 국방장관을 바꾸겠다"며 뜻을 굽히지 않았다. 그의 혜안은 적중했다. 스탠튼은 남북전쟁을 승리로 이끌었다.

이처럼 배려는 우리 사회가 보다 성숙해지고 선진화되는 데 있어 가장 기본이 되는 요소이다. 그리고 '기쁨을 나누면 배가 되고, 슬픔은 나누면 반이 된다'는 이야기가 있듯이 기부와 나눔과 같은 선행을 베푸는 활동은 모든 사람에게 긍정적인 결과를 낳게 된다. 아무리 물질적으로 풍요로운 사회라 하더라도 이 나눔과 배려의 정신이 부족하면 그 사회는 행복하지 않으며 선진화된 사회라고 보기 어렵다.

소통과 화합, 협력의 새 시대를 열어가자

지금 우리 경제사회는 혼돈과 불안이라는 극심한 격랑 속에서 길을 잃고 헤매고 있다. 정치적으로는 대통령 탄핵이라는 무겁고도 힘든 사태로 인하여 커다란 혼란을 겪어 왔다. 경제는 정체상태를 넘어 가히 위기국면에 놓여 있다. 일자리가 부족한 가운데 가계빚은 사상 최대라고 하며, 서민들은 높은 주거비와 교육비 문제에 시달리고 있다. 사회 또한 계층 간, 지역간, 세대간의 갈등과 반목, 질시와 편견 등 부정적 이미지로 가득 차 있다. 여기에 더해 실체도 없는 좌익과 우익이 극단적으로 나뉘어 서로를 증오하고 적대시하는 현상이 이어지고 있다.

더욱이 이런 총체적 난국상황이 앞으로도 상당기간 지속될 것으로 예상된다는 데 문제의 심각성이 있다. 왜냐하면 그동안 우리 사회에 뿌리를 내려온 갈등과 분열 현상이 더욱 심각한 양상으로 치닫고 있기 때문이다. 이러한 고질적 병폐들은 우리 사회의 통합을 가로막고 경제의 지속가능한 발전을 저해한다.

양극화 현상 또한 사회불안을 증폭시키고 지속적인 경제발전을 저해하게 된다. 삶의 수준이 불평등해질수록 사람들은 서로를 신뢰하지 않게 된다. 즉 소득 불균형이 경쟁심화로 연결되고, 경쟁심화는 주위 사람을 싸워 이겨야 하는 적으로 여기게 되며, 서로를 믿고 돕기보다는 불신하고 싸우게 된다는 것이다.

이처럼 양극화는 위화감을 낳고 위화감은 다시 시기심으로 변하며 시기심은 증오심과 적대감을 만든다. 이런 상태가 지속된다면 우리의 미래는 암울하다. 또 경제 분야의 양극화 현상은 산업전반의 경쟁력 약화를 초래하게 된다. 이는 그렇지 않아도 불안한 우리 경제의 앞날을 한층 더 어렵게 할 것이다. 이와 같이 양극화와 사회갈등 현상이 심화되어 분노로 표출될 경우 경제사회의 불안정을 초래하는 것은 물론이고, 자칫 전체 사회시스템의 붕괴마저 부를 수도 있다. 따라서 우리는 이런 근원적인 문제점들을 치유하는 노력을 적극 기울여 나가야 한다.

지금 우리 경제사회는 매우 중요한 갈림길에 놓여 있다. 경제발전을 위한 노력은 앞으로도 당연히 지속되어 나가야 한다. 그리하여 한시바삐 중진국의 함정에서 벗어나 선진국 반열에 올라서야 한다. 그러나 경제발전만으로는 충분하지 않다. 이제 우리는 물질적 풍요 이상으로 정신적 만족을 추구하는 시대에 살고 있다. 국민의 삶이 자유와 평등, 그리고 쾌적함과 여유로움을 누릴 수 있도록 정책을 마련하고 추진해 나가야 한다는 뜻이다. 한마디로 행복경제사회를 실현해야 한다.

행복경제사회의 실현을 위해서는 여러 측면에서의 노력이 동시에 이루어져야 한다. 경제적 측면에서는 우리 산업의 국제경쟁력을 높이고 이를 통해 일자리를 늘려나가는 것이 무엇보다 중요하다. 이를 위해서는 기업주와 근로자, 대기업과 중소기업이 혼연일체가 되어 힘을 합쳐야 한다. 이와 함께 중산층을 육성하고 세대간의 자원배분을 효율적으로 하는 지속발전 전략을 추구해야 한다. 또 제도적인 측면에서는 맑고 투명한 신용사회를 구현하고 공정한 법 적용이 가능한 공정사회가 뿌리 내릴 수 있도록 힘써야 할 것이다.

그런데 이러한 실체적이고 제도적인 측면의 변화 이상으로 중요한 것은 의식수준의 선진화이다. 날이 갈수록 우리 사회는 개인의 입장과 영역이 중시되고 있어, 자칫하면 무관심과 냉담, 비정함으로 얼룩진 사회로 치달을 수 있다. 이를 방지하기 위해서는 소통과 나눔, 상생과 협력이라는 새로운 시대정신을 사회 전반에 확산시켜 나가야 한다.

정부정책이 소기의 성과를 거두기 위해서는 국민들을 설득해서 이해와 협조를 구하는 소통의 과정이 필요하다. 국민들의 공감대를 이루어내지 못할 경우 아무리 좋은 정책이라도 성공하기가 어렵다.

나눔은 주위에 끊임없이 따뜻한 관심을 가질 때 가능하다. 그리고 나눔의 다른 형태인 배려는 인간관계를 형성하는 데 있어 가장 으뜸 되는 덕목이다. 배려의 기본 속성은 상대방의 입장에서 생각하고 행동하는 데 있다. 역지사지의 자세로 상대방의 입장을 헤아리다 보면 배려의 싹이 트고 화합이라는 열매를 맺는다.

경쟁은 우리 사회를 발전시키는 원동력임에는 분명하다. 그러나 전체 파이의 크기를 한층 더 키우기 위해서는 경쟁을 뛰어넘는 협력이 필요하다. 특히 오늘날과 같이 어렵고 불확실성이 큰 시대에는 상생과 공존이 경쟁력이라는 사실을 인식해야 한다. 협력을 통해서 사람들은 서로 다른 다양한 가치를 존중하고 공동으로 성취해 가는 기쁨을 누릴 수 있다.

아무쪼록 이러한 노력들이 결실을 맺어 행복경제사회가 앞당겨지기를 기대해 본다.

영국화와 갈등
그리고
행복

발행일 : 2017년 3월 30일

글쓴이 : 이철환

펴낸이 : 김태문

펴낸곳 : 도서출판 다락방

주 소 : 서울시 서대문구 북아현로 16길 7 세방그랜빌 2층

전 화 : 02) 312-2029

팩 스 : 02) 393-8399

홈페이지 : www.darakbang.co.kr

정가 : 15,000원

ISBN 978-89-7858-069-4 03330